JN203045

MINERVA
はじめて学ぶ教職
6

吉田武男

監修

教育社会学

飯田浩之/岡本智周

編著

ミネルヴァ書房

監修者のことば

　本書を手に取られた多くのみなさんは，おそらく教師になることを考えて，教職課程をこれから履修しよう，あるいは履修している方ではないでしょうか。それ以外にも，教師になるか迷っている，あるいは教師の免許状だけを取っておく，さらには教養として本書を読む方も，おられるかもしれません。

　どのようなきっかけであれ，教育の営みについて，はじめて学問として学ぼうとする方に対して，本シリーズ「MINERVA はじめて学ぶ教職」は，教育学の初歩的で基礎的・基本的な内容を学びつつも，教育学の広くて深い内容の一端を感じ取ってもらおうとして編まれた，教職課程向けのテキスト選集です。

　したがって，本シリーズのすべての巻によって，教職に必要な教育に関する知識内容はもちろんのこと，それに関連する教育学の専門領域の内容もほとんど網羅されています。その意味では，少し大げさな物言いを許していただけるならば，本シリーズは，「教職の視点から教育学全体を体系的にわかりやすく整理した選集」であり，また，このシリーズの各巻は，「教職の視点からさまざまな教育学の専門分野を系統的・体系的にわかりやすく整理したテキスト」です。もちろん，各巻は，教育学の専門分野固有の特徴と編者・執筆者の意図によって，それぞれ個性的で特徴的なものになっています。しかし，各巻に共通する本シリーズの特徴は，文部科学省において検討された「教職課程コアカリキュラム」の内容を踏まえ，多面的・多角的な視点から教職に必要な知識について，従来のテキストより大きい版で見やすく，かつ「用語解説」「法令」「人物」「出典」などの豊富な側注によってわかりやすさを重視しながら解説されていることです。また教職を「はじめて学ぶ」方が，「見方・考え方」の資質・能力を養えるように，さらには知識をよりいっそう深め，そして資質・能力もよりいっそう高められるように，各章の最後に「Exercise」と「次への一冊」を設けています。なお，別巻は別の視点，すなわち教育行政官の視点から現代の教育を解説しています。

　この難しい時代にあって，もっと楽な他の職業も選択できたであろうに，それぞれ何らかのミッションを感じ，「自主的に学び続ける力」と「高度な専門的知識・技術」と「総合的な人間力」の備わった教師を志すみなさんにとって，本シリーズのテキストが教職および教育学の道標になることを，先輩の教育関係者のわれわれは心から願っています。

　2018年

吉　田　武　男

はじめに

　本書は，教員養成におけるスタンダードなテキストを目指した「MINERVA はじめて学ぶ教職」シリーズの一冊である。教育社会学におけるものの見方や考え方を解説し，さらにその観点から実際に捉えられる教育の様相を提示するものである。それによって，教職課程にかかわる勉強を進めている読者のみなさんに，学校教育を中心とする教育の実際を社会学的に捉えることの興味深さと重要性を伝えることを目的としている。

　学校をはじめとする教育の場では，今日，教師や子どもたちの営みが複雑化し，必要となる知識や技術もますます高度なものとなっている。「MINERVA はじめて学ぶ教職」シリーズでは，「学校教育学」「社会教育学」「教育方法学」「教科教育学」といった教育学を構成するあらゆる分野の見地から，高度に複雑なものとなった教育の場を描き出している。そのなかにあって本巻『教育社会学』は，「教育」と「社会」のかかわりについて探索し，その諸相を描き出すことを課題とした。

　例えば学校という教育機関は，それだけが単独で存続するものではない。学校の外側には人間が活動するより大きな社会が存在し，諸個人やさまざまな機関がかかわりながらお互いを支え合っている。学校もまたそのような社会的機関の一つであり，ほかの機関と互いに影響し合うなかで全体としての社会を支え，変化させていく役割を果たしている。教育と社会の相互反映的関係を描き出すことが，教育社会学の営みの一つである。

　さらに学校は，それ自体が人間社会そのものである。そこでは人々が役割をもって関係し合い，相互に作用し合っている。加えて，「教師」や「児童」「生徒」という学校のなかの役割は，人々の社会的側面の一部でしかないとも言える。人々にはそれぞれに，生活を営む家庭があり，地域がある。学校以外にもかかわりのある仲間や，所属する集団・組織がある。人間は複雑な社会関係のなかで生きる存在であり，したがって学校という教育の場にも実際には，人それぞれの社会関係にまつわる要素が多数もち込まれている。多様な社会関係を背景にもつ諸個人が集合する一つの社会として，学校を見つめ，その多様にして複雑なありようを考察することが，教育社会学のまた一つの営みである。

　このような教育社会学の営みを，本書では13の章によってテーマごとに理解できるようになっている。第1章と第2章では，教育社会学が採用する概念や論理を整理する。教育という現象を社会学的に見つめるとはどのようなことなのかを理解するのが第1章である。そのうえで第2章では，学校教育を捉え問い直す視点を学ぶことになる。第3章から第4章にかけては，中等教育と高等教育の学校段階が社会のなかで果たしている役割の意義を理解する。加えて，現実の日本社会に存在している教育機会の不均等，およびその構造的原因についても理解する。そして第5章では，学業の世界から職業の世界への移行の仕組みについて検討し，その移行において社会が若者に求めているものの性質について考えることとなる。

　以上のように「学校についての社会学」を把握したうえで，第6章からは「学校を取り巻く社会の諸

相」を見ていく。第6章では市民性，第7章では社会的マイノリティ，第8章ではジェンダーの概念について学び，それぞれが学校教育の今日的課題と深くかかわっていることを理解する。国籍や性別，身体の状態といった面での人間の多様性に目を向け，尊重する教育が今日の学校では求められているが，過去の学校教育にはそうした面での多様性を軽視してきた経緯がある。また，そのことによって特定の人々を排除し，人々の間に所在する社会的差異をむしろ増幅する役割を果たしてきたという経緯もある。学校教育のこれまでとこれからを多面的に捉え考えることがこれらの章における課題となる。

第9章から第12章では，今度は子どもの日常的な生活経験を理解の対象とし，子どもが暮らす環境が，教育の場として子どもにとっていかなる意味をもっているのか，もちうるのかを考えていく。少年非行やいじめ，不登校といった「問題」は，はたして子どもの側のみに原因を求めうるものであるのか。「スクールカースト」と呼ばれる人間関係のあり方や，アクティブラーニングのような新たな教育の技法は，子どもの側にどういったメッセージを伝えているのか。家族という制度，情報を伝えるメディアは，子どもの環境としていかなる制約ないし可能性を子どもたちに提示しているのか。子どもと環境の諸々の接点に着目することで，教育と社会のかかわりや学校の外側の社会の広がりについての認識を深めることが，ここでの課題である。

最後の第13章では，各章が描いてきた日本社会の変化，および学校教育の変化を前提として，教育社会学の今後の課題について考える。そこでは，学校教育がさまざまな価値や規範を扱う場となった事実を深く認識するとともに，学校のなかの人間の営みと，教師や子どもたちのかかわる社会関係の広さを捉える柔軟な視点をもち続けることの意義を捉えることとなる。

こうした一連の思考をとおして，本書においては学校の「社会化」機能の重要性が改めて広く了解されることを期待している。詳しくは第1章にて解説されるが，学校での諸活動が社会のなかで果たしている作用としては，大別して「社会化」「選抜・配分」「社会統制」「正当化」がある。このうち「社会化」は最も基本的な学校の機能であり，ほかの作用の基礎となるものである。例えば選抜・配分における不平等や，強すぎる社会統制，あるいは弱すぎる正当化作用といった今日の教育にかかわる「問題」は，教育が「社会化」という本分から乖離してしまった状況において生じていると見ることができる。人間の「社会化」の場として学校教育を見つめ直すことの重要性は，今日の学校教育を考えるうえでさらに高まっているのである。

本書の編集にあたっては，ミネルヴァ書房編集部，わけても河野菜穂氏，深井大輔氏に多大なるご尽力をいただいた。本書の全体像の調整に関して的確なご指摘をいただきつつ，細心なる本づくりを進めてくださったことに，深く感謝申し上げる。

2018年8月

編著者　飯田浩之／岡本智周

目　次

第1章
教育社会学のアプローチ

<この章のポイント>

　教育学は,「対象の学問」「方法の学問」, その「中間の学問」に分けられる。教育社会学は, 教育の営みに社会学の方法でアプローチする点で「方法の学問」である。そのことから教育社会学には, 教育学の他の分野にはない特徴が見てとれる。本章では,「方法の学問」としての教育社会学の特徴を示すとともに, 日本の教育社会学が「方法の学問」として確立・成熟してきた過程を歴史的に辿る。同時に,「方法」が依拠する「社会学のパースペクティブ」に着目し, 教育社会学における「教育」なるものへのアプローチについて解説する。

1　アプローチの特徴と対象

［1］「対象の学問」と「方法の学問」

　教育学の一分野として教育社会学には, どのような特徴があるか。

　教育学は, 構成する分野の名称を手がかりに分けると, 三つに分けられる。一つ目は,「学校教育学」「社会教育学」「教育方法学」「教科教育学」といった分野である。これらの分野は,「学校教育」「社会教育」「教育方法」「教科教育」など, 教育の世界に存在する事実や事象の名称に「学」を付した分野であり,「学」としての性格は扱う対象によって規定されている。これらの「学」を「対象の学問」と呼んでおこう。二つ目は,「教育心理学」「教育経済学」「教育人類学」などの分野である。これらの分野は,「教育」に, それを扱う場合のアプローチの仕方である「心理学」「経済学」「人類学」などを付した分野であり,「学」としての性格は扱う方法に規定されている。これらの「学」は,「方法の学問」とでも言うことができよう。三つ目は, 一つ目と二つ目の両方の性格をもつ分野である。例えば「教育行政学」は,「教育行政」という対象に規定されると見ることもできるし, また,「行政学」という方法に規定されると見ることもできる。この種の分野には,「教育財政学」「教育経営学」「教育法学」などがある。

　「教育社会学」はどうか。これまで「教育社会」なるものがあるとして, 教育社会学は「教育社会」を扱う「対象の学問」であるとした見方がなかったわ

▷1　社会学の方法を自覚的に提示した人物にデュルケム（▷25参照）がいる。彼は，著書『社会学的方法の基準』において，規範や習慣など個人の外部にあって個人にある種の命令や強制力を及ぼすものを「社会的事実」とし，その「事実」を「モノ」のように分析するのが「社会学の方法」であるとした。

けではない。しかし，「教育社会」という捉え方が一般的でないうえに，アプローチの方法となる社会学が確立し，その導入状況を考えると，教育社会学は「方法の学問」であると見るのが妥当であろう。教育社会学は，教育の営みに「社会学の方法」でアプローチする学問であり，基礎を社会学に置いている。

2 「べき論」を離れた現実へのアプローチと相対化の姿勢

　このことから教育社会学には，次の特徴が見て取れる。

　一つは，「べき論」から離れて教育の現実を見ようとする構えである。教育の営みには価値がつきまとう。価値の実現を目指す営みが教育である。そこから教育について見たり考えたりする場合にも価値が入り込み，「○○すべき」といった具合に，規範的な見方や考え方がなされてくる。教育を建前で見たり考えたりする場合には，それでよかろう。ただ実際の教育は，建前どおりになされていない。であれば，まずは教育の現実に目を止め，その実際がどうなっているのか，なぜ，「すべき」とおりになされていないのかを問うてみることが必要であろう。教育の営みを対象化し，突き放したところから見ると教育の現実が見えてくる。教育の現実へアプローチすること，それが教育社会学の特徴である。

　このことは換言すれば，教育の営みを相対化して見ることである。教育において何が真実か。正しさ，良さとは何か。善い行いとはどのような行いであり，何が美しいと言えるのか。突き放して見ると，教育が実現を目指す価値が必ずしも絶対でないことが見えてくる。事物・事象の真偽・正邪・良悪・善悪・美醜の判断は，人によって異なっている。社会によっても，また，時代によっても違っている。そこに絶対的な価値は認められない。教育の現実に目を向ける教育社会学は，教育が目指す価値が相対的であるとみなしている。時と場合，人による，という点で，状況依存的であると捉えている。

　さらに言えば，教育の営みそのものも無条件に「よいもの」だとみなせない。「教育は大切だ」「教育は素晴らしい」……教育の営みは，それそのものが一般には価値的に捉えられている。しかし，教育の営みは人を教え育てる反面，例えば人を統制・抑圧することにもなる。人を教え，育てることになるのか，統制・抑圧することになるのか，それも状況次第である。教育の現実に目を向けることは，教育の営みを状況依存的であるとして，どのような状況においてどのような価値を実現しようとしているか，その価値は誰にとってなにゆえに価値ありとされているかを，冷静に見つめることである。

3 「社会」へのアプローチとして

　教育社会学の特徴は，拠って立つ方法が社会学であることによる。「教育と

は何か」……「個性や才能を伸ばすこと」「能力を引き出すこと」「主体性を育てること」……まずは，個人に対する作用に目を向けた答えがなされよう。しかし，教育は個人に作用を及ぼすだけでない。例えば国は，なぜ，学校を建てて教員を配置し，人々を教育するのか。教育によって個々人の福祉は向上する。国が人々に教育を提供することの意味は，個人の福祉の向上に資することにあることは否定すべくもない。しかし，それだけではない。国は，教育を通じて人々に共通のものの見方や考え方を身につけさせ，人々を国民とすることで国家を統合へと導いている。教育を通じて優秀な人材，有能な働き手を育てることで，国家を発展させている。このように教育の作用は，個人を超えて社会へ及んでいる。教育は，「社会への作用」を含んでいる。教育社会学は，ともすると個人に引き寄せて考えられがちな教育の作用を社会に及ぶものとして捉え，その作用を明らかにしようとする。「社会学の方法」は，そのための方法であり，教育社会学は「社会へのアプローチ」という特徴をもっている。

　ところで，教育社会学が社会へのアプローチであることから，そこでは教育についての一種独特な捉え方が生まれてくる。例えば「学力」。学力は「個人の力」である。だが，それは純粋に個人の力と言い切れるか。もし，勉強する機会や環境に恵まれなかったらどうであろう。おそらく学力は身につかずに終わるであろう。大事なのは，そうした子どもも勉強する機会や環境に恵まれていたならば，相応の学力を身につけたかもしれない，ということである。とすれば，学力は個人の力とは言い切れない。そこには個人の力を超えた力――「社会の力」が働いている。教育社会学は，この点に着目する。個人の力に見える学力に働いている社会の力――「社会からの作用」を明らかにしようとする。

　学力だけではない。教育の営みそのものが社会からの作用を受けている。例えば，学校における教育は，教師が勝手気ままに行っているものではない。日本国憲法や教育基本法など，法が規定する制度のもと，学校という組織のなかで行われている。定められた学習指導要領や教科書をベースに展開している。教師も教育の担当者として，児童生徒も教育を受ける者として，社会的に認められている。このようにそこには，社会の力が働いている。教育社会学は，社会の力，すなわち「社会からの作用」を捉えようとする。

　「学力」を例にさらに言えば，学力の定義や測定方法は，社会的に決められたものである。社会的に決められていればこそ，人々に受け入れられ，子どもや教育について見たり考えたりする有効な手立てとなっている。そこには間違いなく社会の力が及んでいる。社会的に定められ，作られた仕組みに根ざしている。

　このことは学力に限ったことではない。教育の営みそのものが社会の仕組み

に根ざしている。社会には，教育にかかわる法律，制度，組織が存在している。学校には教師という教える役割を担う人がいる。そして，学ぶことを役割とする児童生徒がいる。教育の営みは，「社会の仕組み」である。かくして教育社会学は，教育を社会の仕組みのなかで捉えようとする。

4 教育社会学の対象──人々の暮らし，人生へのアプローチ

以上，見てきたように，教育の営みに「社会学の方法」でアプローチする教育社会学は，教育の現実のなかに「社会への作用」「社会からの作用」「社会の仕組み」を捉えようとする。では，その対象は何か。もともと教育社会学は「方法の学問」であり，「対象の学問」と違って扱う対象に規定されない。もとより教育の営みは社会のなかにある。教育社会学が捉えようとする「社会への作用」「社会からの作用」「社会の仕組み」は，現実の至る所に見出せる。

人は社会に生まれ育ち，暮らし，人生を送る。その場合の社会は家族であったり遊び仲間であったり，学校であったり職場であったり，隣近所であったりする。社会は，居住する地域を越え，国，そして世界へと広がっている。人の生まれ育ち，暮らし，人生を左右するものを「教育」と言うのであれば，環境そのものがすべて教育の作用をもっている。社会なるものが人と人との関係からなるのであれば，教育の作用をもつ関係は，直接，対面する関係でもあれば，ネット上の関係のようにバーチャルでもある。このような意味の「教育」は，学校教育のように意図的，組織的，計画的になされるものに限られない。意図することなく偶然，恣意的になされるものも含んだ「広義の教育[2]」である。このように考えると教育社会学の対象は人々の暮らしや人生の全般に及んでいる。「教育」を，狭く捉えず，人々の暮らしや人生のすべてに及ぶものとして広く捉え，アプローチするところに教育社会学の特徴が見て取れる。

2 教育社会学の歴史
──日本における「方法の学問」としての確立と成熟

1 「教育的教育社会学」としての成立・発展

前項で述べたように，教育社会学は「方法の学問」であり，「べき論」から離れて教育の現実を見ようとする。教育の営みに付随する価値をも検討の対象とする点で，教育社会学は「規範の学」ではなく「存在の学」である。しかし，教育社会学はもとから「方法の学問」，すなわち「存在の学」であったわけではない。そこには「規範の学」から「存在の学」へと発展してきた歴史がある。

▷2　新堀通也は教育を主体と客体との関係で捉え，主体の教育意志と客体の学習意志の有無からそれを「狭義の教育」（主体の教育意志［＋］，客体の学習意志［＋］），「感化」（主体の教育意志［＋］，客体の学習意志［－］），「修養」（主体の教育意志［－］，客体の学習意志［＋］），「影響」（主体の教育意志［－］，客体の学習意志［－］）に分け，それらすべてを含んだものを「広義の教育」と称したが（新堀・加野，1987，17〜18ページ），教育社会学の対象は「広義の教育」である。

　日本において教育社会学の制度化が本格的に始まるのは戦後である。戦前には，教育を社会との関係で捉える人々はいたものの，それを学問として確立しようという動きは希薄であった。それが戦後になって教育社会学の制度化が開始される。その動きに拍車をかけたのが，戦後の教育改革である。

　その一つが，1949年の教育職員免許法制定である。教育社会学は，教職に関する専門科目（教職科目）の一つに位置づけられた。そのため，教育社会学は教員養成を主たる目的とする教育学部に置かれ，研究者もそこに所属した。いま一つは，教育課程にまつわる制度改革である。民主化，地方分権化を主軸とする戦後教育改革のなかで，教科書制度が国定から検定へと改められ，新たに教育委員会制度が発足する。それまで国が定めていた学校の教育課程も，1947年と51年の学習指導要領に「試案」の2文字が入っていたことからもわかるように，基本は各学校がその実態に即して編成することとなる。児童生徒，保護者，地域社会などの実態に合わせて各学校のカリキュラムが作られるようになったのであるが，その際，重視されたのが，教育社会学の主要な研究方法である「調査」である。かくして調査を主要な研究方法とする教育社会学の制度化が，学校のカリキュラム作りを支えるものとして進展する。

　もちろんそこには，教育社会学なるもののアメリカからの紹介があった。戦後の教育改革推進のために連合国軍最高司令官総司令部民間情報教育局（CIE）の賛助のもと文部省が主催した教育指導者講習会では，教育社会学の部会が設けられていた。そしてそこで，日本の教育関係者たちは教育社会学に触れることになる。当時，アメリカから日本に伝えられた教育社会学には，各学校におけるカリキュラム作りに関係するコミュニティスクールの考え方なども含まれていた。さらにその考え方は，各学校を超えた地域教育計画の策定にもつながっていた。アメリカから伝えられた教育社会学は，戦後教育改革の要請に応えるものとして，コミュニティスクールや地域教育計画を理論的に支えたのである。

　このように日本の教育社会学は，教員養成やカリキュラム作りと結びついて始まった。教育学部に置かれ，多くの研究者がそこに所属した。その点で「規範の学」であり，「教育的教育社会学」であった。

　日本の教育社会学は，その後もしばらくは「教育的教育社会学」として発展する。例えば，1950年代半ばには小集団やグループ・ダイナミクスなど社会学・社会心理学の理論を学校教育の現場に適用し，学級や班など，学校を構成する集団の内部構造や内部過程を解き明かすことで教育実践への示唆を得ようとする研究が行われている。児童生徒の生活実態の把握を基礎に，生徒指導や生活指導，ガイダンスなど教育実践に資する知見を得る研究なども行われている。教育社会学は，教育学部において教員養成・教育実践との密接な関係を保

▷3　教育職員免許法制定のなかで，教育社会学は，教育心理学と並んで教育の基礎科学として位置づけられ，教職に関する専門科目の一つとされた。ただ，教育心理学が必修とされたのに対して教育社会学は選択科目の一つであった。

▷4　**教育指導者講習会**（Institute For Educational Leadership：IFEL）戦後教育に向けて教育関係者を再教育するために，文部省がCIEの賛助を得て実施した講習会。講習の対象は，教育長，指導主事，教員養成諸学校の教職課程担当教員。日本教育社会学会は，この講習会の教育社会学分野に参加した大学関係者によって設立された。

▷5　**コミュニティスクール**1930年代アメリカに起こった教育運動と，その結果，作られた新たな形態の学校。教科書中心の教育および児童中心主義の教育に対する批判をもとに，個人の自己発展と民主主義的社会変革が目指され，地域と学校が密接にかかわる教育活動が行われた。

▷6　**地域教育計画**地方分権を基軸とする戦後改革のもとで各自治体が地域の実状に合わせて立案した教育計画。「川口プラン」「本郷プラン」など，全国各地でその地の名を冠した計画が立てられ，実施された。

▷7　教育社会学は，アメリカにおいても教育学部をベースに教育実践と密接にかかわるなかで始まった。この時期の教育社会学は，社会学の知見をもとに，望ましい教育実践のあり方を教師に示す応用的・規範的な学問だったと言われており，その名称は“Educational Sociology”であった。

対面状況で相互行為が行われる少人数の集団。家族や職場集団，仲間集団，学級集団などがあげられる。個人のパーソナリティ形成や意識形成，態度変容に大きな役割を果たすものとされたところから，教育社会学では，学級や班を小集団として見て，その形成や機能，集団内過程などの研究が行われた。

▷9　グループ・ダイナミクス
集団と個人の思考・意識，態度・行動が相互に規定し合う力動的関係のこと。心理学者レヴィン（K. Z. Lewin）により研究が始められ，そこから得られる知見が，子どもの学習意欲の向上や集団規範の形成など，教育の課題達成に資すると考えられたところから，教育社会学においても関連する研究が行われた。

▷10　人的資本論
人間への投資，すなわち教育がその人の経済的価値を高め，結果的に社会の経済的価値を増大させるとする考え方。人的資本論では，教育への投資と個人および社会の収益との関係が分析され，その知見が教育政策に活用された。

▷11　能力主義
地位や報酬などの社会的な処遇は，その人の能力を基準に決められるべきだとする考え方。能力主義には，社会全体の生産性を向上させるメリットがあるが，個人間の競争を激化させるというデメリットも存在している。

▷12　メリトクラシー
社会的地位・役割への人材の配分が，メリット（IQに代表される生得的な能力と努力）のみを指標になされる社会のこと。イギリス

ちながら，「教育的教育社会学」として発展したのである。

２　「教育の社会学」としての確立

　教育社会学がさらに発展し，同時に性格を変え始めるのは1960年代である。1950年代の半ばに日本社会は高度経済成長期へと入っていく。そこで課題となったのが経済成長を支える人材の育成である。例えば1963年の経済審議会答申は，経済成長を支えるハイタレントの育成を教育の課題とし，その達成のための諸政策を提言した。このような政策の裏づけとなったものの一つが人的資本論であり，これに目を止めたのが教育社会学である。人的資本論をベースに教育社会学は，政策および政策立案との関係を強めていく。教育社会学の中心は，学校における実践の学から政策科学へと変わり始めたのである。

　ところで，このような経済成長を支える人材の育成を重視する教育政策は，能力主義に基づくものであった。能力ある人材の発掘のために教育の機会を開放する。高い能力を身につけた人材を育成するために教育のレベルを引き上げる。能力によって人を序列化したり振り分けたりして適材適所に配置する。そうした教育政策をうけて実際の教育も能力主義的傾向を帯びてくる。事実，この時期，後期中等教育や高等教育を目指す人々が増えてきた。学校教育の現場において，学業上の達成を重視する傾向が強まった。メリトクラシーに基づく選抜・配分が学校教育を通じて行われるようにもなってきた。学歴や学校歴を重視する傾向も強まった。「現代化」の名のもとに，学校で教える教育内容が増えるとともに高度化した。

　一連の能力主義的な教育政策は，教育の実際をどのように変えたのか。高度経済成長という大きな社会変動のなかで，教育はどのように変わったのか。教育社会学は，一方で政策科学として政策を主導するとともに，その一方で政策の帰結も含めて，変動する社会における教育の実際を科学的に解き明かす役割を与えられた。教育社会学は，教育の実践に寄与する知見を提供する「教育的教育社会学」から，教育の実際を社会学の方法でもって解き明かす「教育の社会学」に主軸を移し始めたのである。

　そのようななかで目を止める必要があるのは，当時，教育をめぐってさまざまな問題が生じ，社会問題化していたことである。能力主義・業績主義的な教育は，子どもたちを過度に勉強に追い立て，その生活に歪みをもたらした。勉強についていけない子どもたちが「落ちこぼれ」にされた。多くの子どもたちが高等学校に進学するようになったかわりに，入学生徒の学力を指標に高等学校の学校間・学科間格差が生み出された。そして，中学生たちが格づけされた高等学校に，学業成績の相対的位置を示す偏差値でもって一方的に割り振られ進学してきた。さらに，このような不本意入学が不本意就学へとつながるなか

で，不登校や中途退学など，学校に適応できない生徒が増えてきた。社会ではこれらさまざまな教育問題が取り沙汰されていたのである。

　そこで期待されたのが，当時，「教育的教育社会学」から「教育の社会学」へと主軸を移し始めた教育社会学である。「教育の社会学」としての教育社会学は，生起する教育問題の背景，原因，生起のメカニズムを実際に即して科学的に明らかにする有効な手立てとなる。教育社会学が得意とするところの調査も，当時，データ処理にコンピュータが導入され，より洗練された方法になっていた。教育社会学は，社会問題化した教育問題の解明にあたる「教育の科学」として期待され，さらにいっそう，「教育の社会学」としての性格を強めたのである。

３　成熟する「教育の社会学」としての教育社会学

　その後，1970年代後半に日本の教育社会学は変化する。1960年代の教育社会学は，理論的には構造機能主義に立脚していた。社会構造は，それを構成する制度・組織，地位・役割が相互依存的に機能することで維持される。教育は，人々を制度・組織，地位・役割に合わせて社会化し，能力・資質で選抜・配分することで社会構造を維持している。その点で教育は，社会の機能要件である。しかし，1970年代に入ると，この見方や考え方が批判される。

　当時，欧米の社会学において構造機能主義に対する批判が強まり，それとは異なる理論が提示されていた。葛藤理論，相互行為論，構築主義，現象学的社会学，エスノメソドロジーなどさまざまな理論が提示され，それが日本の教育社会学にも取り入れられる。知識社会学をベースにイギリスで生まれた「新しい教育社会学」も紹介される。以下，これらの諸理論の見方や考え方を並べるならば，教育は，社会の機能要件ではない。特定の社会集団が保持する支配・統制の手段であり，権力やイデオロギーの装置である。そこには社会階層・社会階級の再生産のメカニズムが働いている。教育の前提となる社会構造そのものは，アプリオリに存在するものではない。人と人の相互行為によって構成されるものである。したがって，教育についても，人々が社会を構成するプロセスとして見る必要がある。教育をめぐる問題は，それ自体が，社会的に作られたものであり，問題の構築過程や構築のメカニズムにも目を向ける必要がある。教育は，文化の伝達である。そこでは伝達すべき文化の選択・組織化がなされている。文化の選択・組織化，伝達には社会の諸力が作用している。教育研究は，その諸力の研究である……など，これまでとは異なった見方や考え方が教育社会学にもち込まれたのである。

　このことは，日本の教育社会学の「方法の学問」としての成熟を意味している。教育の営みにアプローチする場合，重要なのは依拠する理論・方法であ

の社会学者ヤング（M. Young）の造語。ヤングは，メリットによって高い社会的地位に就いた一部の人々が支配する社会のディストピアを未来小説的に描写し，メリトクラシーの問題点を指摘した。

▷13　アメリカにおいては，スプートニクショック以降，連邦政府が教育に多額の資金を供給，教育が社会的な関心事となる。同時期，公民権運動が起こり，教育の機会や社会的機会の不平等とその解消が社会問題化する。そうしたなかで社会学者たちも教育に関心をもち始め，教育研究に参入する。以降，教育社会学は，社会学の一ブランチとしての位置づけを強め，その名称も，"Educational Sociology" から "Sociology of Education" へと変化する。

▷14　構造機能主義
体系化された地位や役割からなる制度・組織が，それぞれ所定の働きをしつつ全体社会を維持・存続させているという見方。代表的な論者は，パーソンズ（T. Parsons）。この立場からすれば，人を制度・組織の一員として育て，適材適所に配置する働きをする教育は，社会を維持・存続させるための条件（機能要件）だということになる。

▷15　▷24参照。
▷16　▷26参照。
▷17　葛藤理論
社会は，身分や利害を異にするいくつかの集団からなるという前提に立ち，さまざまな事象をめぐって引き起こされる集団間の対立・葛藤を解明・説明する理論。この理論によれば，教育は，特定の身分・利害集団が，他の集団との対立・葛藤のもとに，自分たちの

▷18　相互行為論
社会は，人と人との行為の
やり取りによって成り立っ
ているとの前提に立ち，行
為者がお互いに他者の行為
を意味づけつつかかわる過
程や，そこから生み出され
てくる意味世界に目を向け
る理論的立場。この立場に
おいて教育の営みは，自己
と他者との関係における自
己形成，他者形成の過程で
あると捉えられる。

▷19　構築主義
社会は，人が作り出してい
るとの立場から，その生成
のメカニズムを解明しよう
という理論的立場。この立
場においてとくに取り上げ
られるのは社会問題であ
り，そこでは社会問題は，
人々がそのことを「問題」
だとして取り上げることで
「社会問題」になるとされ
ている。

▷20　現象学的社会学
人々の日常生活世界を支え
る「常識」とその構成を，
人々の主観において解き明
かそうとする理論的立場。
この立場は，教育の営みに
多々存在し，それを支える
「常識」の解明に寄与して
いる。

▷21　エスノメソドロジー
社会の秩序はいかにして可
能かを，当の社会の人々が
用いている方法（メソドロ
ジー）において解明しよう
という理論的立場。教育
は，人と人のやり取りが継
続することで成立するとこ
ろから，この立場では，そ
のやり取りに着目すること
で教育の成立基盤の解き明
かしを行っている。

▷22　新しい教育社会学
1970年代にそれまでの教育
社会学を批判して登場した
教育社会学の新たな立場。

る。それによって，教育の営みの見え方が変わってくる。多様な理論・方法が取り入れられるなかで，拠って立つ理論・方法が自覚化され，教育社会学は「方法の学問」としての色合いをさらに強めたのである。

　「方法の学問」としての教育社会学は，その特徴を生かしてその後も研究の領野を広げていく。社会のグローバル化，情報化，消費社会化が進めばそこで展開される教育の営みを対象に，関係する制度や組織，行為や関係，過程やメカニズムを解き明かす。1980年代半ばの臨時教育審議会答申を受けて教育改革が加速化されれば政策科学としての本領を発揮して，改革の効果や帰結を解明する。バブル崩壊後の社会においては，雇用慣行の変化を背景に学校から職業へのトランジッションなどの研究が行われる。新自由主義の経済政策を背景に格差が拡大するなかで，格差と教育との関係を問う研究が増えてくる。その延長に，貧困問題も研究の視野に入れられる。「ゆとり教育」との関係で，また，格差や貧困との関係で，学力問題が取り沙汰されれば，そこに「教育の科学」としてアプローチする。社会の多様化が進むなかで，多文化，ジェンダー，マイノリティの問題なども，問うべき課題に入れられる。現代の社会と教育に関心があればこそ，そこに立ち至る歴史に目を向け，教育の営みの歴史の解明にあたる研究も盛んになる。「方法の学問」としての「教育の社会学」の対象は多様である。アプローチも一つに限られない。「規範の学」としての「教育的教育社会学」からスタートし，次第に「存在の学」としての「教育の社会学」として発展してきた日本の教育社会学は，政策立案への寄与や教育問題の解決を期待されている点で，なお，実践的ではあるものの，主として調査に依拠しつつ，突き放したところから教育の営みを見て，その現実のなかに「社会への作用」「社会からの作用」「社会の仕組み」を捉えようとして今日に至っている。

3　教育社会学のパースペクティブ

1　社会現象としての教育──教育社会学が問いかけるもの

　これまで述べてきたように，教育社会学は「方法の学問」である。そこでは「社会学の方法」が重要である。学問には，それぞれ固有の学問的パースペクティブ（ものの見方）がある。学問として，その対象の何にどのようにアプローチするかは，パースペクティブに拠っている。社会学も同様である。対象の扱い方＝方法，そして対象をどのような現象として見るかは，社会学のパースペクティブに拠っている。

　では，社会学のパースペクティブから教育の営みを見ると，それはどのよう

な社会現象として立ち現れるか。第 1 節では，教育社会学の特徴が「『社会への作用』『社会からの作用』『社会の仕組み』を捉えること」にあるとした。これらは，社会学のパースペクティブをもって教育の現実にアプローチすることで見えてくる「社会現象としての教育」である。この点に補足し，教育の営みに対する教育社会学の問いかけについて示しておこう。

　ここで言う「社会への作用」とは，「教育の社会的機能」である。教育社会学は，教育の社会的機能にアプローチする。教育の社会的機能とは何か。社会を統合し，維持・存続させるためには，今ある社会の文化[23]を後続世代の人々に伝え，人々を社会の一人前の成員とすることが不可欠である。教育社会学がアプローチする教育の社会的機能の一つは，このこと——「社会化[24]」にある。教育を，社会の維持・存続のための社会化であるとしたのは，フランスの社会学者デュルケム[25]であるが，誰が誰をどのように社会化しているのか。どのような文化をどのように伝達することで，どのような成員を育てているのか。さらに，社会化を通じて，どのようにして社会を統合，維持・存続させているのか。このことを問うことが，教育社会学の課題となる。もちろん，統合，維持・存続だけではない。社会の変化・変動も重要である。社会の変化・変動につながる社会化のありようも，教育社会学が問おうとすることの一つである。

　教育の社会的機能として社会化と並んで重要なのは「選抜・配分[26]」である。教育は，成員を社会的地位に振り分けることで社会を統合し，その維持・存続を図っている。振り分けの仕方で，社会に変化・変動を生じさせている。例えば，学校における生徒の進路決定がそれである。学校は，生徒をその能力・資質によって選抜し，就職・進学させたりすることで社会的機能を果たしている。社会学のパースペクティブで見えてくるのは，このような教育が果たす選抜・配分の機能であり，そのありようを問うのも教育社会学の課題である。

　社会学のパースペクティブから見えてくる教育の社会的機能は，これだけではない。「社会統制[27]」も，教育の社会的機能である。非行少年を更生させるのも，不登校の子どもの学校への復帰を図るのも教育であり，成績優秀で模範的な子どもを顕彰し，子どもたちのいっそうの適応を図ったりするのも教育である。さらに言えば，「正当化[28]」も教育の社会的機能である。社会における教育の営みそのものの間違いのなさを人々に伝え，子どもや保護者など，社会の人々を納得させ，教育が志向する社会秩序を受け入れさせる重要な機能を，教育は果たしている。このような機能も含めて，教育の社会的機能に目を向け，そのありようを問うのが教育社会学なのである。

　「社会からの作用」についても，補足しておこう。「社会からの作用」とは，社会現象を意識した言い方をすれば「教育の社会的被規定性[29]」である。社会学のパースペクティブから教育の営みを見ると，それが社会によって規定されて

それまでの教育社会学が，学校に入学してくる児童生徒の社会的背景を探るインプット研究や，学校を卒業する児童生徒の進路先を探るアウトプット研究を中心に据えていたのに対し，カリキュラムや授業など，学校の内部過程に着目した研究（スループット研究）の重要性を主張した。

▷23　文化
ある社会のメンバーに共有されている認識，理解，思考，感情，信念，行動などの様式。文化は，アモルフ（無定形）な状態を整序する「形」であり，繰り返される「型」であり，仕方・やり方としての「方」である。生物学的な存在としてのヒトは，人と人の間で「文化」という「形」を身につけることで生きるための有能さを獲得する。このことを「文化化」という。

▷24　社会化
社会生活に未熟な成員に当該の社会の文化を伝達し，彼ら／彼女らにその社会の役割を取得させ，一人前の成員にすること。▷23に示した「文化化」が，個人の有能さの獲得に力点を置くのにたいして，「社会化」は，メンバーシップの獲得に重点を置く。社会化は，社会の維持・存続のためであると同時に，個人の生存，とくに社会的生存のためのものでもある。

▷25　デュルケム（É. Durkheim, 1858-1917）
フランスの社会学者。教育にも関心を示し，『教育と社会学』『道徳教育論』『フランス教育思想史』といった著作を残している。教育を社会化としてみなしたのもデュルケムであり，彼は，『教育と社会学』のなかで，「教育は個人およびその利害をその唯一の，も

いることが見えてくる。教育社会学は，そのことに目を向ける。子どもの社会化のありようは，取り巻く社会状況，教育状況次第である。情報化，消費社会化などの社会変化は，子どもたちの育て・育ちを左右する。グローバル化が進む経済のなかで，企業が求める人材も変化し，それを受けて教育改革が進展，それが子どもたちの育て・育ちを左右する。また，住む地域によって，属している社会階層によって，さらには国や民族によって，子どもの育て・育ちは相違する。教育社会学は，社会学のパースペクティブによってこのような教育の社会的被規定性に目を向け，その規定のされ方を問うのである。

社会化の機能だけではない。教育の選抜・配分の機能も，社会統制の機能も，正当化の機能も，社会的被規定性のもとにある。これらの機能が社会的にどのように規定されているかも，もちろん，教育社会学の射程の内にある。

「社会の仕組み」とは，社会学的な言い方をすれば「社会的構造」である。社会学のパースペクティブから見れば，教育の営みにかかわっているのは，単なる「人間」ではない。「教師」であったり「児童生徒」であったり，「親」であったり「子ども」であったり，社会のなかで一定の地位を占め，役割を果たしている存在である。であれば，教育の関係は地位・役割関係であり，社会関係である。教育の過程は，教授──学習過程である。しかし，社会学のパースペクティブから見れば，その過程は，教える地位・役割にある者と学ぶ地位・役割にある者の間で展開する社会的相互行為であり，社会過程である。教育には，家族集団，仲間集団，学校集団，学級集団，職場集団，地域集団など，集団がかかわっている。社会集団という見方を抜きにして教育は語りえない。しかも，このような教育をめぐる諸々は，学校や家族，職場や地域社会などの制度・組織のなかに位置づいている。教育はそれ自体が社会において制度化されている。しつけ，儀礼，徒弟制度，学校教育制度，社会教育制度として根づいている。先述の教育が果たす社会的機能は，その制度に依拠している。社会には，学校や公民館，図書館，博物館など，組織が作られている。教育の社会的機能は，それらの組織の行為によって果たされている。このように社会学のパースペクティブから見れば教育は，「地位・役割関係」「社会関係」「社会的相互行為」「社会集団」「制度・組織」などの社会的構造をもち，そのなかで展開している。教育の機能は教育の社会的構造によって支えられている。かくして教育の社会的構造に目を向けることが，教育社会学の課題となる。教育なるものは，どのような社会的構造のなかで，それにどのように支えられて展開・機能しているかを問うのが教育社会学である。

以上，まとめて言えば，離れたところから社会的パースペクティブをもって教育の実際を見て，そこに見えてくる社会現象としての教育，すなわち教育の「社会的機能」「社会的被規定性」「社会的構造」のありようを問うのが教育社

会学である。社会学のパースペクティブから見ると，教育の実際は，どのように見えるのか。具体的な姿は，本書の各章で示されるはずである。

2 教育社会学を学ぶために

「方法の学問」としての教育社会学は，社会学のパースペクティブで教育の実際にアプローチし，そこから見えてくるものを記述したり，分析・解釈したりする点で実証的である。社会調査を主たる方法にしているのも，それゆえである。「実証」とは，「事実」を「証拠」に物事を認識したり，評価・判断したり，考察したりすることである。そこでは事実の収集とその過程に介在する社会学的想像力が鍵を握っている。

英語に「インタレスト（interest）」という単語がある。「興味・関心」と訳されるのが普通であろう。事実を収集するためには，社会で行われている教育の実際に興味・関心をもつことが必要である。生々しい現実に踏み込むことが大事である。「インタレスト」という単語には「重要な」という意味もある。興味・関心をもった教育の実際には，どこか重要なことがあるはずである。重要だからこそ興味・関心を引きつけられたに相違ない。なぜ，どこが，重要なのか，それが次に考えるべきことである。さらに，この単語には「利益」という意味もある。であれば，興味・関心をもった教育の実際にアプローチすることが何のためになり，どこでどのように役に立つのかを問うことも大事である。

教育社会学は，事実をもとに教育のあり方を問う学問である。生々しい現実から重要なことを見つけ，調べ，考えることで教育のあり方をエビデンス・ベースに検討していく学問である。そのためのツールが「社会学の方法」であり，社会学のパースペクティブである。「社会学の方法」，そして「社会学のパースペクティブ」が何を対象に，どのように生かされているのか。以下の各章では，教育の実際について学ぶとともに，社会学のものの見方や考え方——社会学のパースペクティブ——についても学び，教育の実際を見る力を養っていただきたい。さらに，事実に即して教育のあり方を考える力を身につけていただきたい。そして，何よりも，「方法の学問」としての教育社会学の面白さ（インタレストであること）を感じ取っていただきたい。

Exercise

① 自分自身が育ってきた過程や受けてきた教育を振り返り，そのなかに，「社会への作用」「社会からの作用」「社会の仕組み」を読み取ってみよう。

② 最近の教育問題について教育社会学の立場から書かれた論文や著書を読んで，教育社会学の「方法の学問」としての特徴がどこでどのように生かされ

る。社会化，選抜・配分，社会統制にかかわる制度としての教育は，社会の成員に正当なものとして受け入れられることで安定する。

▷29 教育が社会的に規定されていることに目を向けたのもデュルケムである。デュルケムは，教育が歴史的・社会的に規定されているものであることを，次のように主張した。「教育とは，社会を映す像であり，またその反映にすぎない。教育は，社会を模倣し，それを縮図的に再現しているのであって，社会を創造するものではない」（デュルケム，1968，355ページ）。

▷30 地位・役割関係
親／子，教師／児童生徒など，社会には個人の占める位置がある。その位置のことを地位と言う。親らしさ／子どもらしさ，教師らしさ／生徒らしさなど，地位に期待され，規範化された行動様式のことを役割と言う。地位と役割をもとにした人と人とのかかわりが地位・役割関係である。

▷31 社会的相互行為
個人と個人，集団と集団など複数の行為主体の間で，言葉や身振り手振りなどを使って直接あるいは間接に，互いに互いの意図を推し量りながら，さらに互いに相手の反応に受け応える形で行われるやり取りのこと。

▷32 社会集団
お互いの間で目標を共有し，規範を定め，それに従いながら互いに持続的に関係し合い，与えられた地位や役割を果たしていく人の集まりのこと。

▷33 制度・組織
当該の社会で認められ，持続的に保持されている社会生活組織化の方法を制度，特定の目的を達成するため

に人為的・意図的に作られ，目的達成のために成員の行為を制御する仕組みのことを組織と言う。

▷34　社会調査
社会的な現実を組織的に把握・分析するための技術・方法であり，事象を社会現象としてみて，その実態や実際，事象の背景にある原因や結果，さらには事象において予測される帰結を解明しようというもの。

▷35　社会学的想像力
アメリカの社会学者ミルズ（C. W. Mills）によれば，個人の問題を，単に個人の問題として捉えるのではなく，複雑に絡み合う歴史的・社会的な構造の問題として捉え，読み解く想像力（ミルズ，2017）。

ているかを考えてみよう。

③　教育事象を「社会学のパースペクティブ」から見ることの意義はどこにあるか。関心をもっている事柄を取り上げ，それを「社会学のパースペクティブ」から見るなかで考えてみよう。

📖次への一冊

日本教育社会学会編『教育社会学事典』丸善出版，2018年。
　　中項目，大項目からなる「読める事典」。教育社会学の理論や重要な概念，方法，研究の広がりや実際の研究の動向がこれ一冊で把握できる。

日本教育社会学会編『教育社会学研究』１〜，東洋館出版社，1951年〜。
　　日本教育社会学会の学会誌。過去に遡って見るもよし，最新のものを見るもよし。１年に２集刊行されるうち１集には，その時々で取り上げるべき課題が，「特集」として組まれている。

日本教育社会学会編『教育社会学のフロンティア１　学問としての展開と課題』岩波書店，2017年。
　　日本教育社会学会の創設70周年を記念する論集。第１集では，教育社会学がどのような学問で，これまで何をしてきたかを振り返りつつ，今後の課題が示されている。

日本教育社会学会編『教育社会学のフロンティア２　変容する社会と教育のゆくえ』岩波書店，2018年。
　　前記論集の第２集。今日の教育現象を教育社会学で解読すると何がわかるのか。日本の教育システムの変容と現在，学校のゆらぎと再編，教育と文化のゆくえの現状分析。

デュルケム，É.，宮島喬訳『社会学的方法の基準』岩波文庫，1978年。
　　「社会学の方法」の確立に努めたデュルケムの著書。社会学は，事象をどのようにして見て，どのようにそれにアプローチするのか。古典から学ぼうとする人にお勧めの一冊。

引用・参考文献

デュルケム，É.，宮島喬訳『社会学的方法の基準』岩波文庫，1978年（原著1923年）。
デュルケム，É.，佐々木交賢訳『教育と社会学』誠信書房，1976年（原著1929年）。
デュルケム，É.，宮島喬訳『自殺論』中央公論社，1968年（原著1897年）。
藤田英典「教育社会学研究の半世紀」『教育社会学研究』50，1992年，７〜29ページ。
カラベル，J.・ハルゼー，A. H.，潮木守一・天野郁夫・藤田英典編訳『教育と社会変動——教育社会学のパラダイム展開　上・下』1980年。
ミルズ，C. W.，伊奈正人・中村好孝訳『社会学的想像力』ちくま学芸文庫，2017年。
新堀通也・加野芳正『教育社会学』玉川大学出版部，1987年。

第2章
教師・児童生徒・カリキュラム

〈この章のポイント〉

「教師―児童生徒関係」は教育活動の遂行にあたっての前提であり，教師と児童生徒はそれぞれの役割を果たしている。また，学校で教授する学校カリキュラムも，教師―児童生徒関係を担保することに寄与している。しかし近年のさまざまな教育改革は，従来の「教師―児童生徒関係」を問い直すものである。本章では，学校教育の担い手である教師ならびに児童生徒と，学校で教授・享受されるカリキュラムに着目し，学校を社会学的に見る見方を提示するとともに，現代の学校教育を捉え，問い直す視点について学ぶ。

1 教師という役割，児童生徒という役割

1 学校における教授―学習過程と，教師―児童生徒関係

　学校教育を成立させる条件とは何だろうか。立場によってさまざまな考え方があるだろうが，おそらく最も基本的な条件は，教師と学習者とが存在し，(1)教師が意図をもって行う「教授」という行為と，(2)学習者による「学習」という行為があることではないだろうか。

　アメリカの教育社会学者ヒュー・メーハン（H. Mehan）の『授業を学ぶ（*Learning Lessons*, 1979）』によると，教師と学習者のコミュニケーションは，教師から学習者への「開始（Initiation）◁1」があり，それに対する学習者による「応答（Reply）◁2」を受け，教師がその応答を「評価（Evaluation）」する，という一連の行為が特徴的であるという（I-R-E連鎖）。このような教師―学習者間でのコミュニケーションは，教師が一貫してコミュニケーションの主導権を握っていることや，問いに対する答えを知っている教師側に評価の権限が与えられているという点で授業以外の場での日常的なコミュニケーションとは異なっており，教師―児童生徒関係は非対称的な関係と言える。その関係のもとで教師は「教授」と「評価」を，学習者は「学習」という社会的行為を繰り広げており，この教授―学習過程が成立している時，学校教育も機能している。

　この考え方を敷衍すると，教師の教師らしい振る舞い（＝「教授」と「評価」の行為）は，児童生徒がそれにふさわしい行為や態度をとる（＝「学習」する）

▷1　「始動」や「主導」，「導入」などと訳される場合もある。

▷2　"Response"を使用することもある。

▷3　なお，「評価」自体は，児童生徒同士が互いの態度や行動を「評価」し合うほか，児童生徒自身も自分を「評価」したり，児童生徒が教師を「評価」したりするなど，教師にのみ許された行為ではない。しかしながら教授―学習過程における「評価」は，教授する者から学習者に対して，教育目的に照らして教育の効果を判定する一方向的な行為と言える。

ことによって支えられていると考えられる。換言すれば，教師と児童生徒が互いの役割を果たすことによって，教師—児童生徒の関係も成り立っている。私たち人間の社会は，社会構造に位置づいた「地位」と「役割」の関係で動いており，教師と児童生徒との関係はそれぞれの「役割」によって支えられている。[4]

[2]　教師という「役割」と承認

　ところが，先に述べたように「教授」や「評価」という行為は教師側の権力をともなうため，教師—児童生徒関係は対等ではない。児童生徒に対してこれらの行為が成立するためには，教師に対する尊敬や信頼を必要とする。

　かつて日本の学校は，地域において高度で豊かな文化が集積する「文化の発信拠点」であった。[5] そして教師は高い学歴を有している知識人として，児童生徒の保護者や地域から一目置かれる存在であった。知性の高い教師から豊かな文化を学ぶことができる場として学校は認知され，教師は尊敬と信頼を集めていたのである。

　現在でも，教師になるためには大学で教職課程を履修し，教育職員免許状を交付される必要がある。それに加え，教員採用試験などの選考を受ける。そして一般の公務員よりも教師の給与を優遇する「人材確保法」の制定などにより，国家によっても教師の権威は正統化されてきた。[7]

　ところが，教師の行動は常に監視されているわけではなく，教師の仕事の実態は外部からは見えづらい。では，教師の教師らしい振る舞いの遂行はどのように社会的に認められてきたのであろうか。ジョン・マイヤー（J. Meyer）らによる学校組織論では，学校という組織の特徴の一つに「教師，生徒，授業科目についての標準化されたカテゴリー」である「儀礼的分類（ritual classification）」をあげており，校種・教科といったカテゴリごとに与えられる教師の資格もその一つである。学校がこの儀礼的分類を維持し，資格を有する教師がその資格に対応する校種・教科を担当する限り，保護者は学校や教師を信頼して児童生徒の教育を委ねるという「信頼のロジック（logic of confidence）」が存在するのだという（Meyer & Rowan, 1977）。信頼のロジックにより，学校と教師の教育活動に承認と支持が与えられ，監視や査察なしに教師は教師の「役割」を果たすことができるのである。

[3]　教師役割の拡大

　ところで教師—児童生徒関係は，学習指導面における単なる「命令—服従」や「教授—評価」の関係を意味するわけではない。教師は児童生徒に寄り添い，理解や共感を深め，時には涙を流して喜怒哀楽をあらわにすることで児童

▷4　このような関係を「役割期待の相補性」と言う。私たちの相互行為は，互いの役割に応じた期待を互いに抱き，その期待に沿って互いが役割を遂行することによって成立する。

▷5　例えばピアノは明治時代半ば頃から女学校を中心に唱歌教育の伴奏楽器として，そして戦後には音楽教育で器楽教育の促進により，一般家庭への普及以前に学校に備えられていった。同様に，一般家庭では揃えられない大量の図書やスポーツ用品，高価な実験器具やテレビをはじめとする視聴覚機材などを学校はいち早く整備していた。

▷6　戦前の教員養成機関である師範学校は，授業料免除のうえ生活費などの給与があったため，農村部の賢い子どもたちの進学先として選ばれていた。知的で，人格も優れた教師という仕事は素晴らしい職業とみなされていた。

▷7　人材確保法
正式名称は「学校教育の水準の維持向上のための義務教育諸学校の教育職員の人材確保に関する特別措置法」であり，優秀な教員の確保を目的に1974年に制定された。

生徒からの厚い信頼を得てきた。その信頼関係によって学習や生活の基盤を築き，日頃の授業や学級経営を充実させたり，効果的に進めたりしてきたのである。教師と児童生徒との教授—学習で成り立つ関係を，教師の権力をともなうという意味で「タテの関係」と表現するならば，信頼関係で成り立つ教師—児童生徒関係を「ヨコの関係」と言い表すことができよう。日本の場合，教師は「タテの関係」と「ヨコの関係」とを上手に使い分けたり均衡をとったりして，学校という場の秩序を成り立たせてきたのである。

　日本の学校の教師は，諸外国（とりわけ欧米諸国）の学校の教師に比べて生徒指導や進路指導，清掃や給食指導，部活動などの学習指導以外の業務が多いと言われる。自らを児童生徒の全人格にかかわる役割を担う存在と捉え，あらゆる行為を教育上意味あるものとして位置づけて行う「指導」の文化の存在が指摘されていることも特徴である（酒井，1998；志水，2002；川村，2007など）。その結果，教師の仕事には，(1)仕事やその責任を負うべき領域を明確に区別することができず，児童生徒のためを思えば際限なく仕事が増えていく「無境界性」，(2)種類の異なる仕事を同時に並行して行う「多元性」，(3)仕事の順序がしばしば変わったり，予定外の仕事が舞い込んで優先順位が替わったりする「複線性」，という性質があると指摘されている。教師の仕事の成果は，学習者のどの時点でどのように現れ，どのように測定・判定されうるのかが難しい。それゆえ，教師は児童生徒の教育に献身的に，しかもそれに見合った報酬を求めずに傾注していくのである。

4　児童生徒という「役割」

　教師の役割は「教授」と「評価」であるのに対し，児童生徒の役割は「学習」することであると，先に述べた。しかし，そのような児童生徒の「役割」は所与のものではない。

　近年，「小学校1年生の教室において，集団行動が取れない，授業中に座っていられない，先生の話を聞かないなど，学級での授業が成り立ちにくい状態が数か月にわたって継続する」（東京学芸大学，2010）状態を「小1プロブレム」と称し，学校教育の課題になっている。この言葉の意味から示唆されるのは，幼児が小学校に入学し，児童として学ぶようになると，「集団行動をとる」「授業中は座っている」「先生の話を聞く」という態度が求められるということである。それが児童としての「役割」であり，その「役割」を取得することによって学級での授業が成立する。そのため，小学校入学直後に素早く（あるいは入学以前に）児童としての「役割」を身につけることが要求されている。

　しかし，児童生徒は学校で教師から一方的にその「役割」を押しつけられているわけではない。ジーン・レイヴ（J. Lave）とエティエンヌ・ウェンガー（E.

▷8　壺井栄『二十四の瞳』や灰谷健次郎『兎の眼』などの小説や，1980年代半ばのテレビドラマ「スクール☆ウォーズ」に代表されるように，教師と児童生徒の心の通い合いによって，互いが成長するといった物語が多くあり，人気を集めてきた。

▷9　就学前教育の段階では「アプローチカリキュラム」として，小学校入学後には「スタートカリキュラム」として，幼児期の学びと小学校の学習とが円滑につながるようなカリキュラム編成に取り組む自治体や学校が増えている。

Wenger）の「正統的周辺参加（Legitimate Peripheral Participation：LPP）」理論は、「学習」を単なる「教える側」から「教わる側」への知識やスキルの伝授の過程ではなく、学習者が共同体への参加を深めていく変化の過程[10]として捉えている。

このLPP理論を手がかりに、紅林（1997）は学校で生徒が〈生徒になる〉、すなわち「生徒役割の取得」の捉え直しを行っていると捉える。生徒は教師とともに学校という共同体に参加し、授業や教育活動における相互行為をとおして「教育関係」を学習しているのである。そのなかで生徒は、生徒としての「役割」を学習するとともに、教師の評価構造を学習して教師の「役割」をも取得するのだという。言い換えれば、生徒が〈生徒になる〉ということは、教師という「役割」を自分のなかに取り込み、教師の問いに対し教師の期待を先取りして解答することで実現されるのである。このことから、生徒という「役割」は与えられるものというより、共同体の参加者同士の共同実践のなかで自ら学びとっていくものと言えるだろう。

5 教室のストラテジー

このように教育社会学には、教師―児童生徒関係を自明の単なる知識伝達の過程としてではなく、教師と児童生徒がそれぞれの状況の定義に基づいて目的や関心を達成しようとしながらも、合意を求めて交渉する過程[11]として捉える見方がある。この見方によると、教師は理想の教育を実現するために、あるいは教室の秩序の維持のために、さまざまな戦略を編み出し、利用していると考えられる。このような、「行為者がある制限された状況のなかで自己の目的や関心を最大限に実現していくための戦略」を「ストラテジー」と呼ぶ（稲垣、1992）。

イギリスの教育社会学者ピーター・ウッズ（P. Woods）によれば、教師は学校や教室のなかで、児童生徒に対して厳格な評価や逸脱の統制を行うという職業的な使命を果たし、同僚教師による批判を避けなくてはならない。同時に、授業秩序の維持のためには、授業中に冗談を言ったりするなどして児童生徒との深刻な葛藤は回避しなければならない。このようなジレンマのなかで、自己を防衛し、教師として「生き残る（サバイバル）」ために「サバイバル・ストラテジー[12]（survival strategy）」を用いているという（Woods, 1979）。

また、アメリカの社会学者アーリー・ホックシールド（A. R. Hochschild）は、人間を相手にする職業には自分の感情を抑制して相手に合わせた「演技」が求められるといい、そのような仕事のことを、自身の感情を管理しサービスとして提供する「感情労働（emotional labor）」と名づけた（ホックシールド、2000）。「感情労働」が中心となる仕事には、接客やクレーム対応の窓口業務、医療・

▷10 例えば、徒弟制の仕事を「学習」する場面を想像してみよう。初心者は職人同士の共同体に所属し、その一員として熟練の職人の下で下働きをしたり、職人の見よう見まねをしたりしながら実践的に仕事を学んでいく。この時この共同体では、熟練の職人が「中心」的な役割を果たしており、それに対し初心者は共同体の「周辺」的な位置にいる。初心者は徐々に仕事を覚え、共同体の「中心」的な役割を果たすようになるとともに共同体への参加の度合いを強めていく。すなわち、共同体に「正統的」な一員として「参加」するなかで、「周辺」から「中心」へと参加の位置を変えていく。このような一連の「学習」の過程が「正統的周辺参加」である。

▷11 例えば、「授業」という「状況」は、そこに居合わせた人々が「これは授業である」と定義し、教師が教師として期待された役割を、児童生徒が学習者として期待された役割を互いに受け入れることによって成立する。この考え方の下では、生徒はその役割を一方的に受け入れるのではなく、「状況を定義する」存在として認められている。したがって、児童生徒の「授業」についての「状況の定義」と、教師のそれとが食い違った場合、「授業」の秩序は崩壊しかねない。そこで、互いの「授業」の「状況の定義」をめぐる駆け引きが、常に行われることになるのである。

▷12 教師の権威が相対的に低下した学校で見られる、外部に設定された規準から逸脱しようとする生徒に対し、教師と生徒との間にある権力関係を隠蔽しな

看護・介護などのケアワークがあり，教師の仕事もその一つであると考えられている。これらの仕事は，職務上とはいえ自らの感情を偽り，本心からそのように思っているかのような自然な振る舞いが要求されるため，本来の自己からの疎外をもたらし，過剰なストレスやバーンアウトに陥るおそれもあると指摘されている。しかし教師の場合，ホックシールドが取り上げた客室乗務員と異なり，児童生徒の感情に働きかけて児童生徒自身の好ましい感情移入能力を育成し，日常的な教育行為を成立させるために，雇用主に強制されてではなく自ら当然のこととして感情を戦略的に操作しているという（伊佐，2009）。

　以上のように教室における教師―児童生徒関係は，その両者の交渉過程として捉えられる動的な関係であり，教師は組織と児童生徒との間でアンビバレントな役割に戸惑いながら，戦略を駆使し，職業的アイデンティティの維持を図っていると言えよう。

2　社会学的視点から見たカリキュラム

［1］　学校カリキュラムの構成原理

　それでは，教師が「教授」を行い，児童生徒が「学習」を行う学校では，どのようなことが教えられ，どのようなことが学ばれるのであろうか。学校における「カリキュラム」[14]を社会学の視点から見ていこう。

　学校は教育目標の達成のために，世のなかに氾濫する大量の知識や情報，技能を，多様な学習者に対し限られた時間・空間のなかで共有すべきものとして伝達しようとする。そのために，ある観点から教育内容を選択し，組織し，配列したもの，それがカリキュラムである。

　イギリスの教育社会学者バジル・バーンスティン（B. Bernstein）は，カリキュラムを構成する基礎的原理として，「分類（classification）」と「枠づけ（framing）」を提示した（バーンスティン，1981）。「分類」とは，選択された教育知識の内容の間に境界を設ける原理のことである。「分類」が強ければ教科と教科は明確な境界によって分離され，各教科は高い専門性をもつが，「分類」が弱ければその境界は曖昧になり，内容に相互の関連性をもつ。一方，「枠づけ」とは，授業場面において伝達される教育知識の選択，順序，進度などを教師と児童生徒がどれだけ自由に決めることができるかという，教授方法の裁量の程度を示している。「枠づけ」が強ければ教師・児童生徒の自由裁量の幅は狭く，逆に「枠づけ」が弱ければ自由裁量の余地が大きいこととなる。

　日本の学校はとりわけ，国家としてのカリキュラム[15]による管理の歴史が長く，統制が行き届いている。戦後，全国のどの地域で教育を受けても一定の水

がらも生徒が規準をクリアできるよう支援する教師の姿勢は，まさに「『人間関係』を保ちつつ秩序を維持するための個別の教員のサバイバル・ストラテジー」である。吉田はそれを「お世話モード」と称した（吉田，2007）。

▷13　伊佐（2009）は，客室乗務員と比べて教師の仕事の自律性が高いことも理由にあげている。

▷14　「カリキュラム（curriculum）」という用語は，ラテン語の「currere（走る）」を語源とし，そこから「走路」→「それに沿って進んでいくべきコース」→「学習する道筋」→「教育の目的や目標を達成するために，いつ，何を，どのような順で教え，学ばせるのか，という学校の教育活動の計画」と転じてきた。さらに，「走ってきた履歴」→「学習者の学習経験の総体」の意味を含むようになっている。

▷15　中央集権的な教育行政を行い，日本と同様，国が「学習指導要領（programme）」を定めているフランスや，1988年にナショナル・カリキュラムを導入したイギリスを除き，先進諸外国では州や地域ごとに教育課程の基準を作成していることが多い。また，国家として教育課程の基準を設けている場合でも，学校の自由裁量を大きく認めていたり，私立学校には適用を求めていなかったりするなど，緩やかである。

▷16　日本の教育課程の国家基準は，1886（明治19）年の「小学校ノ学科及其程度」にその始まりを見ることができる。

準の教育を受けられるようにするため，教育課程の国家基準としての性格をもつ「学習指導要領」が作成された。学習指導要領は，学校種・学年ごとに教科の目標や教育内容，標準授業時数（高等学校は単位数）を定めている。そして，学習指導要領に基づいて作成された教科書は，検定を経なければならない[18]。また，学習の成果の評価は「指導要録」に記録することが義務づけられている。学校に教育課程の編成権は与えられているものの，教師には教授内容（何を教えるのか）にかかわる裁量権はほとんど与えられていない。これらのことから，時代や学校段階によって多少の違いはありつつも，日本の学校カリキュラムは基本的に強い「分類」と強い「枠づけ」の組み合わせによって構成されていると言える[19]。

2　隠れたカリキュラム

　ところで，児童生徒は教師によって教授された教育内容しか学んでいないのだろうか。教師から直接教わっていなくても，学校における多様な経験を通じて「何か」を学んでいるのではないだろうか。

　アメリカの教育学者フィリップ・W. ジャクソン（P. W. Jackson）は，規則（Rules），規制（Regulations），慣例（Routines）という，教室での生活を生き抜くための暗黙のルールがあることを見出し，「隠れたカリキュラム（hidden curriculum）」と名づけた（Jackson, 1968）[20]。ジャクソンによれば，子どもたちは学級での生活を繰り返すうちに，集団の一員としてさまざまなことを我慢し落ち着いた学習態度をとること，教師をはじめ子どもも含めた他者からよい評価を得られるような態度を身につけること，権威の存在を意識しそれに適応したり対処したりすることを学ぶという。

　児童生徒は，日々の学校生活のあらゆる場面で教師との間で行う相互行為を通じて，徐々に隠れたカリキュラムを身につけていく。さらに，隠れたカリキュラムは教師の児童生徒に対する期待が反映され，学級集団のなかで学ばれていくため，教室や授業の秩序の形成に一役買っている。

3　カリキュラムという統制装置，カリキュラムによる統制過程

　カリキュラムとは多くの知識・情報から取捨選択され，編成されるものである。裏を返せば，学校で教授される知識は，恣意的に選択されるものであるということである。しかも日本の場合，その恣意的な選択は国家によって行われ，正当な知識として伝授される。さらに，その教授は前節で触れたように，教師による権力関係を内包した教師―児童生徒関係を基盤に行われ，教師の指示には従うものだという「隠れたカリキュラム」によって強化される。すなわち，カリキュラムは児童生徒を統制（コントロール）する装置であり，知識伝

達を通じて社会を統制する過程としても捉えることができる。

　先に紹介したバーンスティンは，「限定コード」（restricted code）と「精密コード」（elaborated code）という言語コード論を提唱した（バーンスティン，1981）。「限定コード」とは文法構造が単純で，限られた語彙を用い，具体的で状況依存的な表現である。一方，「精密コード」とは複雑な文の構造をもち，豊富な語彙を用いて，状況から独立した抽象的・論理的な表現をする。これらの言語コードの使用は子どもの出身階級により異なり，労働者階級の子どもは限定コードを，中産階級の子どもは精密コードを多く使用する傾向があるという。学校教育では精密コードによって授業が進められるため，精密コードに親しみのない労働者階級の子どもは学校での教育達成が難しいと指摘されている。

　また，フランスの社会学者ピエール・ブルデュー（P. Bourdieu）は，文化資本（cultural capital）という考えを打ち出した。そして，上流階級の家庭で親から子へと相続される文化資本は，学校で教え伝えられる「正統な」文化的知識と親和性が高いため，そのような子どもは学校教育において，よりよい教育達成が可能となっていくことを指摘した（ブルデュー・パスロン，1991）。

　これらのことから，学校のカリキュラムやその伝達の手段としての言語は上層階級の家庭の子どもに有利に働いていることがわかる。学校という場は社会的・経済的格差を再生産し，社会を統制しているのである。

　学校は，児童生徒の家庭背景にかかわらず教育の機会を均等に保障し，社会の平等化に寄与すると考えられてきた。教育課程の国家基準はまた，それに貢献するものとして位置づいてきた。しかし，誰がそのカリキュラムを作っているのか，学校で伝達される知識は誰によって，どのように選別されているのかには，人々はあまり関心を寄せてこなかった。そのうえ，そのカリキュラムは「教師」という，「精密コード」を身につけた人々によって伝達されていることを踏まえると，カリキュラムを教師と児童生徒の社会的行為のなかで作られる流動的な営みとして捉え，見つめ直していく視点をもつことが必要ではないだろうか。

3　変わるカリキュラム，変わる教師—児童生徒関係

1　学校カリキュラムの改革

　日本の学習指導要領は，この30年ほどの間で大きく変化した。まず，1985年の臨時教育審議会第一次答申において「個性重視の原則」が掲げられたのち，教育課程の国家基準としての学習指導要領が，「個に応じた指導」の充実を指向してきたことである。また，2016年に施行された「障害者差別解消法」[23]によ

協働して教育活動に携わることになる。

▷20　隠れたカリキュラム　明示されてはいないが，暗黙のうちにあるいは無意識のうちに児童生徒に伝達される知識や規範，価値などのことである。なお，「隠れた」の意味を，より詳細に(1)「見えない（latent）」と(2)「隠された（hidden）」とに分ける考え方もある（高旗，1996）。

▷21　美術品や楽器，書物などの「客体化された資本」，親の学歴や資格などの「制度化された資本」，言葉遣いや場に応じた行動，美的感覚などの「身体化された資本」という三つの形態がある。

▷22　個別指導やグループ別指導，学習内容の習熟の程度に応じた指導（習熟度別指導），補充・発展学習などがある。

▷23　正式名称は「障害を理由とする差別の解消の推進に関する法律」。本書の第13章を参照。

▷24　個別の指導計画に対応した柔軟な教育課程の編成や教材等の配慮，教員等の確保など。

▷25　「幼稚園，小学校，中学校，高等学校，盲学校，聾学校及び養護学校の教育課程の基準の改善について（答申）」。

▷26　「地域の状況等に応じて，特色ある教育課程を編成するなど自主的・自律的な学校運営を行うことが必要」と記されている。

▷27　それまで「過不足なく教えなければいけない」とされていた学習指導要領は，2003年の一部改正によりそれに関する文言が削除され，学習指導要領に示していない内容を加えて指導することができるようになった。

▷28　中央教育審議会教育課程企画特別部会「論点整理」（2015年8月26日，6ページ）。

▷29　カリキュラム・マネジメント
「各学校が，学校の教育目標をよりよく達成するために，組織としてカリキュラムを創り，動かし，変えていく，継続的かつ発展的な，課題解決の営み」（田村，2011，2ページ）のことである。

り，障害のある児童生徒に対し「合理的配慮[24]」が学校に求められるようになった。さらには高等学校においても，小・中学校と同様に障害に応じた特別の指導を行うこと（通級による指導）が制度化された。このような流れは，学校の教育課程はすべての児童生徒に同一の教育内容を同一の方法で教授するのではなく，障害も含めた「個」へと目を向け，対応を求めるようなカリキュラムへと変化させるものである。

　1998年7月の教育課程審議会答申[25]では「特色ある学校づくり」が要請され，教育課程基準の大綱化・弾力化が指向された。続く第15期中央教育審議会答申「今後の地方教育行政の在り方について」（1998年9月）においても各学校の裁量権拡大が謳われた。これらを受けた学習指導要領［平成10年改訂］では，「総合的な学習の時間[26]」がすべての学校に導入された。これは地域や学校，児童生徒の実態などに応じて各学校が創意工夫を生かして行う教育活動であり，学校独自のカリキュラム開発が求められることとなった。このように，学校の教育課程は「ナショナル・スタンダード」としての統制を弱め，「ナショナル・ミニマム」へと性格が変化しつつある。

　さらに2017年改訂の新学習指導要領では，今後子どもたちが生きる「将来の予測が困難な複雑で変化の激しい社会[27]」を見据え，質の高い学びの実現のために教育内容や教授方法の選択・改善など，カリキュラム編成の裁量権が各学校へとより大きく移譲されることとなった。カリキュラムはもはや国家の管理の対象ではなく，各学校が作り，動かし，変えていくマネジメント（「カリキュラム・マネジメント[29]」）の対象に変化したと言えよう。

　2　教育内容・教育方法の改革と格差の拡大

　教育内容や教育方法も時代の変化に応じて様変わりしてきた。学習指導要領においては，生活科［平成元年改訂］や総合的な学習の時間［平成10年改訂］が新設された。いずれも既存の教科の枠を超え，具体的・実践的な体験や活動をとおして総合的に学習するものである。2017年に告示された新学習指導要領では「主体的・対話的で深い学び」（いわゆる「アクティブラーニング」。本書の第10章を参照）がキーワードの一つとなり，教師の一方的な講義からの脱却を目指している。

　このような改革は，バーンスティンにならえば「目に見える教育方法（visible pedagogy）」から「目に見えない教育方法（invisible pedagogy）」への移行と言えるだろう（バーンスティン，1985）。「目に見える教育方法」は，教師と児童生徒の境界が明確で，教師の強いコントロールの下で児童生徒に知識が一方的に伝えられる。教える内容も明示されており，厳密な時間やルールに従って指導され，学習の成果はテストで測定される。一方の「目に見えない教育方法」は教

師と児童生徒の境界が曖昧で，教師のコントロールは弱く，学ぶ時間や場所が柔軟に設定される。児童生徒の具体的活動や自主性，主体性などが重視され，教師は一方的に教授するのではなく，児童生徒の潜在的な力を引き出し，支援する。学んだ成果はさまざまな作品として表現され，相互に批評したり，その取り組み自体を評価したりするなど，多元的な基準で評価するというものである。

　「目に見えない教育方法」は，教師の意図や評価基準が見えにくいことからこのように称されるのであるが，児童生徒が自発的に行っているように見える行動も，実は教師によって暗黙のうちに統制されていることや，新中産階級の生活様式や家庭教育と連続性があることが指摘されている。他方で「目に見える教育方法」は労働者階級と親和的であると言われている。新中産階級に有利な「目に見えない教育方法」の拡大は，児童生徒の学習意欲や興味・関心の差と見せかけて社会構造を維持し，学力格差の拡大につながりかねないと危惧されている。

③　教師の役割の変容

　昨今の多様な情報技術の発展により，e-ラーニング（電子機器や情報ネットワークを用いた学び）や反転授業[30]など，新たな教授方法が次々に導入されている。また，従前の講義型一斉授業のあり方が問い直され，「主体的・対話的で深い学び」の実現に向けた授業改善が求められている。このような教育方法の改革により，教師の仕事は知識を「教え，授ける者」ではなく，児童生徒の学びを導く「ファシリテーター」の性格をもつように変容しつつあると言えよう。

　さらに，雇用環境の変化やひとり親世帯の増加等を背景に，日本の子どもの約6人に1人が相対的貧困の状態に置かれているという[31]。そこで，子どもが一日の多くの時間を過ごす学校においても，子どもの貧困問題への注目と対応が求められている。文部科学省は，貧困やいじめ，不登校，児童虐待などの問題に対し，関係機関や地域社会と連携して早期解決を目指すため，2019年度までにスクールカウンセラー[32]を全公立小・中学校に，スクールソーシャルワーカー[33]を全中学校区に配置する計画である。このように，「チーム学校」[34]のスローガンの下，多様な専門家や地域住民との連携が進められようとしている。学校を子どもの貧困問題対策の「プラットフォーム」化する動きは，社会の情報化が進み，むしろ「文化の発信拠点」としての力を失いつつある学校を「子ども支援の拠点」へと変えていくことになるであろう。このような時代の教師は，学校のなかだけで課題を抱え込み，閉じた「指導」を行うのではなく，学校を開き，さまざまな人々を結ぶ「コーディネーター」としての役割が求められている。

▷30　反転授業
従来の授業と宿題の役割を反転させる学習のことである。具体的には，自宅で講義形式の授業を動画で予習して知識を習得する。一方，教室では協働してディスカッションや問題解決型の学習に取り組むことをとおして知識の定着や活用を図る。

▷31　子どもの貧困は，学校生活に必要な物品が揃えられないなどといった経済的な困窮にとどまらず，基本的な生活習慣の欠如や健康問題，人間関係の欠如などを引き起こすため，貧困が深刻化し連鎖していきかねない。本書の第3章および第5章も参照。

▷32　臨床心理士や精神科医などが，カウンセリングの手法を用いて子どもの心のケアを行う。

▷33　社会福祉士や精神保健福祉士などが，家庭や友人関係など子どもが置かれた環境への働きかけを行ったり，関係機関と連携・調整を行ったりする。

▷34　チーム学校
学校や教員が，心理や福祉に関する専門スタッフ，授業などにおいて教師を支援する専門スタッフ，部活動や特別支援教育に関する専門スタッフなどと連携・分担する体制を整備し，教育活動の充実を求めるものである（中央教育審議会「チームとしての学校の在り方と今後の改善方策について（答申）」2015年12月21日）。

▷35 臨時的任用教員
相当の教員免許状を有して
いることを条件に，期間を
定めて任用される教員のこ
と。教員採用試験に合格し
ていない者が，採用される
までの間の職とすることが
多いが，正規に採用された
教員とほぼ同じ職務を担っ
ている。
▷36 NHK の調査による
と2017年 4 月の時点で，都
道府県と政令指定都市，計
67の教育委員会の約半数
（32教育委員会）で定数を
満たさず，少なくとも717
人の教員が不足していたと
いう。
▷37 幼稚園，小学校，中
学校，高等学校の教員は，
原則として校種ごと（中学
校・高等学校は教科ごとに
も）の教員免許状を必要と
する（これを「相当免許状
主義」という）。
▷38 免許外教科担任制度
相当の免許状を所有する者
を教科担任として採用する
ことができない場合に，校
内のほかの教科の教員免許
状を所有する教諭等が，都
道府県教育委員会に申請
し，許可を得て，1 年に限
り免許外の教科の担任をす
ることが可能になる制度。
▷39 先に触れた，マイ
ヤーの「儀礼的分類」と
「信頼のロジック」の理論
を思い出してみよう。儀礼
的分類を維持し，資格を有
する教師がその資格に対応
する校種・教科を担当する
限りにおいて信頼のロジッ
クが存在し，保護者は学校
や教師に子どもの教育を委
ねてきた。しかし，免許を
所有しない校種・教科を教
える教師の存在は儀礼的分
類を侵害することになり，
教師の振る舞いを支えてき
た信頼のロジックは，崩壊
の危機に直面することにな
りかねない。

4 教師の権威の低下

　一方で，教師の不祥事や指導力不足が大きく取り上げられ，広められることによって，「教師」という役割そのものへの疑義が呈されるようになってきた。教員評価制度や教員免許状更新制など近年の教員に関する政策は「結果的に教員の権威，教員に対する信頼の失墜を促す方向で展開してきている」（山田・長谷川，2010，40ページ）といい，教師の権威が失われつつある。

　また，教師役割を正当化する機能を果たしていた教員免許状や教員採用試験の価値や正当性も曖昧になってきた。「地域に開かれた学校」のスローガンは地域人材の積極的活用を促し，児童生徒に対してより豊かな学習を提供することに貢献してきたが，視点を変えれば，教師ではない人々を「先生」と呼び，必ずしも教職教育を受けてきていない人々に学校で教わることを制度的に認めたこととも言える。

　昨今，少子化が進み教員定数の削減を見越して正規採用を抑制し，産休や病気休職による欠員補充のための臨時的任用教員[35]で不足分を補ってきたが，その確保が困難であるという「教員」[36]不足問題が起こっている。教員免許状を所有しているとはいえ，採用試験に合格していない臨時的任用教員が教壇に立つことは，教師役割の正当性を崩しかねない。ほかにも学校現場では，所有する教員免許状の校種以外を教えることができる「臨時免許状」[37]や，中学校・高等学校で免許をもたない他教科の担任をすることができる「免許外教科担任制度」[38]を活用して，欠員を補充するケースも見受けられるが，所有する免許とは異なる校種・教科を教える教師に違和感や不信感を抱く人は少なくない。[39]

　さらには，2007年より開始された全国学力・学習状況調査をはじめ，学力の測定や分析が盛んに行われるようになってきた。学校の教育活動がどの程度児童生徒に効果があったのかを把握し，改善に生かすことは重要であるが，学校の「アカウンタビリティ（accountability）」の名の下に，教師や学校の業績を点検したり監視したりすることにつながりやすい。先に述べたように，教師の仕事はその成果がいつ，どのように現れ，どのように測定・判定されうるのか評価が難しいものであるが，短期間で目に見える成果を上げることが求められるようになっており，ますます教師に対する無条件の信頼は失われつつある。

5 児童生徒役割の変化

　学校における教師—児童生徒関係は，適用される規則に差異が設けられていることが多い。生徒は服装や髪型，もち物，行動の仕方や果ては交友関係に至るまで校則で規定され，厳しく指導される一方で，教師にはとくに決まった服装や髪型，もち物などのルールがないという非対称性が存在していた。立場の

違いが服装などで可視化されることにより，それぞれの役割の認識や役割取得を容易にさせていたとも考えられるだろう。

ところが昨今，児童生徒にとって理不尽な，行き過ぎた指導や時代の変化に対応していない校則などを「ブラック校則」と称し，見直しを求める運動が起こっている。児童生徒が教師の「指導」に疑念を抱き始め，異議申し立てを起こすということは，児童生徒の「役割」が変化しつつあることを表している。

また，消費社会の進展や情報メディアの発展により，いまや学校や教師が「文化の発信拠点」ではなくなっただけではなく，教師と児童生徒の間の壁も低くなった。一昔前ならば，携帯電話は子どものもち物ではなかった。しかし現代では，子どもである児童生徒も，大人である教師のもつ携帯電話やスマートフォンをもち，インターネットを通じて同じサイトにアクセスすることができる。担任教師が緊急時に備え，自身の携帯電話番号を児童生徒や保護者に伝えた途端，昼夜を問わず個別に連絡が来るということも少なくない。教師が個人で開設するソーシャルメディアに児童生徒がアクセスしてコメントのやり取りをすることも見受けられ，容易に教師と児童生徒とがつながることができるようになった。つまり，学校の外では教師と児童生徒とが対等なユーザー同士としてのコミュニケーションをとりうるのであり，互いの世界に入り込むことにより教師─児童生徒役割の境界は曖昧になりつつある。

▷40　発端は東京都立高校の6割で，生徒の髪の色が生まれつきのものかを調べる「地毛証明書」を提出させていると報じられたことにあった（『朝日新聞』2017年5月1日付）。誤認を未然に防ぎ，生徒の状況に応じつつも学校全体の規範意識を高める方策として，類似した校則や生徒指導は全国に存在したようである。

▷41　生徒が，生徒であることよりも若者であることを重視するさまを「脱生徒化」「脱生徒役割」ともいうが，このような事例はむしろ，生徒は生徒としてのアイデンティティを保持しながら，教師との関係を取り結んでいると言えよう。

Exercise

① 「感情労働」としての教師の仕事は，教師と児童生徒に対してどのような功罪があると考えられるだろうか。それぞれの立場で考えてみよう。

② 児童生徒の学校内での困った行動をあげてみよう。そして，その原因に，「隠れたカリキュラム」の影響はないだろうか，探ってみよう。

③ インターネットをはじめ情報技術の普及により，学校に行かなくても教育を受けられるようになってきた。それでも学校に行く意味とは何だろうか，話し合ってみよう。

📖次への一冊

レイヴ，J.・ウェンガー，E.，佐伯胖訳『状況に埋め込まれた学習──正統的周辺参加』産業図書，1993年。

いわゆる「学校」ではない場での「学習」の事例から，「正統的周辺参加」が説明されている。人間の「学習」とは何か，教師や学校，教室の役割とは何かを再考せ

ざるをえなくなるだろう。

蓮尾直美・安藤知子編『学級の社会学――これからの組織経営のために』ナカニシヤ出
　　版，2013年。
　　　　学級や教師を，社会学的アプローチを用いて解説している。学級の歴史や学級経営
　　　論にとどまらず，学級にまつわる現代の実践課題や学級を対象とする研究の方法や
　　　課題なども整理されており，さまざまな点で有益である。

永井聖二・古賀正義編《教師》という仕事＝ワーク』学文社，2000年。
　　　　「転換期」（というにはやや古くなりかけているが）の教師が直面する現実とその分
　　　析の視点を与えてくれる。改革や困難にむやみに混乱したり動揺したりせず，一歩
　　　引いた立場で教師の仕事を考えることのできる一冊。

引用・参考文献

バーンスティン，B., 萩原元昭編訳『言語社会化論』明治図書出版，1981年。

バーンスティン，B., 荻原元昭編訳『教育伝達の社会学――開かれた学校とは』明治図書
　　出版，1985年。

ブルデュー，P.・パスロン，J-C., 宮島喬訳『再生産――教育・社会・文化』藤原書店，
　　1991年。

ホックシールド，A. R., 石川准・室伏亜希訳『管理される心――感情が商品になるとき』
　　世界思想社，2000年。

稲垣恭子「クラスルームと教師」柴野昌山他編『教育社会学』有斐閣，1992年，91〜
　　107ページ。

伊佐夏実「教師ストラテジーとしての感情労働」『教育社会学研究』84, 2009年，125〜
　　144ページ。

Jackson, P. W., *Life in Classrooms*, Teachers College Press, 1968.

川村光「正統的周辺参加としての『指導』文化の習得――子供時代に向学校的でなかっ
　　た教師のライフヒストリーへの注目」『滋賀大学教育学部紀要　教育科学』57, 2007
　　年，135〜146ページ。

紅林伸幸「正統的周辺参加理論の教育社会学的一展開――学校化への視角：メタファー
　　としての《徒弟制》」『滋賀大学教育学部紀要　教育科学』47, 1997年，37〜52ページ。

レイヴ，J.・ヴェンガー，E., 佐伯胖訳『状況に埋め込まれた学習――正統的周辺参加』
　　産業図書，1993年。

Mehan, H., *Learning Lessons: Social Organization in the Classroom*, Cambridge, Mass.,
　　Harvard University Press, 1979.

Meyer, J. W., & Rowan, B., "Institutionalized Organizations: Formal Structure as Myth
　　and Ceremony," *American Journal of Sociology*, 83(2), 1977, pp. 340-363.

酒井朗「多忙問題をめぐる教師文化の今日的様相」志水宏吉編『教育のエスノグラ
　　フィー――学校現場のいま』嵯峨野書院，1998年，223〜250ページ。

志水宏吉『学校文化の比較社会学――日本とイギリスの中等教育』東京大学出版会，
　　2002年。

末冨芳「子どもの貧困対策のプラットフォームとしての学校の役割」『日本大学人文科
　　学研究所紀要』91, 2016年，25〜44ページ。

高旗浩志「『潜在的カリキュラム』概念の再検討――D. ゴードンの議論を中心に」『カリ

キュラム研究』5，1996年，53〜64ページ。

田村知子編著『実践・カリキュラムマネジメント』ぎょうせい，2011年。

東京学芸大学「小1プロブレム研究推進プロジェクト　報告書」2010年。

山田哲也・長谷川裕「教員文化とその変容」『教育社会学研究』86，2010年，39〜58ページ。

吉田美穂「『お世話モード』と『ぶつからない』統制システム——アカウンタビリティを背景とした『教育困難校』の生徒指導」『教育社会学研究』81，2007年，89〜109ページ。

Woods, P., *Divided School*, Routledge & Kegan Paul, 1979.

第3章
教育機会と進路選択

<この章のポイント>

21世紀の現在の日本の大学進学率は約50％であり，「大学全入時代」と称される。しかしながら，その言葉のとおり，「すべての人」にとって教育機会は開かれているのであろうか。本章では，個々の進路選択が何によって左右されているのかについて理解することを目的とし，前半部では法や制度について，後半部では現代の日本における進路選択に影響する諸要因について解説する。これらをとおして，とくに高等教育機会について現状を理解したうえで，教育機会のあり方について学ぶ。

1 教育機会と法・制度

1 高等学校教育

現在の日本では前期中等教育までが義務教育となっており，高等学校に進学することは一般的であるが，歴史的に見れば，1954年の高等学校進学率が50％であったように，かつては高等学校教育もエリート教育であった時期がある。ここでは，まず後期中等教育の量的拡大と現在について概観する。

図3-1に示したように，高等学校進学率は，高度経済成長期の産業構造の変化にともない，それに対応する人材が求められたため1965年に70％，1974年に90％と急速に上昇し，後期中等教育のユニバーサル化が達成された。一般的には，後期中等教育のユニバーサル化は，個々人の教育年数の延長をもたらすため学業世界から職業世界への移行がスムーズになり，社会秩序の安定化に寄与したとされる。他方で，量的拡大のなかで学校の序列化や受験競争の過熱化も進んだ。また，高等学校にさまざまな生徒が入学することとなり，校内暴力，学級崩壊，不登校，不本意入学などの新たな課題に高等学校教育が対応する必要が生じた。

これを受けて，1988年に単位制高校，1994年に総合学科といった新しいタイプの高等学校が導入されるなどの制度改革が進んだ。以降，高等学校進学率はゆるやかに上昇し続け，2017年には98.8％となり，偏差値による序列化が解消されつつあるとする報告もある。しかしながら，大きな傾向としては高等学校の偏差値と大学進学者の割合は比例し，より偏差値が高い高等学校からは偏差

▷1 後期中等教育
中等教育を前半，後半の2期に分けた場合の後半部分の教育。日本では，一般的に高等学校の段階にあたる。

▷2 大きく分けて，その段階の教育を受ける者の割合によってエリート型（〜15 ％），マス型（15〜50 ％），ユニバーサル型（50 ％〜）に分けることができ，それぞれの教育段階のもつ社会的意義は変化するとされている。より詳細には本書の第4章第2節を参照。

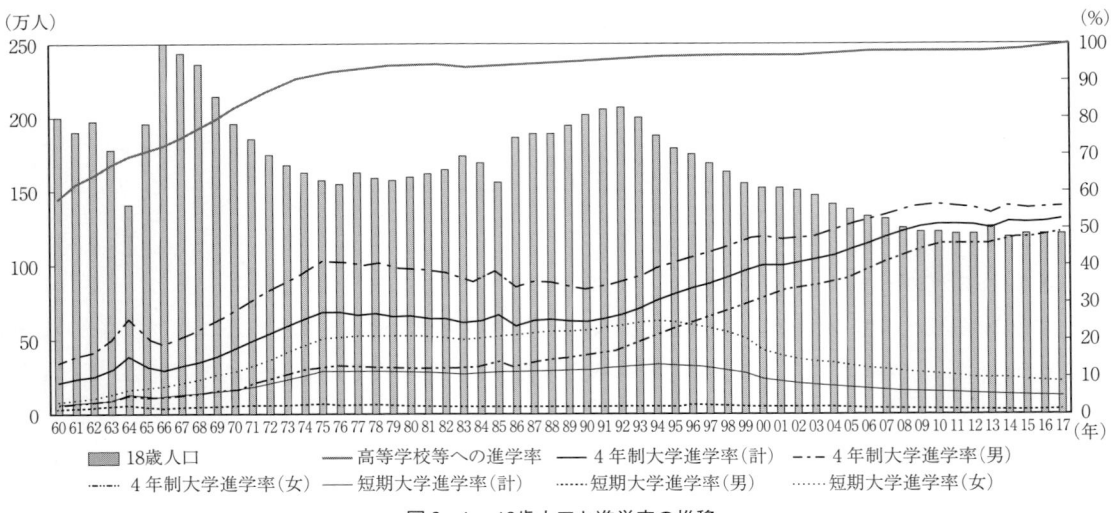

図3-1　18歳人口と進学率の推移

注：4年制大学進学率・短期大学進学率には，過年度高卒者等を含んだ値を用いて算出している。
出所：文部省（1960～2000）および文部科学省（2001～2017）をもとに作成。

▷3　不本意入学者
その学校に入学したくなかった，または学校に入学してもうれしくなかった者のことをさす。後期中等教育が大衆化し，定員がある入学試験を実施している現状においては，希望する高等学校に入学できないことは避けられないため，一定数の不本意入学者が生じる。

▷4　2012年度の中学校における外国人生徒の就学者数は約2.2万人，2015年度の高等学校における外国人生徒の就学者数は約1.4万人である。現在の未成年の年齢別人口が100万人前後であることを踏まえることや，外国人児童生徒が年々増加していることを踏まえると，この問題は無視できない。

値の高い大学に進学する者が多い現状においては序列化がなくなったとは言えないだろう。

　一方で，序列化が解消されていくなかでの，後期中等教育の課題もある。例えば，津多（2018）は，かつてはいわゆる「底辺校」と称される学校に多く在籍した不本意入学者が，現在ではすべての学校に在籍するようになったとし，不本意入学者に対する認識の転換の必要性を指摘している。また，日本に在住する外国人は増加傾向にあるが，外国人生徒に焦点化すると，文化の違いによる不適応や言語の問題から，後期中等教育に関しては就学率が約6割であるといった現状もあり，後期中等教育の課題がなくなったわけではない。

2　学校系統

　このように現在の日本においては，後期中等教育にほぼすべての生徒が進学するが，後期中等教育の後に続く生徒の進路は，高等教育進学や就職等の社会への移行というように多様である。また，日本ではどの高等学校でも卒業すれば誰でも大学入学試験を受けることができ，形式的には進学経路が確保されている。このようにどのタイプの後期中等教育に属しても，高等教育への進学経路が存在する学校制度を「単線型」と言う（図3-2）。しかしながら各国の学校制度を見ると，必ずしも高等学校卒業者が大学に進学できるというわけではない。

　フランスやドイツでは，中等教育課程の学校のなかに大学に接続する学校とそうでない学校があり，このような学校制度を「分岐型」と言う。具体的には，フランスでは大学に接続するリセと，卒業しても大学進学資格が得られな

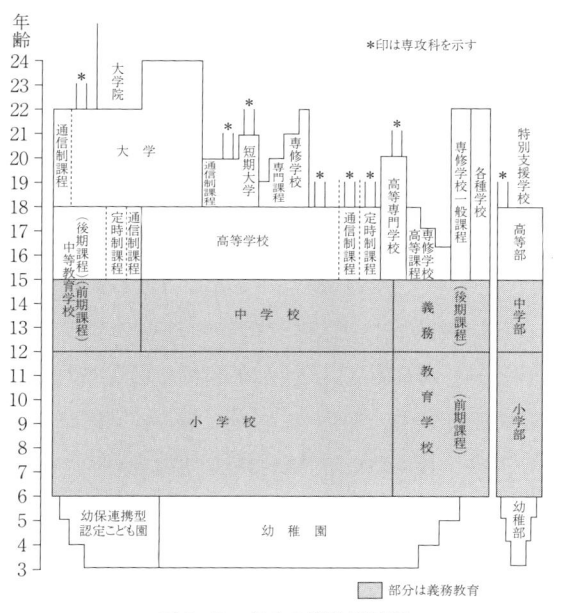

図3-2　日本の学校系統図
出所：文部科学省（2018）。

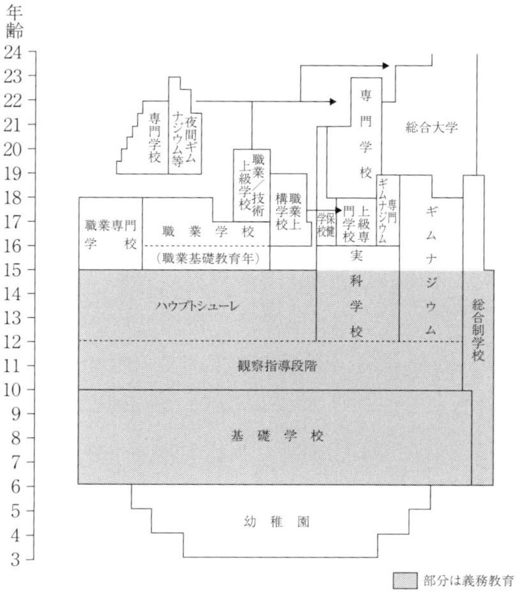

図3-3　ドイツの学校系統図
出所：文部科学省（2018）。

い職業リセなどに分かれ，ドイツでは中等教育がハウプトシューレ，実科学校，ギムナジウムという三つのタイプの学校に分岐している（図3-3）。ただ，分岐型をとる国々においても，進路変更に対応する制度もあわせて存在していることは言及しておきたい。例えば，ドイツでは近年，大学進学希望の高まりに関連して，大学に接続しないハウプトシューレが減少し，三つのタイプをあわせもつゲザムトシューレと呼ばれる総合制学校も増加している。

③　法・制度

　ところで，日本においては前期中等教育までが義務教育とされ，後期中等教育も高等学校授業料の無償化が進むなど実質的にはすべての人に教育機会が開かれつつある。そこで，ここでは教育機会を規定する法・制度はどの学校段階までを保障するものであるかについて確認する。日本において教育機会を保障する法的根拠はさまざまなものがあるが，ここでは(1)日本国憲法第26条，(2)子どもの権利条約第28条，(3)国際人権規約の社会権規約（A規約）第13条を取り上げ，その保障の観点を整理する。

　日本国憲法第26条第1項は，すべての国民に対してその能力に応じて，ひとしく教育を受ける権利を保障するものであるが，この権利の解釈においてはさまざまな議論がある。例えば，岡田は，「能力に応じて」と「ひとしく」のいずれに重点を置くのか，すなわち，能力が異なった子どもたちに多様な教育機会を与えるべきなのか，もしくは能力が異なっていても同一の教育機会を与え

▷5　**日本国憲法**
1947年に施行された，日本の現行憲法。その第98条には，国の最高法規であり，その条規に反する法律，命令，詔勅及び国務に関するその他の行為の全部又は一部は，その効力を有しないことや，日本国が締結した条約及び確立された国際法規は，これを誠実に遵守することを必要とすることが示されている。

▷6　**子どもの権利条約**
1989年に国連総会で採択された国際条約。日本は1994年に批准。政府訳は「児童の権利に関する条約」。第3条において，批准国は児童の最善の利益のために行動しなければならないと定められている。2015年現在の締結国・地域数は196。

▷7　**国際人権規約**
1966年に国連総会で採択された国際条約。日本は1979年に批准。社会権規約を国

際人権Ａ規約，自由権規約
を国際人権Ｂ規約と呼ぶ場
合がある。国際人権規約
は，条約であり，締約国
は，規約に規定している権
利を尊重し，確保し，ある
いはその完全な実施のため
の措置をとることを約束し
ており，この点，法的拘束
力をもたない世界人権宣言
とは異なる。

▷8　日本国憲法第26条第
1項
すべて国民は，法律の定め
るところにより，その能力
に応じて，ひとしく教育を
受ける権利を有する。

▷9　子どもの権利条約第
28条（概要）
締約国は，教育についての
児童の権利を認めるものと
し，この権利を漸進的にか
つ機会の平等を基礎として
達成するための措置をと
る。また，締約国は，学校
の規律が児童の人間の尊厳
に適合する方法で運用され
ることを確保するためのす
べての適当な措置をとる
（文部省，1994）。

▷10　社会権規約第13条第
2項（c）
高等教育は，すべての適当
な方法により，特に，無償
教育の漸進的な導入によ
り，能力に応じ，すべての
者に対して均等に機会が与
えられるものとすること。

▷11　高等教育
後期中等教育（高等学校）
の上位の学校をさす。日本
においては専門学校，高等
専門学校，短期大学，大
学，大学院が高等教育機関
に該当する。

るのかという対立があるとしたうえで，一般的な解釈と義務教育段階以降の教育に関して次のように言及している（岡田，2013，15ページ）。

> 　一般的な解釈によれば，「能力に応じて，ひとしく」に関しては，すべての者に同一の教育を与えるのではなく，個々人の「能力に応じて」多様な内容の教育を与えるとする趣旨で規定されている。……ここでいう「能力」とは，学習上の「有能」であるという意味ではなく，当該教育を受けるために必要な精神的，身体的能力を意味するものであり，その能力に応じて，適切な「教育を受ける権利」が法律によって保障されなければならないという趣旨である。

　このように教育の平等性や機会均等を巡る議論は，日本国憲法第26条の解釈に代表されるように，「教育機会の均等は，何が正しいか，あるいは何が望ましいかという公正に関する価値概念であるため，一義的には定義されず，さまざまな概念がある」（小林，2014，54ページ）と言える。

　子どもの権利条約第28条[9]は高等教育機会をすべての適当な方法により，能力に応じすべての者に対して保障することを明記している。ただ，第28条において高等教育機会の保障は批准国における義務ではあるものの，「漸進的に」であるという点は確認しておきたい。また子どもの権利条約と同様に，国際人権規約の社会権規約第13条第2項（c）[10]は，高等教育の機会均等を保障することを明記している。日本は同規約の第13条第2項について「特に，無償教育の漸進的な導入により」の部分への批准を留保していたが，2012年にこの留保を撤回している。この2つの国際条約に規定されているように，日本はすべての者に対して「漸進的」な導入により，高等教育機会を保障する義務がある。

　以上，教育機会に関する法令を概観することによって，日本における教育の機会の保障をめぐる観点について整理した。それぞれの法令の解釈は多様であるものの，これらに共通して主張されているのは，高等教育までの教育機会がすべての人に「能力に応じて」保障される必要があるということである。

2　高等教育機会とその意義

1　大学進学率の推移

　それでは，日本における高等教育機会はどのように推移してきただろうか。ここでは，高等教育のなかの大きな部分を占める4年制大学進学率（以下，大学進学率）[11]について見ていく。

　先の図3-1を見ると大学進学率は，1960年代には10％前後であったが，1966年の18歳人口のピーク（第一次ベビーブーム）以降の人口の減少と大学数の増加が相まって，高等学校進学率と同様に1970年代半ばまで急増し，1976年に

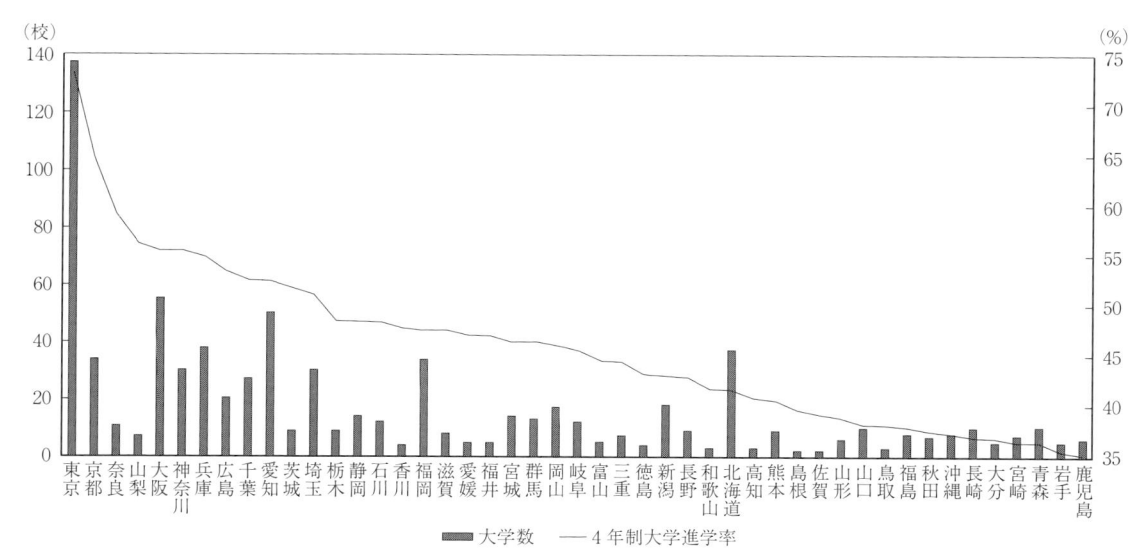

図 3 - 4　都道府県別の大学数と大学進学率（2015年）

出所：文部科学省（2015）をもとに作成。

は27.3％という第一のピークに達した。その後，大学進学率は，18歳人口が再び増加に転じたため，微減傾向に転じた。1990年代には再度，大学進学率が急上昇したが，この背景には，1980年代からハイテク産業への産業構造の変化にともない高度技術者など大卒への需要が高まったこと，1991年の大学設置基準の大綱化[12]にともない大学が増加したこと，18歳人口が1992年の第二ピーク（第二次ベビーブーム）以降再び減少に転じたことなどがある。その結果，大学進学率は2002年には40％となった。またこの時期に，短期大学への進学需要も低下し始めたこともあり，近年では短期大学の4年制大学化の動きも見られる。大学進学率は2009年には50％を超え，以降ほぼ横ばいとなっており，2017年は52.6％となっている。

　ただ，1991年の大学設置基準の大綱化で増加したのは，主に私立大学であったことには留意しておく必要がある。私立大学はアクセス面や学生数確保の面から大都市圏を中心に増加したため，現在では大都市圏を中心に多くの大学が集中する形[13]となっている。この大学数の地域差は進学率の地域差にも関連があり，東京では70％を超える一方で，地方圏では30％台の県も多く存在し，図3-4に示したように大学数が多い地域ほど，進学率も高い傾向にある。

2 　「選抜」か「選別」か

　高等教育の量的拡大とあわせて受験制度についてもふれておきたい。日本の後期中等教育・高等教育が初等教育・前期中等教育と異なる点は，入学試験があることである。とくに高等教育の入学試験に関して言えば，これまで選抜・

▷12　1991年に文部省より告示された「大学設置基準の一部を改正する省令の施行等について」のこと。大学設置基準は，「学校教育法」に1956年に制定されて以来，学部学科などの組織形態から教員資格，教育課程，卒業の要件，施設設備に至るまで，大学のあり方を規制してきた。1991年の改正では，一般教育科目，専門教育科目などの授業科目の区分に関する規定を廃止するといった教育課程に関する内容や，教員資格に関する内容など，大規模な規制緩和が行われた。

▷13　2015年現在で日本国内には779校の大学が存在するが，その約半数の大学が上位7都道府県に集中している。これに関連して津多（2017）は，18歳人口に対して大学入学定員が小さい地域に，大学進学にともなって地域移動をせざるをえない人が一定数存在することを指摘したうえで，その割合は大学設置基準の大

表3-1　大学入試の志願倍率の変化

1966年	1976年	1992年	1999年	2013年
2.63	2.15	1.94	1.44	1.16

出所：文部科学省「大学入学者選抜，大学教育の現状」をもとに作成。

配分の機能が強く見られるとされてきた。

　入学試験の選抜・配分の機能は，高等教育機会の量的拡大とともに変化してきた。大学の志願倍率（志願者数／入学定員）は，この変化を捉える一つの指標となる。表3-1に示したように志願倍率は，18歳人口の第一次ピークである1966年に2.63倍であったが，18歳人口の第二次ピークである1992年に1.94倍となり，この頃から急速に低下し始め，2013年では1.16倍となっている。この指標に基づけば，大学入学を志願すれば，ほぼすべての人が大学に進学できることとなり，このことが「大学全入時代[14]」と称される背景となっている。

　このような志願倍率の変化をもとに考えれば，日本の大学は長期的に見ると学業成績が優秀な者を入学試験によって「選抜」する機関から，個人の進路選択に応じて「選別[15]」する機関に転換しつつあることがうかがえ，高等教育そのものが転換期を迎えていることがわかる。

　ただし，志願倍率はあくまでも志願者数を前提とした指標であることには留意する必要がある。具体的には，志願者数には志願できない者の数は含まれていないということである。矢野・濱中（2011）が，大学進学率が50％を超える現在であっても経済的背景などの理由から，進学したくても「進学できない」者の存在を指摘したうえで「『大学全入時代』という言葉を用いて，進学を希望すればだれでも大学に行けるようになったと断定するのは誤りである」としているように，高等教育機会がすべての人に開放されている状況ではない。

　また当然のことながら，志願できたとしても，すべての人が希望する大学に入学できるわけでもない。例えば，大学の設置者別に見ていくと，国公立大学志願倍率は2015年で4.7倍と依然として高く，国公立大学の入学試験[16]においては選抜・配分の機能が今なお，強く存在していることがわかる。

▷14　大学全入時代
2000年代後半に大学への入
学希望者総数が入学定員総
数を下回る状況になるとい
う予想から生じた言葉。本
文で確認したように，実際
には下回らなかった。

▷15　本章では，学校の社
会的機能の一つである「選
抜・配分」機能について，
「選別」という言葉を用い
る場合がある。「選抜」は
すぐれたものを選び出すこ
と，「選別」はより分ける
こと，の意味で用いてい
る。ただし，「選抜」に
は，そもそも「序列化」の
意味はないことは確認した
い。

▷16　入学試験の種類別の
入学者の割合を設置者別に
見ると，2012年度では国立
（一般選抜84.1％，推薦・
AO入試・その他が15.9％），
公立（一般選抜73.3％，推
薦・AO入試・その他が
26.7％），私立（一般選抜
49.1％，推薦・AO入試・
その他が50.9％）である。

3　進学することの意義

　高等教育がユニバーサル化するなかで，進学することの意義にもふれたい。

　個人の視点から見れば，進学することの意義の一つとしては地位達成の可能性の拡大がある。また，高等教育の目的は，一般教育による教養教育，専門的知識・技術の付与，総合的な科学・実践の教育，専門職の育成など多様であるが，個人の視点からこの目的を捉え直せば，個々の能力の開発が進学することの一つの意義である。

　社会の視点から見れば，高等教育機会は選別・配分の機会として捉えられ

る。例えば，学歴と社会的地位の説明に用いられる代表的な理論としては，シグナリング理論や人的資本論がある。シグナリング理論[◁17]では職務能力の代理指標として学歴が想定されるが，これは学歴が雇用主からすれば比較的正確な指標であるからである。これに対して，人的資本論[◁18]では，高等教育を通じて個人の生産性が高まるとしている。

　近年では高等教育のユニバーサル化にともなってシグナリング理論による説明の影響力は小さくなっており，人的資本論のように高等教育を受けたことによる成果や到達度が重要視されるようになってきている。

3　教育機会・進路選択に影響をおよぼす要因

1　家庭背景

　ここまでは，教育機会の推移と法や制度について概観してきた。しかしながら，大学進学率が50％を超え，高等教育がユニバーサル型への転換期にあるなかで，形式的には高等教育進学機会が開かれているにもかかわらず，進学できない者が存在するとすれば，それはなぜだろうか。そこで本節では，これらを検討するために，個々の教育機会や進路選択を左右する要因について概観する。

　進路選択に影響をおよぼす要因として，親の社会経済的地位は古くから報告されている。例えば，藤田（1980）はSSM調査[◁19]をもとに，家庭背景が子どもの進路におよぼす影響は，親の職業を継ぐという傾向のみならず，親の学歴，職業が子どもの学力，学歴，職業におよぶということを明らかにしている。天野ら（1983）は，とくに4年制大学進学に関しては，家庭が高等教育に対しての費用を負担できるかどうかが重要な点となるので，家庭の所得水準が大きく影響するとしている。2013年の全国学力調査でも，社会経済的背景[◁20]の高い家庭の子どもの学力が高い傾向にあるように，近年でもこの傾向は変わらない。

　ここで重要なのは，親の社会経済的地位が子どもの進路選択に直接影響しているわけではないということである。例えば，家庭に百科事典があり，日頃から疑問に思うことを調べる習慣があれば，知識の習得や文字に慣れるということが考えらえる。このような知識や習慣を，ブルデュー（P. Bourdieu）は文化資本と呼び，親の学歴は家庭の文化資本の量を把握するための一つの指標となるとしている。また，知識や習慣の性向をハビトゥス[◁21]と言うが，親の社会経済的地位が高いほど，学校世界に適応的な習慣が家庭に存在しやすいため，結果的に子どもが進学しやすい状況に置かれる。[◁22]

　経済資本も高等教育機会を決定する大きな要因となる。日本においては，高等教育費用が家庭によって負担されている傾向があるが，高等教育費用が負担

言語コードが用いられるために，労働者階級の子どもが学校に適応しにくいとされている。

▷23　相対的貧困率
世帯収入から子どもを含む国民一人ひとりの所得を仮に計算し，順番に並べた時，真ん中の人の額（中央値）の半分（貧困線）に満たない人の割合。相対的貧困にある場合，衣食住には困らない場合も多いが，教育費が負担できないなどの問題が生じやすい。
　なお，「貧困」には絶対的貧困と相対的貧困がある。絶対的貧困とは，人間としての最低限の生活を営むことができない状態であり，具体的には着る服がない，食べ物がない，家がないような貧困を言う。

▷24　トラッキング
形式的にはすべての進路選択の機会があるように見えるが，実質的にはそれぞれの諸トラック（学級，課程・コース，学校など）の分化があり，どのトラックに入るかによってその後の進路選択と社会化の機会の範囲が限定されることを言う。

▷25　メリトクラティック（業績主義的な）要因，つまり進学においては学業成績を媒介する要因に対し，学業成績を媒介しない非業績主義的な要因をノンメリトクラティックな要因と呼ぶ。

できない家庭は進学を断念することになる。具体的には，小林（2009）は，高等教育進学率は所得が高いほど高く，とくに私立大学進学率に関しては，家計所得1000万円以上の高所得者層で44％であるのに対して，400万円以下の低所得者層では22％と大きな差があることを指摘している。また，近年では奨学金の返済負担や相対的貧困率[23]の高さの問題が表面化するなど，教育費用を取り巻く問題は深刻化しており，高等教育のユニバーサル化にともなう課題となっている。

２　学校組織・進路指導

　進路選択に影響をおよぼす重要な他者は親だけではなく，生徒にかかわる教師も重要な他者となる。シコレル（A. V. Cicourel）・キツセ（J. I. Kitsuse）の研究（1985）では，高等学校の管理組織とそのなかでの生徒の扱われ方との間に位置するもの，とくにガイダンスやカウンセリングに着目し検討した結果，それらが進学・非進学の決定や職業選択という生徒の行う進路選択へ影響をおよぼすと結論づけている。

　また，コースやカリキュラムも生徒の進路選択に大きな影響がある。例えば，工業高校に進学した場合，形式的にはさまざまな卒業後の進路が保障されていても，実質的には，工業系の就職か進学になることが多いだろう。このように，実質的に進路選択が方向づけられることをトラッキング[24]と呼ぶ。

　これらのトラックの選択が本人によるものであれば問題はない。ただ，日本のように高等学校が偏差値によって序列化されている場合，競争的選抜によってそれぞれのトラックが決定されることになる。具体的には，それぞれのトラック間の移動が困難でかつ，しかも各トラックに付与される社会的意味・威信に差があるために，とくに下層トラックの生徒の進路選択の機会が限定（高等教育進学よりも就職などが重視）されることとなる。他方，上層トラックではトラックに対応した予期的社会化（高等教育進学に方向づけられる）が行われることになる。前述の家庭背景による影響は，トラッキングと関連しており，出身階層が高校ランクに影響をおよぼし，受験競争に勝ち上がっていくトラッキングが存在している。

３　ジェンダー

　次にノンメリトクラティック[25]な要因について検討したい。男女の大学進学率には差があるが，その背景の一つには，性役割観，つまり伝統的な家父長制に基づいた「女性は『家庭的役割』を担う」という役割意識の存在がある。学校ではさまざまな場面で性役割が社会化されるが，特定の性役割意識のもとでは，高等教育進学の利点がないために，ジェンダー・トラックが生じる。

また，女子が非大学型機関に相対的に多く進学する背景について，現在の日本の雇用・労働市場との関連は無視できない。具体的には，看護師や保育士といったピンクカラー[26]とされる職では，大学より短い期間の教育投資にもかかわらず高い就職率と，取得した資格や免許が再就職を有利にする可能性がある。このため，このような職への就職につながる非大学型の教育機関への進学は女子にとって合理的選択となるために，男女間の進学率の差が生じている側面もある（河野，2014）。

このような女子特有の進路選択原理は現在でも存在しているが，全体の進学率の上昇による業績主義の浸透によって，女子特有の進路選択原理が弱まり，男女の進路選択原理が共通化しているという報告もある。

4　地　域

特定の地域に存在する価値観や教育機関の有無なども生徒の進路選択に影響をおよぼす。地域性によるトラッキングをローカル・トラックと呼ぶがその代表的な研究として，吉川（2001）の研究があげられる。吉川は島根県仁多郡の高等学校に着目し，この地域では高等学校卒業後の若者たちの進路が，個々の選択によってさまざまに分岐していくと同時に，少数の型に収束していくことを示し，その影響は就職先にまで影響をおよぼすことを明らかにしている。

この他にも，片瀬・阿部（1997）は気仙沼市と仙台市という特定の地域に着目して検討を行い，地域にはそれぞれ独自の教育文化が存在し，進路選択に影響をおよぼしていることを報告している。具体的には，気仙沼市内に高等教育機関が存在しないことや，かねてより同市内の中等教育機関においては生活に密着した実学教育が進められてきたことによって，気仙沼市には学歴主義が根づかず，「利口，家もたず，達者，家もたす」という同地域の言葉に象徴されるように実学教育重視となっている。このため家庭背景による影響は仙台市よりも弱いことを報告している。

4　高等教育のユニバーサル化に向けて

1　機会の不平等と社会

ここまで高等教育機会を左右する要因について概観してきたが，教育機会の格差は社会にどのような影響をもたらすのであろうか。

例えば，アメリカにおける教育機会の格差がもたらす影響を詳細に検討したパットナム（R. D. Putnam）は，機会の不平等は経済的損失[27]と民主主義の危機[28]をもたらすと指摘している（パットナム，2017）。これらの指摘は，日本の教育

▷26　女性をイメージ色としてあてがわれたもので，ピンクカラーは昔から女性が多く占める職種をさす。例えば，看護師（看護婦），客室乗務員（スチュワーデス），保育士（保母さん），さらに枠を広げると秘書，図書館司書などもピンクカラーに分類される。ジェンダーについては本書の第8章を参照。

▷27　教育機会がないことは，個人の能力開発の機会が失われることとなり，これによって生産性が低下する。教育機会がある場合と比較して税収の減少や社会保障費の増大が見込まれるとされている。

▷28　民主主義の原則は，公的な意思決定に対する平等な影響力が個々人にあることである。しかしながら，教育機会の差は投票行動をはじめとする参政行動に差を生じさせるため，政治的な平等性が歪む。具体的に，日本でも高卒者と比較して大卒者の方が，政治参加する割合が高い現状がある。

機会格差についても重要な視点を提示している。つまり，機会格差の問題は，単に機会の平等性が歪むという問題ではなく，経済的損失や民主主義の危機といった社会全体の問題と関連しているのである。言い換えれば，機会の問題はどのような社会を構成していくのかということを考慮しつつ検討する必要があると言える。

2 高等教育のユニバーサル化とその課題

　これらを踏まえると，まずは教育機会がすべての人に開かれている必要があり，機会の平等[29]が求められていると言える。本章がここまで見てきたように，日本では高等教育機会の量的な拡大によって大学進学における学力ハードルは低下したものの，すべての人に高等教育機会が開かれているとは言い難い状況がある。ユニバーサル型への転換期を迎えるにあたって，地域やジェンダー，高等教育費用の負担など学業成績を媒介しない要因によって生じる機会の格差が顕在化してきており，対応が求められている。

　機会の保障を実現するうえで，日本の大学入学時の平均年齢が19歳であることにも言及したい。世界の大学入学時の平均年齢は，ドイツで24歳，アメリカで27歳であるなど，必ずしも高等学校卒業後すぐに大学で学ぶといったわけではない。近年，日本においてもリカレント教育[31]が着目されつつあるが，成人層への教育機会の普及も日本において課題となるだろう。

　また，仮にすべての人に高等教育機会が開かれたとしても，高等教育が学歴主義によって序列化され，人々を選抜する機関である状況が変わらなければ，格差の問題は解決しえない。これは第3節で見てきたように家庭背景が学業成績に影響をおよぼす場合においては，世代間によって格差が継承されるため，結果的に機会の不平等の問題を招くからである。

　この問題を乗り越えるためには，序列化の基準となっている学業成績という能力そのものを見直す必要性があるだろう。グローバル化の進展にともない多様な能力が要求されていることも鑑みると，ユニバーサル型への転換期を迎える高等教育は，人々を，学業成績を中心とする能力によって選抜し序列化する機関から，それぞれの多様な，そして専門的な学びによって選別し配分していく機関へと変容する必要性が生じている。この変容は未来のものではないことは，学業成績以外を評価しようとする近年の多様な入試制度[32]にもうかがえる。

　高等教育機会が選抜から選別へと変化していくなかで，次の課題も生じる。高等教育機会の量的な拡大によって，以前と比べて個人にとって大学進学はより身近なものとなった。しかし，地域別の大学数で見たようにその地域差が大きいなど，地域によって選択可能な大学の数に差があることは容易に想像がつく。高等教育がユニバーサル型への転換期にあるなかでは，単純な大学進学機

▷29　機会の平等
教育機会が，性別・社会的身分，経済的地位などによって制限されず，個人の能力によってのみ相応しい教育機会が与えられるべきとする平等概念である（cf. 結果の平等）。

▷30　近年は，定員は維持されているが少子化にともない，高等教育を受ける者の割合が増えている。

▷31　リカレント教育
OECD が推進する生涯学習構想の一つ。従来のように学校から社会（就労）という方向だけでなく，社会（就労）から学校という方向での学習を推進することで，生涯にわたって教育と他の活動（就労など）を交互にできる仕組みをさす。

▷32　2012年の大学入学者の約半数は推薦入試・AO入試といった一般入試以外の入学試験を経て入学している。

会の有無に加えて，選択肢の多寡についての詳細な検討が求められる。

③　進路選択にかかわる教師として

　現在の高等教育機会の課題は，まさに高等教育がユニバーサル化するなかで生じている。そのなかでわれわれは，高等教育への認識を大きく転換せざるをえない。端的に言えば，高等教育は，地域移動や個人での教育費用の負担を前提としていたかつてのエリート教育ではなく，すべての人に大学進学機会が保障されるユニバーサル型へ転換しつつある。これにともなって，進路にかかわる教師には，生徒が高等教育に進学するための進路指導ではなく，高等教育で学ぶことの意義や学ぶ内容について考えるための進路指導がより求められていると言えよう。

　また，本章ではなぜ教育機会に差が生じるのかについての背景を述べてきたが，そのうちのどれか一つが決定的な原因というわけではない。むしろ現実は諸要因が複雑に絡み合いながら生じているものだと捉えるのが妥当であろう。これを踏まえれば，教育に携わる者は，児童生徒の状況は一様ではなくそれぞれがもつ社会的資源のなかで進路選択が行われているということを，自覚しておく必要がある。とくに教師は，進路選択の場面を含め学校現場において，児童生徒の重要な他者になりうるため，個々の状況に基づき，それぞれに必要な情報を提示するなど，児童生徒の可能性を拡げる進路指導が求められる。教育機会の保障を考えるうえで，教師の役割は大きい。

Exercise

① 　先進国と称される国々のなかでも日本の大学進学率は高いとは言えない。諸外国の高等教育進学率について調べ，その背景についてさまざまな観点から考えてみよう。

② 　高等教育がユニバーサル化するなかで，学歴主義もいまだに存在する面がある。日本の高等学校・大学進学率の経年変化を踏まえ，年代別の教育機会に対する意識を考えてみよう。

③ 　高等教育がユニバーサル化するなかで，初等・中等教育の学校にはどのようなことが必要になるだろうか。また，ほぼすべての者が高等教育を受けるような社会における学びの意義について考えてみよう。

📖 次への一冊

ブルデュー, P.・パスロン, J-C., 宮島喬訳『再生産──教育・社会・文化』藤原書店, 1991年。

　　教育による階層再生産という現象について, 支配階層から権威を保証された学校が, いかにして支配階層が望む形で社会階級を保存するのかを, 主にハビトゥスの観点から明らかにした一冊。

小林雅之『大学進学の機会──均等化政策の検証』東京大学出版会, 2009年。

　　日本の大学政策は, 所得階層や出身地域による格差の是正を実現してきたのか。システムレベルから授業料・奨学金などの政策分析と, 教育費負担などの実証分析をとおして大学進学機会の均等化政策を検討した一冊。

吉川徹『学歴社会のローカル・トラック──地方からの大学進学』世界思想社, 2001年。

　　特定の地域の出身者が, 学業成績等のメリットクラティックな要因とは別次元のものとして, 自らの地域移動について選択していくトラッキングの存在を明らかにした一冊。

中西祐子『ジェンダー・トラック──青年期女性の進路形成と教育組織の社会学』東洋館出版社, 1998年。

　　女子の進路選択を学業成績というメリットクラティックな要因のみで説明することはできず, 「性役割観」というノンメリットクラティックな要因が介在することを報告し, ジェンダー・トラックの存在を明らかにした一冊。

パットナム, R. D., 柴内康文訳『われらの子ども──米国における機会格差の拡大』創元社, 2017年。

　　アメリカにおけるコミュニティの分断が教育の機会に格差を生じさせていること, またその格差が個人や社会に対して何をもたらすのかを多岐にわたる観点から実証した一冊。

引用・参考文献

天野郁夫・河上婦志子・吉本圭一・吉田文・橋本健二「進路分化の規定要因とその変動──高校教育システムを中心として」東京大学教育学部編『東京大学教育学部紀要』23, 1983年, 1～43ページ。

シコレル, A. V.・キツセ, J. I., 山村賢明・瀬戸知也訳『だれが進学を決定するか──選別機関としての学校』金子書房, 1985年。

藤田英典「進路選択のメカニズム」山村健・天野郁夫編『青年期の進路選択』有斐閣選書, 1980年, 105～129ページ。

片瀬一男・阿部晃士「沿岸地域における学歴主義と教育達成──『利口, 家もたず, 達者, 家もたす』」『教育社会学研究』61, 1997年, 163～183ページ。

吉川徹『学歴社会のローカル・トラック──地方からの大学進学』世界思想社, 2001年。

小林雅之『大学進学の機会──均等化政策の検証』東京大学出版会, 2009年。

小林雅之「教育機会の均等」耳塚寛明編『教育格差の社会学』有斐閣アルマ, 2014年, 53～77ページ。

河野銀子「高等教育への進学」河野銀子・藤田由美子編『教育社会とジェンダー』学文

社，2014年，92～106ページ。

文部科学省「学校基本調査」2001～2017年。

文部科学省「大学入学者選抜，大学教育の現状」2013年。http://www.kantei.go.jp/jp/singi/kyouikusaisei/daill/siryou.html（2018年6月13日閲覧）

文部科学省「『諸外国の教育統計』平成30（2018）年版」2018年。http://www.mext.go.jp/b_menu/toukei/data/syogaikoku/1404260.htm（2018年6月13日閲覧）

文部省「学校基本調査」1960～2000年。

文部省「『児童の権利に関する条約』について」1994年。http://www.mext.go.jp/a_menu/kokusai/jidou/main4_a9.htm（2018年6月13日閲覧）

岡田昭人『教育の機会均等』学文社，2013年。

パットナム，R. D.，柴内康文訳『われらの子ども──米国における機会格差の拡大』創元社，2017年。

垂見裕子「家庭の社会経済的背景（SES）の尺度構成」お茶の水女子大学『「平成25年度全国学力・学習状況調査（きめ細かい調査）の結果を活用した学力に影響を与える要因分析に関する調査研究」報告書』2014年。

津多成輔「大学の都市部集中と大学進学機会──1990年から2015年の自県／県外進学率・収容率の変化に着目して」『日本高校教育学会年報』24，2017年，16～25ページ。

津多成輔「ユニバーサル型高校教育における『不本意入学』──中退・生活態度・高校生活満足度に着目して」『国立教育政策研究所紀要』147，2018年，127～143ページ。

矢野眞和・濱中淳子「なぜ，大学に進学しないのか──顕在的需要と潜在的需要の決定要因」中村高康編『大学への進学──選抜と接続』玉川大学出版社，2011年，105～123ページ。

第4章
高 等 教 育

<この章のポイント>

　高等教育は学校教育体系の最高段階であり，中等教育までの種々の学校とはまったく異なった成り立ちと仕組みをもつ。個人に対しては社会移動における分岐点として大きな意味をもち，その後の職業選択などを大きく左右する。またこれまでの社会の形成とこれからの社会の発展に対して大きな影響力をもっている。一方でその量的拡大は高等教育そのもののあり方に根本からの見直しを迫っているとも言える。本章では，量的拡大を軸とした現代の高等教育の変容を概観しながら，その諸課題について検討し今後のあり方について解説する。

1　現代社会における高等教育

1 　「高等教育」とは何か

　高等教育（Higher Education）とは，中等教育修了者を主たる対象に，中等教育での教育内容を基礎に，より高度で専門的な教育訓練を施す教育段階である。日本では，大学，大学院，短期大学，高等専門学校，専門課程を置く専修学校（専門学校）が該当し，一定の修業年限内に所定の単位を取得することで学位などが授与される。

　高等教育を「教育社会学」のテキストにおいて扱うのは次の理由による。

　第一に，現代社会では高等教育は人々の社会移動の主要な分岐点と考えられるからである。本書の第3章で示されたとおり，近代社会は能力主義に基づく人員配置を基本とし，個人の能力は取得した学位や資格に置き換えられ，その後の地位達成に重要な意味をもつ。高等教育は社会移動の主要な「節目」なのである。

　第二に，高等教育が学校教育体系のなかでも特殊な位置を占めるからである。大学は中世ヨーロッパを起源とし，国家権力とは一線を画した自治権を獲得し，特有の組織を形成してきた。その成り立ちは王権や国家権力と対峙し，学術的な観点から人類社会の平和と福祉に貢献するという独特な機能をもつ。一方で「タウン」と「ガウン」の争いと称されるように，大学の歴史は外部社会とのさまざまな緊張，対立，軋轢の連続でもあった。高等教育の成立を学ぶこ

▷1　「高等」という文字は「高等学校」にも使われているが，「高等学校」は中等教育段階（Secondary Education）の一つである。

▷2　「大学」は文部科学省が設置を認可するものであり，他省庁が設置する高等学校卒業程度以上の者を対象とした教育機関は「大学校」と称される。例えば防衛大学校（防衛省設置），気象大学校（気象庁設置）などがこれにあたる。

▷3　学位については，日本では学校教育法第104条に定められており，大卒者に対して学士，大学院課程修了者に対して修士，博士，専門職大学院課程修了者に対して文部科学大臣の定める学位を授与するものとされる。短期大学卒業者に対しては短期大学士の学位が授与される。また，独立行政法人大学改革支援・学位授与機構も学位授与権を有する。

▷4 「タウン」は文字どおり都市を、「ガウン」は学位取得者がガウンを羽織ったことから大学をさす。中世都市に集まった遍歴学徒たちおよび教授団はさまざまな権利と自由をめぐり自治都市や王権，教皇権と対立闘争した。その歴史は非常に魅力的だ。例えば横尾（1999）がとても読みやすい。また各国の大学の歴史を概観する場合は潮木（2004）が参考になる。

▷5 大学において研究と教育の統一が図られたのは19世紀のドイツでベルリン大学が創設された時であった。このベルリン大学は今日の大学のあり方に非常に大きな影響を与えたとされる。詳細については潮木（1992）参照。

とは学問の自由と社会のあり方をも問い直すことにつながるのである。

　第三に，高等教育が産業社会に対し重要な役割を果たしているからである。近代社会の進展には科学技術の進歩が不可欠であるが，その大部分は大学を中心とした高等教育を中心に開発され，これを担う人材も高等教育を通じて供給される。高等教育は現代社会の発展になくてはならない存在であるとも言える。

　では，高等教育の機能について整理してみよう。

2　高等教育の機能

①　研究機能

　一つ目は研究機能である。研究とは既存の知識の批判的検討をとおして新たな知識の探求と創造に挑む行為であり，研究は高等教育のあらゆる活動の基礎である。学校教育法では「大学は，学術の中心として，広く知識を授けるとともに，深く専門の学芸を教授研求し，知的，道徳的及び応用的能力を展開させること」（第83条）と定められている。学術の最先端を切り拓き，知の地平を拡げ，新たな知識の開拓を行うのが大学であり，先端的知識に裏づけられた高度な教育と社会サービスを行うためにも，研究機能は欠くことができない[5]。研究のあり方も狭い学問共同体のみに通用する研究だけでなく，広く社会に開かれた研究の進め方と成果の開示が求められるようになった点にも留意したい。

②　教育機能

　二つ目は教育機能である。高等教育は専門的知識・技術の教授を通じて，高い能力を身につけた人材を社会に対して供給する。とくに社会の分業化が進んだ状況では，こうした人材の供給は非常に重要である。一方，高等教育の量的拡大が進むなかでそこでの教育のあり方を根本的に見直す機運が高まりつつある。かつて高等教育での教育は学習者の学び方に一任される面が多かったが，当該年齢人口の7割近くが高等教育機関に進学する今日では，組織としていかに学生を教育するかという点について再検討が迫られている。今日のさまざまな大学評価の実施はこうした流れを裏づけるものであり，進学を希望する高校生たちの進路選択のあり方も変化しつつある。

③　対社会サービス

　三つ目は対社会サービスである。高等教育は，社会や人々のニーズの変化に合わせ，従来の教育・研究の蓄積を生かして個人や社会のニーズと問題解決に資する知的プラットフォームとしての役割を果たすことが期待されている。例えば高度な研究から得られた知見を一般市民に還元したり，研究開発における産学連携や，政策立案における自治体等との連携を通じて社会貢献を果たすことが期待される。とくに産業経済の高度化や社会問題の複雑化により，高等教育が担う対社会サービスは重要性を増すと考えられる。

2　高等教育の量的拡大と質的変容

1　マーチン・トロウの発展段階論

　学校基本調査によれば2017年現在，日本の高等教育機関は合計3997校（大学780校，短期大学337校，高等専門学校57校，専門課程を置く専修学校（専門学校）2823校）である。1950年当時は大学201校，短大149校であるから，大学数は約4倍，短大数は約2倍の増加である。学生数（学部・大学院・専攻科・別科・科目等履修生・聴講生・研究生）は1950年の約22万5000人から2016年の約287万4000人へと12倍以上増加した。

　アメリカの教育社会学者マーチン・トロウ（M. Trow）は高等教育が量的拡大とともにその質と社会的使命を変容させると指摘した（トロウ，1976：表4-1）。

　トロウは同一年齢人口の在学率が15％未満の段階を「エリート段階」と呼ぶ。この段階では，高等教育が少数者の特権として捉えられ，エリートの形成が主要な機能とされる。大卒者は「貴種」であり特権的な地位を得ることができた。各機関は小規模で，学問共同体としての同質性を容易に保持できた。「象牙の塔」と称され，社会とは明確に区分され，閉じた共同体として独立していた。

表4-1　トロウによる高等教育制度の段階移行にともなう変化の図式

	エリート型	マス型	ユニバーサル型
全体規模（大学在学率）	15％未満	15％以上50％未満	50％以上
高等教育機会	少数者の特権	相対的多数者の権利	万人の義務
主要機能	エリート形成	指導者育成	全国民の育成
特　色	同質性	多様性	極度の多様性
機関の規模	学生2000〜3000人	学生教職員3〜4万人	学生数は無制限
社会と大学の境界	明確な区分	相対的に希薄	境界区分消滅

出所：トロウ（1976，194〜195ページ）をもとに作成。

　近代化と産業化の進展により，高等教育は次第にその規模を拡大させた。在学率が15〜50％の段階を「マス（大衆）段階」と呼ぶ。もはや高等教育は限られた学生の特権ではなく，一種の「権利」とされる。その機能は広く社会の指導者層の養成に変化し，規模の拡大とともに多様性を増したが，共同体としてのまとまりは薄れた。社会との境界線も曖昧となった。

　さらに量的拡大が進み，在学率が50％を超えた段階をトロウは「ユニバーサル段階」と呼ぶ。この段階では高等教育は万人の「義務」とされる。そこでは全国民の育成が期待され，マス段階以上の多様性が出現する。学生数は無制限となり，社会と大学の境界線は消滅してしまう。

　こうしたトロウの発展段階論は理念型ではあるが，高等教育の量的拡大にと

▷6　天野はマス型からユニバーサル型の境目とされる在学率50％という基準があくまでも恣意的なものであるとし，重要なのはある線を超えた段階で国民の大半が子どもたちに何らかの高等教育を与えるようになること，従来の高等教育に加えて新しい形態の高等教育の創造が求められる点であると指摘している（天野，2003，79ページ）。

もなう質的変容を検討する際に多くの示唆を与えてくれる。高等教育の量的拡大は，社会に対する高い能力を身につけた人材の効率的な供給を可能としつつも，高等教育としての「質」を維持する方法について，根本的な問いかけを迫る。量と質の悩ましい関係は，今日の高等教育に課せられた困難な課題の一つである。

2 戦後日本における高等教育の量的拡大とその特徴

天野（2003）は日本の高等教育システムの特徴として，少数の国公立大学と大多数の私立大学からなる二重構造を指摘した。天野によれば，戦後の高等教育の量的拡大を支えたのは私立の高等教育機関である。表4-2に示すとおり，設置者別の大学数の推移では，国公立大学の設置数はほぼ変化がない一方，私立大学は一貫して増加した。1976年からスタートした専修学校は，1980年代に2000校を超え，急速に増加している。さらに設置者別の学生数の推移を

表4-2　戦後日本における高等教育機関数の推移

		1955	1960	1965	1970	1975	1980	1985	1990	1995	2000	2005	2010	2015
大　学	国　立	72	72	73	75	81	93	95	96	98	99	87	86	86
	公　立	34	33	35	33	34	34	34	39	52	72	86	95	89
	私　立	122	140	209	274	305	319	331	372	415	478	553	597	604
短期大学	国　立	17	27	28	22	31	35	37	41	36	20	10	—	—
	公　立	43	39	40	43	48	50	51	54	60	55	42	26	18
	私　立	204	214	301	414	434	432	455	498	500	497	436	369	328
専修学校	国　立	—	—	—	—	46*	187	178	166	152	139	13	10	9
	公　立	—	—	—	—	28*	146	173	182	219	217	201	203	193
	私　立	—	—	—	—	819*	2187	2664	2952	3105	3195	3225	3098	2999

注：＊は1976年の値。
出所：文部科学省（2017）。

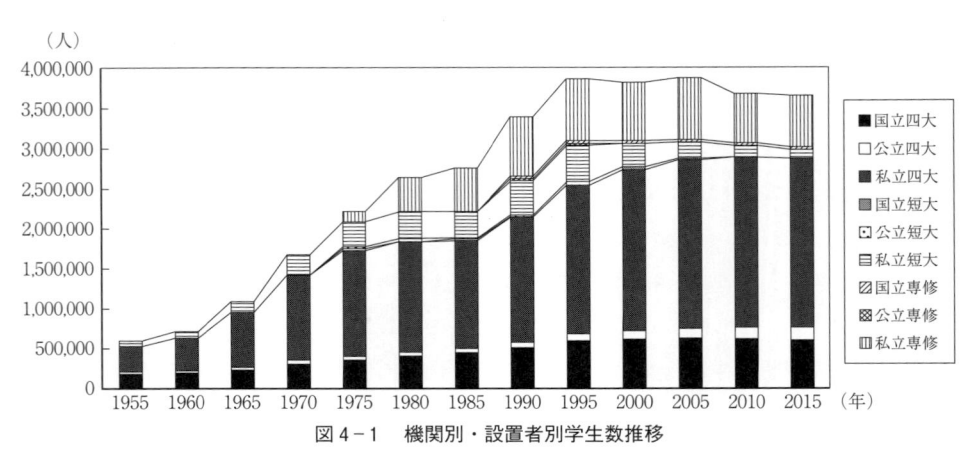

図4-1　機関別・設置者別学生数推移
出所：文部科学省（2017）をもとに作成。

見ると（図4-1），その圧倒的多数が私立学校で占められている。

　こうした量的拡大とは裏腹に，高等教育は長期的な18歳人口の減少を背景に財政面できわめて厳しい環境に置かれている。とくに国立大学や公立大学は法人化による大胆な機構改革にさらされ，毎年度経常費の１％の削減が続いている。このため教育研究設備施設の更新や教員人事に影響がおよび，経営的にも財源確保や学生の募集に鎬を削る状態に陥っている。そしてこのような財政的制約がいっそう厳しくなるなかで教育研究上の卓越性が求められているのである。

［3］　高等教育の質的変容と質保証

　今日，専門学校を含めた高等教育進学率は８割に達する。こうした量的拡大は，即座に高等教育全体のレベルの低下を意味しない。いわゆる「難関」と称される一部の大学では，きわめて選抜性の高い入試が行われ，グローバルな競争に耐えうる人材の育成が行われている。その一方で，独自の基準に基づく入学者選抜を行う大学もあり，高等教育機関への入学者の多様性は年々増している。

　また，かつて入学者本人の責任とされた基礎学力について，機関の責任として入学者の学力補償が行われることもある。そこでは中等教育段階の教育内容の確認だけでなく，レポートの書き方やノートの取り方など，基礎的な学習リテラシーを身につけさせ，大学生としての基礎的社会化が行われる場合もある。

　量的拡大のなかで質保証をいかに図るかということを検討する際に重要なのは，研究教育の質保証が，実は高等教育の自治に直結しているという点である。入学者選抜からカリキュラムの策定そして学位授与に至るまで，これらは大学が独自に行いうるきわめて自治性の高いものである。

　しかし近年では教育面での政策的な質保証の動きも強まりつつある。その一例が文部科学省による大学などの教職課程におけるコア・カリキュラムの策定である。ここでは教員養成を行う大学の教職課程科目の内容などについて非常に細かいカリキュラムが示された。教職課程のみならず，国家資格などにかかわる課程に関してはきわめて細かいカリキュラムを策定することで質の担保（統制）が行われる。このことは大学の自治と国家権力との微妙な緊張関係を際立たせている。

3　高等教育機会の保障

［1］　学歴と所得の関係性

　前節に示したとおり，戦後日本の高等教育は量的拡大の一途を辿ってきた。その背後には学歴の高さと賃金の高さの相関がある。2017年の厚生労働省によ

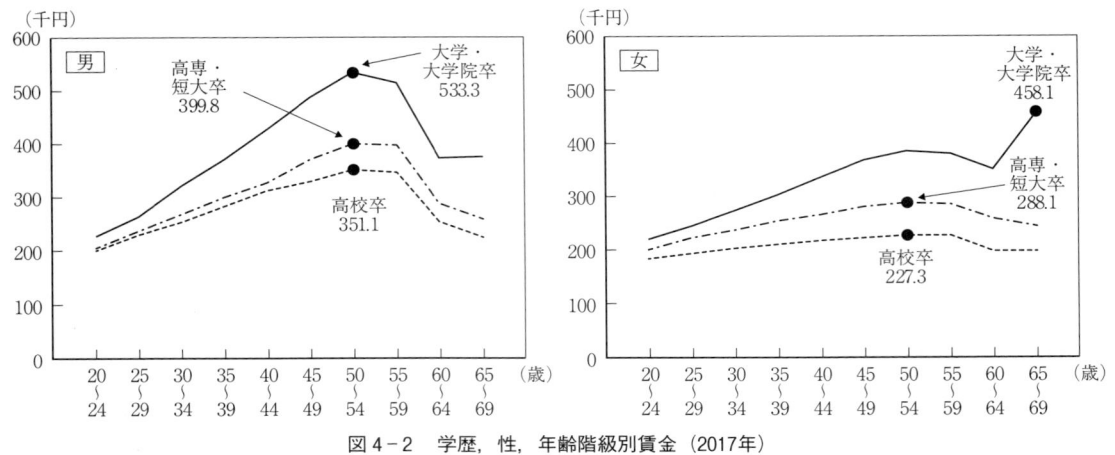

図4-2　学歴，性，年齢階級別賃金（2017年）

出所：厚生労働省（2017）。

▷7　もっとも，これはあくまでも賃労働者として雇用されることを前提としたうえでの可能性である。現実には起業する場合や芸術分野やスポーツ分野などにおいては高等教育の学歴を必要としない社会的達成に至る経路もありえ，一概に判断できない。

る調査では（図4-2），50～54歳の男性の高卒者の賃金約350万円に対し，大学・大学院卒者の賃金は約530万円と，約1.5倍の差が示された。女性についても同様に高学歴のほうが高い賃金を得ていることが示されている。社会的威信の獲得や就職機会の多寡などを考慮しても，高学歴のほうが多くの機会に恵まれていると考えることができる。このように出自に関係なく高学歴が高賃金につながるということは，とくに女性や障がいのある人々など社会的弱者に対して大きな希望となる。

2　女性の社会進出と高等教育

　1985年にいわゆる「男女雇用機会均等法」が成立しすでに30年が経過した。厚生労働省（2015）によれば1985年の大学在学者の女性比率は23.5％にすぎなかったが，2015年には43.1％と2倍近い伸びを示している。

　図4-3に戦後日本の高等教育進学率の推移を男女別に示した。ここで示すとおり，1950～60年代には5％以下だった女子高等教育進学率は2013年度には男子の四年制大学進学率に肩を並べるに至った。

　しかし日本における女性の社会進出は海外諸国と比較しても遅れている。従来から日本女性の就労パターンは就職後，結婚や出産育児を契機としていったん職場から離脱し，子育てが一段落した後に再び就職するというM字型就業として知られているが，再就職の際には非正規雇用に甘んじるケースが多い。再就職の際に高等教育で身につけたスキルを生かせないことは社会的にも個人的にも大きな損失であり，非効率でもある。また，長期間職場を離れた女性にとっては，職業上の知識やスキルをもう一度学び直す機会が必要と思われる。そのためにも，高等教育が就労を希望する女性に対するスキルアップやブラッシュアップの場として活用されることが期待される。

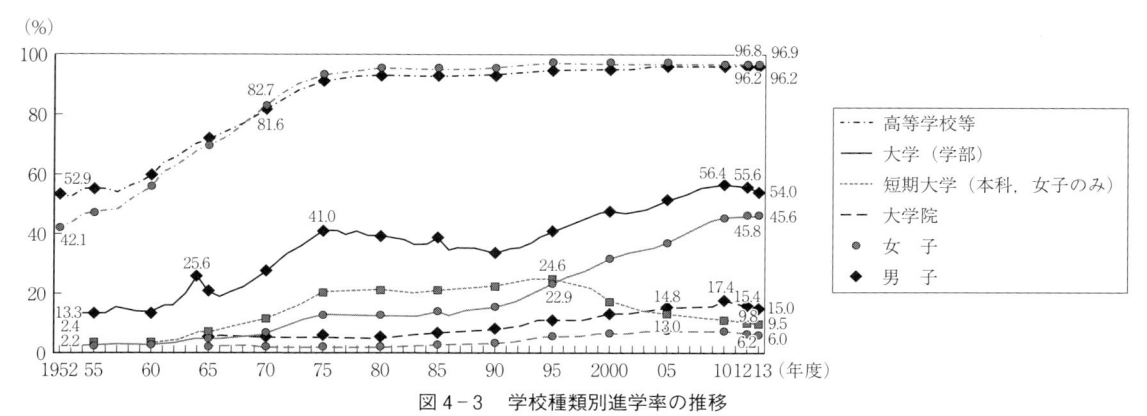

図4-3 学校種類別進学率の推移

注1：高等学校等：中学校卒業者および中等教育学校前期課程修了者のうち，高等学校等の本科・別科，高等専門学校に進学した者の占める割合。ただし，進学者には，高等学校の通信制課程（本科）への進学者を含まない。

注2：大学（学部），短期大学（本科）：大学学部・短期大学本科入学者数（過年度高卒者等を含む）を3年前の中学卒業者および中等教育学校前期課程修了者数で除した割合。ただし，入学者には大学または短期大学の通信制への入学者を含まない。

注3：大学院：大学学部卒業者のうち，直ちに大学院に進学した者の割合（医学部，歯学部は博士課程への進学者）。ただし，進学者には，大学院の通信制への進学者を含まない。

出所：内閣府（2014）をもとに作成。

③ 社会的マイノリティと高等教育

　女性のほか，障がい者，外国にルーツをもつ人々などの社会的弱者にとって，高等教育が果たす役割は非常に大きい。こうした人々にとってこそ，高等教育は社会的達成を図る重要な手段となりうる。その一つの例が障がい者によるIT技術の習得である。従来障がい者の多くは特定の職業に就くことが多かったが，かれらが高等教育機関でIT技術を習得することによって飛躍的に就職の幅が拡がった。そしてこのことがかれらの社会的自立を果たすうえで有力な手がかりとなっている。しかし，学校基本調査によれば，障がい者の高等教育進学率は専修学校の専門課程への進学を含めても2％にとどまり，今後改善の余地がある。同様に外国にルーツをもつ人々にとっても高等教育への進学は社会的自立を果たすうえで重要な意味をもつが，エスニシティにより進学率に違いがあるとされている（高谷ほか，2015）。

　自らの意思とは関係なく社会的に弱い立場に置かれている人々に，その社会的自立を積極的に促す意味においても，高等教育機会の拡充がいっそう求められる。

▷8　障がいの種別によって高等教育進学率は大きく異なっている。2017年度において最も進学率が高かったのは視覚障がいの約37％，次いで高いのは聴覚障がいの約30％であった。

4　高等教育の費用負担

① 高等教育の費用は誰が負担しているのか

　高等教育機会の保障は，費用負担の問題と直結する。初等中等段階と比べ高等教育への経済的負担は，家計面のみならず国家財政の面でも非常に大きい。

　文部科学省によれば2014年度の国立大学の学費は入学金約28万円，授業料約54万円で，初年度には約82万円を必要とする。私立大学の場合は入学金約26万円，授業料約86万円で初年度に約112万円が必要である。これらは平均額で，大学や学部等により金額は異なる。いずれにせよその金額は高額である。あまりに高額な負担は機会均等の観点から問題である。ただし，学費を将来に対する投資と捉え，進学したほうが進学しない場合よりも経済的収入が上回るとなれば，学費負担は致し方ないと考えることもできる。実際，日本の大学教育の収益率は6〜8％と見積もられている（妹尾ほか，2011）。

　高等教育進学時の学費負担の増大は，社会的格差の拡大につながる危険性がある。経済的に恵まれた者だけが高等教育の恩恵を受けることになる可能性が高いからである。文部科学省が2015年に示した教育費負担の試算では，出産当時30代前半の夫婦が2人の子どもを私立大学に通わせた場合，50代前半の教育費は最大で可処分所得の8割に達するとされている。

　かつて国公私立間の大学授業料の格差が問題とされ，それらの解消のために国立大学の学費が値上げされた（図4-4）。しかし私立大学の学費も上昇し続け，これに合わせて国立大学の学費の値上げも継続され，今日ではいずれの大学に通うとしても初年度100万円前後，4年間では国公立約230万円，私立約370万円が必要な状況となった。自宅から離れた大学に通学する場合は，さらに生活費も考慮しなければならない。こうした事態は高等教育の機会保障という観点から見た場合に非常に大きな課題である。

［2］　期待される奨学金政策

　個人負担としての高等教育費の高騰により高等教育の機会保障が損なわれるおそれがある場合，これを補う有力な方策が奨学金である。奨学金は経済的に困窮する学生に対して貸与されるものであった。今日もその基本的なねらいは

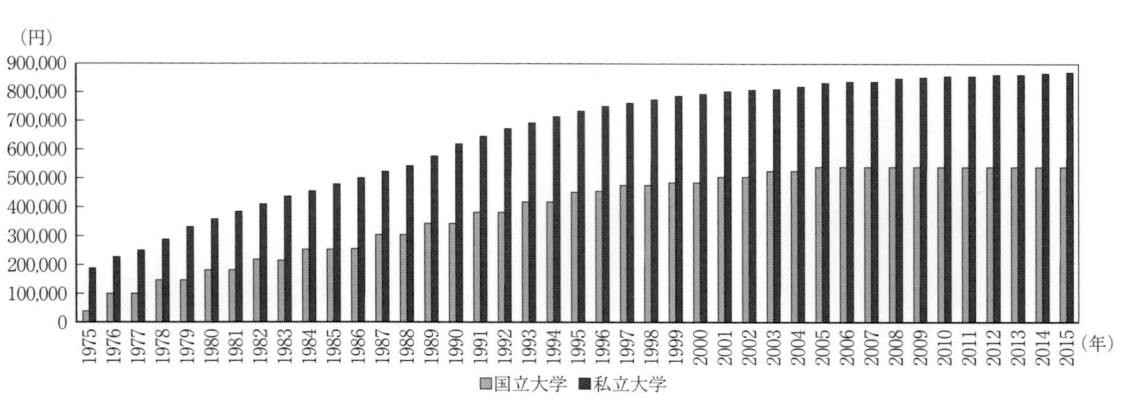

図4-4　国立大学と私立大学の大学授業料の推移

出所：文部科学省資料をもとに作成。

同様であるが，1980年代以降奨学金の有利子化，免除職制度（研究職や教職等一定の職業に一定期間就いた場合に返還が免除される）の廃止が図られた結果，奨学金の給付規模は拡大したものの，奨学金を受けた学生は卒業時に数百万円の負債を抱えることになった。雇用が堅調で給与水準も上昇していれば，個人負担を増す制度改革であってもその痛みは最小限にとどまるが，昨今の経済状況を考慮すると，奨学金の有利子化による問題は深刻である。大卒者の就職状況が低調で非正規雇用などの身分や収入が不安定な職に就かざるをえなかった場合，奨学金の返済は大きな負担となる。現状の奨学金のあり方ではむしろ高等教育への進学の抑制要因ともなりうる。高等教育費の個人負担をどの程度まで考慮するか，奨学金制度をどのように設計するかは，結局のところ，高等教育費を社会としてどのように受け止めるのかということを問うことにほかならない。

3 マクロな高等教育費の支出抑制と大学

　高等教育に対する支出を財源別に対 GDP 比で比較した OECD の統計では（図4-5），日本は OECD 各国の平均値をわずかに下回るものの（対 GDP 比1.5％），公財政支出は0.5％と他国との比較において最低水準である。一方私費負担では，日本（1％）を上回るのはチリ（1.5％），韓国（1.5％），アメリカ（1.4％）のみであり，かなりの高水準である。高等教育への政府による財政支出の増大は，一部の受益者に公的な援助を行うことを意味し公平性を欠くという考え方もある。高等教育の恩恵を受ける個人が対価を負担するという受益者負担の考え方によれば，高等教育への公的財政支出は必要最低限に抑えることが可能である。

　しかしこの考え方では，結局は高額な高等教育を私費で負担できる人々だけが高等教育の恩恵を受けることになり，長期的には社会的格差を拡大させる事態を招きかねない。むしろ，私費負担を極力抑制し，公的財政支出を増大さ

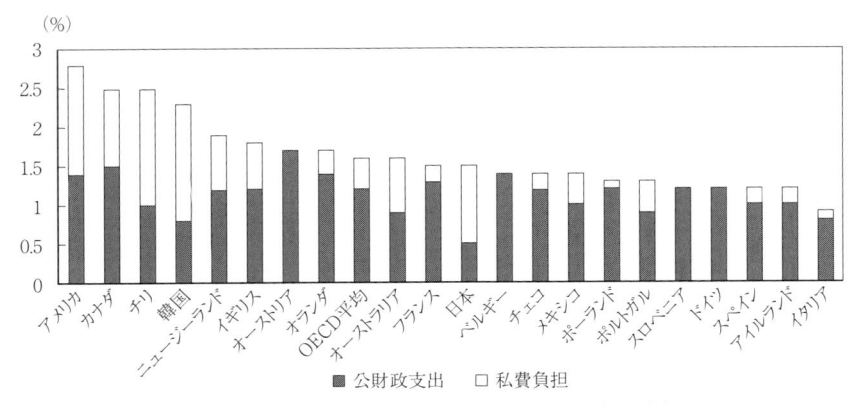

図4-5　高等教育に対する支出の対 GDP 比（2012年）
出所：OECD（2015）をもとに作成。

せ，高等教育を必要とするすべての人々にその機会を開放することで，長期的にはより豊かな社会が実現することにつながるのではないだろうか。

このように，高等教育費の私費負担と公費負担のバランスの問題は，身近な教育費の家計負担の問題にとどまらず，社会として高等教育をどのように規定するかという，高等教育の根本的な性格の定義に深く関連するのである。

5 研究・教育の自由と大学の自治

［1］ 科学技術の進展と高等教育

科学技術の進歩は恩恵のみならず災厄をももたらす。例えば第二次世界大戦末期に投下された原子爆弾は，当時最先端の科学技術の結晶でもあった。アインシュタインら当時の第一線の科学者たちは科学の平和利用を訴える運動を起こしたが，核開発は推し進められてしまった。長崎以降，戦時の核兵器使用は控えられているが，その後世界各地で幾度となく繰り返される紛争地帯に投入される兵器は，やはり最先端の科学技術の成果でもある。大戦後，日本学術会議は戦時中の科学者による戦争協力に対する反省から，「戦争を目的とする科学の研究は絶対にこれを行わない」旨の声明を発表している。

一方，実験系の分野では，実験装置の大型化や精密化が不可欠となった。最先端の科学研究の遂行には，最先端の観測実験機器が不可欠であり，それらを得るために研究者は資金の獲得に奔走し，得られた資金で最新の実験装置を……というループに陥っている。これらの科学研究を行う場の一つが大学などの高等教育機関である。科学技術のあり方は高等教育のあり方とも深く関連している。

［2］ 高等教育の市場化と科学研究の中立性

1980年代以降，新自由主義的改革[10]が進展するなか，国家の高等教育費が抑制的に措置される傾向が一般となった。すなわち教育研究の現場に「効率性」の追求が静かに浸透したのである。端的には，外形上の成果がより多い分野に重点的に資源配分をする政策が実施に移されたのである。成果の多寡とはかかわりなく一定の基準において一定の研究財源が確保されていた従来の状況とは異なり，研究者は次第に研究費獲得のための競争的環境にさらされるようになった[11]。現実的に大学などの学術研究機関には，外部資金の獲得とそれに見合うか，それ以上のアウトプットが求められるようになったのである。

こうした状況において注意を要するのは研究における中立性の確保である。研究財源が有限である以上，成果が期待される分野に重点的に資源配分を行う

▷10 日本における新自由主義的改革の具体例は日本国有鉄道（国鉄）の分割民営化，郵政事業の民営化などである。近年の獣医学部新設も国家による「岩盤規制」を突破し「特区」として設置を図ろうとする新自由主義的改革の一つである。新自由主義とは，国家による規制を緩和し，可能な限り民営化を図り，市場を重視することで経済の活性化を図ろうとする経済思想であり，社会福祉や医療，教育といった市場原理がなじまないとされる分野にも大胆な規制緩和と民営化を導入し，市場原理によって顧客満足度を高め事業の効率化を図ろうとするものである。

▷11 競争は一国内にとどまらず，すでにグローバル化されている。その一つの端的な例が「大学ランキング」である。とくにイギリスの THE（Times Higher Education：タイムズ高等教育版）が行う大学ランキングが有名で，近年日本でも注目を浴びている。こうしたランキングで上位を占めることが研究費や優秀なスタッフや学生を募集するうえでも大きな影響があるという。詳細は苅谷（2017）を参照。

ことはむしろ合理的である。この政策の結果，科学技術が進歩し，人類の福祉がいっそう進歩すればこれに越したことはない。一方で競争的環境に置かれた研究者が研究を行うなかで研究不正に走ってしまう可能性は少なくない。近年，研究不正に関する報道をたびたび目にするのは，研究者の倫理の低下のみならず，研究環境をめぐる構造的な変化による影響も無視できない。

　学問分野を問わず，学術研究を行ううえで最も尊重されるべきは，憲法でも定められている「学問の自由」である。このために高等教育機関は一定の自治を保障されている。しかし社会的な財政環境の変化を理由に，学術研究上の中立性，高等教育の自治が次第に切り崩されているようにも思われる。[12]

③　大学の自治・学問の自由とは

　2017年3月に日本学術会議は「軍事的安全保障研究に関する声明」を発表し，近年の軍学接近に警鐘を鳴らした。科学研究のスポンサーとして国家または防衛関連機関が名乗りをあげ，研究費獲得を迫られた研究者がこれに応募するという状況が増加している。かつての世界大戦前の状況がいつの間にか学問共同体の内部に出現しつつあることを私たちは改めて認識する必要がある。

平成29年（2017年）3月24日

軍事的安全保障研究に関する声明

日本学術会議

　日本学術会議が1949年に創設され，1950年に「戦争を目的とする科学の研究は絶対にこれを行わない」旨の声明を，また1967年には同じ文言を含む「軍事目的のための科学研究を行わない声明」を発した背景には，科学者コミュニティの戦争協力への反省と，再び同様の事態が生じることへの懸念があった。近年，再び学術と軍事が接近しつつある中，われわれは，大学等の研究機関における軍事的安全保障研究，すなわち，軍事的な手段による国家の安全保障にかかわる研究が，学問の自由及び学術の健全な発展と緊張関係にあることをここに確認し，上記2つの声明を継承する。

　科学者コミュニティが追求すべきは，何よりも学術の健全な発展であり，それを通じて社会からの負託に応えることである。学術研究がとりわけ政治権力によって制約されたり動員されたりすることがあるという歴史的な経験をふまえて，研究の自主性・自律性，そして特に研究成果の公開性が担保されなければならない。しかるに，軍事的安全保障研究では，研究の期間内及び期間後に，研究の方向性や秘密性の保持をめぐって，政府による研究者の活動への介入が強まる懸念がある。

　防衛装備庁の「安全保障技術研究推進制度」（2015年度発足）では，将来の装備開発につなげるという明確な目的に沿って公募・審査が行われ，外部の専門家でなく同庁内部の職員が研究中の進捗管理を行うなど，政府による研究への介入が著しく，問題が多い。学術の健全な発展という見地から，むしろ必要なのは，科学者の研究の自主性・自律性，研究成果の公開性が尊重される民生分野の研究資金の一層の充実である。

　研究成果は，時に科学者の意図を離れて軍事目的に転用され，攻撃的な目的のためにも使用されうるため，まずは研究の入り口で研究資金の出所等に関する慎重な判断

▷12　同様のことは研究だけでなく教育面においても見受けられる。例えば，最近では教職課程の重点化をめぐる政府の改革は「開放制の教員養成の原則（教員養成は大学の設置者にかかわらず，免許状取得に必要な所用の単位に係る科目を開設すれば，制度上等しく教員養成にかかわることができること）」に照らした際に，まったくの疑問なしとしない。

が求められる。大学等の各研究機関は，施設・情報・知的財産等の管理責任を有し，国内外に開かれた自由な研究・教育環境を維持する責任を負うことから，軍事的安全保障研究と見なされる可能性のある研究について，その適切性を目的，方法，応用の妥当性の観点から技術的・倫理的に審査する制度を設けるべきである。学協会等において，それぞれの学術分野の性格に応じて，ガイドライン等を設定することも求められる。

　研究の適切性をめぐっては，学術的な蓄積にもとづいて，科学者コミュニティにおいて一定の共通認識が形成される必要があり，個々の科学者はもとより，各研究機関，各分野の学協会，そして科学者コミュニティが社会と共に真摯な議論を続けて行かなければならない。科学者を代表する機関としての日本学術会議は，そうした議論に資する視点と知見を提供すべく，今後も率先して検討を進めて行く。

　かつて大学は中世ヨーロッパにおいて知識を追究する遍歴学徒たちの「組合（ウニベルシタス）」として誕生した。そのウニベルシタスは中世都市の自治権や教皇権，王権との対立を経ながら，その自治を維持してきた。近代大学の成立過程は中世大学とは異なるものの，やはり大学の自治はその伝統として保持されており，学術研究の遂行における根幹をなす。そしてこのことは，平和で豊かな社会を実現するための礎でもある。学術研究は一国家や一企業の政治的経済的利益のために遂行されるのではなく，あくまでも人類の福祉の進展に資するために行われることを深く認識する必要がある。

Exercise

① 今学んでいる大学などの歴史を調べてみよう。今日までどのような学部があって，どのような学生が学んできたのだろうか。教員は何人いてそれぞれどのような研究をしているだろうか。そしてどのような対社会サービスが行われているだろうか。調べてみよう。

② 今学んでいる大学などの学費はいくらだろうか。大学などを卒業するまでにかかった費用がいくらになるのか計算して，その分を自分で返済するのにどれくらいの期間がかかるだろうか。調べてみよう。

③ 障がい者などの社会的弱者の進学率を向上させるためには何が必要だろうか。考えてみよう。

📖次への一冊

天野郁夫『高等教育の日本的構造』東京大学出版会，1986年。
　引用・参考文献の天野（2003）の前編として位置づけられる著作。社会的変化への

対応がなぜ欧米の大学と異なるのか，日本の高等教育の構造的特性について分析が
なされている。

苅谷剛彦『オックスフォードからの警鐘──グローバル化時代の大学論』中公新書ラク
　　レ，2017年。

オックスフォード大学の教員である著者が，グローバル化の観点から日本の大学の
あり方を痛烈に批判する。その批判は非常に鋭く，学生のみならず大学人にとって
も刺激的な示唆に富む。

竹内洋『日本の近代12　学歴貴族の栄光と挫折』中央公論新社1999年。

日本における近代型高等教育制度の成立過程が，生きいきとした描写とともに描か
れている。制度の変容のみならず高学歴人材の社会移動の過程も把握できる。

矢野眞和『教育社会の設計』東京大学出版会，2001年。

高等教育の大衆化（だけではないが）について，教育経済学の視点からの捉え方を
示してくれる。経済学的な専門的知識をもちあわせていなくても理解できる良書。

引用・参考文献

天野郁夫『日本の高等教育システム──変革と創造』東京大学出版会，2003年。

苅谷剛彦『オックスフォードからの警鐘──グローバル化時代の大学論』中公新書ラク
　　レ，2017年。

厚生労働省「平成27年版働く女性の実情」2015年。http://www.mhlw.go.jp/bunya/
　　koyoukintou/josei-jitsujo/15.html（2018年 6 月15日閲覧）

厚生労働省「平成29年度賃金構造基本統計調査　結果の概況」2017年。http://www.
　　mhlw.go.jp/toukei/itiran/roudou/chingin/kouzou/z2017/gaiyo.html（2018年 6 月15日
　　閲覧）

文部科学省「平成29年度学校基本調査」2017年。

文部科学省「文部科学統計要覧 平成29年版」2017年。

文部科学省資料「国公私立大学の授業料等の推移」。http://www.mext.go.jp/a_menu/
　　koutou/shinkou/07021403/__icsFiles/afieldfile/2017/09/26/1396452_03.pdf（2018年 6
　　月15日閲覧）

内閣府「平成25年度男女共同参画社会の形成の状況及び平成26年度男女共同参画社会の
　　形成の促進施策（平成26年版男女共同参画白書）」2014年。

OECD『図表で見る教育──OECD インディケータ』明石書店，2015年。

妹尾渉・日下田岳史「『教育の収益率』が示す日本の高等教育の特徴と課題」『国立教育
　　政策研究所紀要』140，2011年，249～263ページ。

高谷幸・大曲由起子・樋口直人・鍛治致・稲葉奈々子「2010年国勢調査にみる外国人の
　　教育──外国人青少年の家庭背景・進学・結婚」『岡山大学大学院社会文化科学研究
　　科紀要』39，2015年，37～56ページ。

トロウ，M.，天野郁夫・喜多村和之訳『高学歴社会の大学──エリートからマスへ』東
　　京大学出版会，1976年。

潮木守一『ドイツの大学』講談社学術文庫，1992年。

潮木守一『世界の大学危機──新しい大学像を求めて』中公新書，2004年。

横尾壮英『大学の誕生と変貌──ヨーロッパ大学史断章』東信堂，1999年。

第5章
学業世界と職業世界

〈この章のポイント〉

90年代以降の産業構造の変化により，これまでの日本における学業世界から職業世界への「間断のない移行」は困難となる。その対処としてさまざまな新しい「能力」が求められるが，その育成だけでは限界がある。またそのような社会変動の下で「標準」的な移行を経験しない子ども・若者が増加しており，「若者」の定義も大きく揺れ動いている。そしてそのような社会状況において重要となる教育的営為とは，現前する子どもの生きがいや「志向性」を引き受ける教育活動であることが示唆される。本章では，学業世界と職業世界の接続関係について，教育社会学の知識を確認し解説する。

1 学業世界と職業世界をつなぐ原理

☐1☐ 二つの世界のつながり

人々の自由と平等が価値としてかかげられるようになった近代社会は，「誰であるか（生まれ・属性）」よりも「何ができるか（業績・能力）」によって社会的地位や資源を配分する能力主義を原理としている。学校教育は，世代間で知識や文化を伝達し社会を維持する成員を創出する機能（＝社会化機能）を担っているが，能力主義に基づいて社会に貢献する有能な人物を選抜し，職業世界へ配分する機能も担う。

ただし，こうした選抜・配分の機能は，学校教育に期待された一つの，しかも副次的な機能にすぎない。本来，学校教育の内部で行われる評価や選抜は，知識や文化を伝達する目的のための手段にほかならないが，組織や職業が各々行うべき職業的選抜を効率的に行うために，職業資格に能力の代理指標として学歴や学業成績などの教育的選抜の結果が利用された。そのため，教育的選抜と職業的選抜が有機的につながり，学業世界でも立身出世のための学歴や学業成績をめぐって競争と序列化が見られるようになる（天野，1982）。

教育的選抜と職業的選抜は前述のように能力を基準としたものであるが，こうした学業世界と職業世界における能力主義が徹底された社会をヤングは「メリトクラシー[2]」と呼んだ（ヤング，1982）。ヤングがこの概念を用いた当初の意図は，異なる教育システムに子どもたちを振り分けるための知能テストに信頼

▷1 学業世界に競争や序列化が入り込むことによって，どのようにして教育を歪めたものにしてしまうかは，遠山（1976）に詳しい。

▷2 メリトクラシー（meritocracy）
ヤングが描いた空想小説において登場した語。貴族による支配体制（aristocracy）から国家が正確な能力測定の技術を確立させることにより，メリット（＝ IQ ＋努力）によって個人の社会的地位の配分が行われるようになった社会のことをさす。

を置き，能力の違いに応じた学校に入ることや能力の違いに応じた雇用先が運命づけられることを認め，教育が主として経済成長や個人の出世をもたらす手段となることへの警告であった（ゴールドソープ，2005）。しかし，現在では，教育は経済成長や個人の出世のための手段とされ，能力による選抜・配分の制度は社会の大多数の人々の支持する価値・規範となっている。

［2］ メリトクラシーの再帰性

前述のメリトクラシーという概念は，人々が支持する価値・規範となっているが，実際に選抜・配分の基準となる能力の中身は自明のものではない。例えば，学歴を純粋な個人の素質と努力の結果として選抜の基準にするならば，現代はメリトクラティックな社会であるとも言えるし，学歴が家庭の社会経済的背景の影響を受けるものだということが明らかになれば，現代はメリトクラティックな社会ではないとも言える。われわれは，誰が本当に能力があるかをあらかじめ厳密に知ることはできないため，「○○ができる（できた）ということは，きっとこの人は能力があるのだろう」という推論をもとに，その人を能力がある人とみなしている。メリトクラシー（とその基準となる能力）をわれわれは事後的・社会的に構成しているのである。

このようにメリトクラシーはことあるごとにその選抜の基準や方法の妥当性を再帰的に振り返って多様な基準から問い直される性質を本来的にもっている。その性質を「メリトクラシーの再帰性[3]」（中村，2009）と呼ぶ。近代化が進行すればするほど，サービス経済化や教育の大衆化や社会の複雑化にともなって単純な学歴や試験結果や資格だけでは，選抜を行ううえでの能力の指標として物足りなくなるため，メリトクラシーが問い直される契機はより増える。

次節以降では，日本における学業世界から職業世界への移行における変化を見ていくが，そこでも，メリトクラシーの妥当性が問い直され続けるメリトクラシーの再帰性が確認できるだろう。

2　日本における学業世界から職業世界への移行

［1］　「日本型雇用システム」の特徴と教育との関係

1990年代初頭まで，学校を離れてから安定した雇用にすぐに移行し，失業も離職も少ないのが日本の若年労働市場の特徴であった（OECD, 2010）。こうした学校から仕事への「間断のない移行[4]」は，日本の雇用慣行の「三種の神器」と呼ばれた終身雇用，年功賃金，企業別労働組合，それに加えて，新卒一括採用方式[5]といったシステムによって支えられていた。このような日本の雇用の特

▷3　再帰性
ギデンズ（A. Giddens）の構造化理論において重要な位置づけが与えられている概念。簡単に言えば，時代を問わず人間のあらゆる実践に付帯している過去の行為を振り返るプロセスのこと。

▷4　「標準労働者」という言葉をご存知だろうか。「標準労働者」とは，「学校卒業後直ちに企業に就職し，同一企業に継続勤務しているとみなされる労働者」のことである。厚生労働省が毎年行っている「賃金構造基本統計調査」において使われていた用語だが，2015年以降使われなくなった。学校卒業後すぐに就職し，定年まで一つの企業に勤めあげることが「標準」ではなくなったという日本社会の変化を端的に表している。

▷5　学生が在学中に企業から内定をもらい，卒業後すぐに採用される。一方で，欧米では企業が必要な人材を必要に応じて不定期に採用する欠員補充方式である。

徴は「日本型雇用システム」と呼ばれる。その本質は、欧米のように「職（ジョブ）」に「就」くのではなく、「会社」の「一員（メンバー）」になる「メンバーシップ型社会」にある（濱口，2013）。

「日本型雇用システム」の特徴に沿って学校教育における選抜や能力もまた一定の特徴を帯びる。つまり、「日本型雇用システム」においては、会社での社員の仕事は入社後に会社によって決められる。社員は、OJT（On the Job Training）によって必要なスキルを身につけていくことが求められるため、学校では、特定の職業に関するスキルを身につける必要はなく、代わりにOJTに耐えられる訓練可能性が重要となる。そのため訓練可能性の代理指標として学歴や学力偏差値がより重要度を増すこととなる。これらが重視されるという特徴は「能力主義またはメリットクラシーの論理の普遍的性格の具現化であるよりも、日本企業における雇用制度・慣行の歴史的社会的性格に根ざしているものといえる」と乾は指摘している（乾，1990，206ページ）。このように学校教育で求められる能力や選抜のあり方は、雇用制度など当該社会の歴史的社会的な文脈によって規定されるものである。

2　1990年代の雇用の変化と求められる人材像の変化

1973年のオイルショックにより高度経済成長は終わるが、その後も日本の経済は安定成長を続けていた。しかし、1990年代にはバブル経済が崩壊し、日本は長い不況に入る。さらに、人口構造の変化（少子高齢化）により、年功賃金・終身雇用を維持することが難しくなり、企業も雇用の仕方を変化させてきた。象徴的なのは、1995年に日本経営者団体連盟（現：日本経済団体連合会）が発表した「新時代の『日本的経営』──挑戦すべき方向とその具体策」である。この報告書では、グローバル社会・知識経済社会において企業が生き残るために「日本的経営」からの脱却が謳われ、企業の景気変動による雇用の調整を容易とする策が示された。

一方で、大学進学率は上昇し続けている（本書の第3章を参照）。多くの学生が「間断のない移行」が可能であった時代から、正規雇用の範囲は狭められ、限られた席により多くの大卒者が集まり苛烈な競争を強いられるという現象が起きている。総務省「労働力調査」によると、在学中の者を除いた15〜24歳の労働者のうち、非正規雇用の割合は1990年から2005年の間に、男性で7.1→28.7％、女性で11.5→40.0％と大きく上昇している。

以上のように、企業の雇用のあり方や企業の求人と学卒者の相対的な関係の変化とともに、学卒者に求められる能力も変化が見られるようになる。1990年代以降、企業は「学業成績」「やる気」などの潜在能力の高い者から「実績」や「姿勢」などの顕在能力の高い者へと求める人物像を変化させてきた（岩

▷6　報告書では「雇用ポートフォリオ」が提示された。これまでの「間断のない移行」先であった正社員は「長期蓄積能力活用型グループ」として、雇用の規模が縮小され、かつ採用の基準も高度化する。「高度専門能力活用型グループ」「雇用柔軟型グループ」は、雇用に期限が設けられ雇用調整のための緩衝材とする策が示された。この社会的背景については、本書の第13章第2節を参照。

脇，2006）。このことは伊原（2014）が指摘するように，「実績」や「姿勢」が本来働く場において形成され実体化する能力であるにもかかわらず，それを，働く前に証明可能な形で求められるようになったということであり，留意する必要がある。

3 「能力」による対処とその限界

1 育成が目指される「能力」の変化

前節では，日本における職業世界の特殊性とその変化について見てきた。1990年代の職業世界の変化に対して，学業世界は何が変化したか。

松下は，1990年代以降，教育世界で提案されるようになった後期近代において求められる能力を〈新しい能力〉[47]と呼ぶ。日本だけでなく「多くの経済先進国で共通に，また，初等・中等教育から高等教育・職業教育，労働政策にいたるまでの幅広い範囲で，目標として掲げられ，評価の対象とされるようになった」[48]能力概念である（松下，2014，91ページ）。この能力概念は，目標として掲げられ，評価の対象とされるようになったという点で，どのような人が高い地位につくのかを再帰的モニタリングすることによって概念化されたものである。そして，〈新しい能力〉に関しては，前節で述べたように学校から仕事への移行の困難に直面する若者に対して必要であると喧伝されてきた。しかし，最終的に雇用されうるかどうかは，本来労働力の需要と供給のバランスによって左右される。こうした能力への着目は，社会構造を原因とする移行の困難を，個人の能力不足として自己責任化してしまう危険性をはらんでいる。

2 学校教育の役割は就職のための能力育成だけか

近代社会において学校は職業世界に向けた選抜・配分機能を担うようになる。学業世界と職業世界という本来であれば対応しない二つの世界の接続が日本において特殊だったのは，学校から仕事への安定した「間断のない移行」であった。だが，日本経済の停滞と企業の雇用方針の転換により，「間断のない移行」の行き先自体が減少し，学校から仕事への安定的な移行は困難となる。

しかし，個々人の能力を「ハイスペック化」することで移行の困難を乗りこえようとする戦略には限界がある。移行の問題は第一義的には雇用問題である。教育に引き受けられないこともあり，教育的解決ができると安易に考えることは，学校や教師，若者自身に理不尽な負担を強いることになる（松下，2014）。

加えて，メリトクラシーの再帰性という特徴を踏まえれば，学校教育では，単に企業に求められる能力を育成しそれに基づき選抜するだけではなく，どの

▷7　より詳細には本書の第13章第1節を参照。

▷8　日本では，生きる力，リテラシー，人間力，キーコンピテンシーなどがあがる。とくに就職基礎能力，社会人基礎力，エンプロイアビリティは，学業世界から職業世界への移行において求められる能力という側面が強い。

ようなメリトクラシーが社会的に構成されているかを理解させるとともに，その妥当性を問うための知識や技能を提供することに学校教育の一つの可能性を見出すこともできよう。

4　移行に困難を抱える「若者」を把握する

1　学業世界から職業世界への移行の不安定性

前節までででは「日本型雇用システム」や「能力」が揺れ動くマクロな社会像が確認されたが，本節以降では，これまでの「標準」的な学業世界から職業世界への移行を経験しない若者が増加してきていることと，そのような社会変動を受けて「若者」という用語の含意が多義化・複雑化していることを示したうえで（第4節），今日の教育機関によって担われるべき教育的営為を構想していくことを目指す（第5節）。

このようなテーマに迫るうえでまずはじめに理解されるべきことは，今日，学業世界から職業世界への安定した移行を経験する若者の数が減少しているという事実である。児美川は，現代の高等学校入学者のうち高等学校・大学を卒業し，新卒就職をして，その3年後も就業継続をしている「ストレーター」という"まっすぐなキャリア"を歩むグループは，全体の41%にしかおよばないことを推計している（児美川，2013，24〜26ページ）。また宮本も，現代の3割以上の若者が最終学校卒業時に「就職」以外で学校を離れていることを指摘している（宮本，2015，7ページ）。すなわち，これまでの日本社会において「標準」的であった「学校から社会へ」の移行が，現代的な「標準」とは言えない状況が広がっている。

2　「標準」的な移行を経験しない若者の実態

それでは，「標準」的な移行を見出しえなくなっていることの社会的要因や，そのような移行を経験しない若者の存在は，今日どのように顕在化しているのだろうか。以下では，これまでの社会のなかで若者の「自立」のメルクマール（指標）として一般的に想定されてきた「学校卒業，初就職，経済的自立，離家，結婚，親になること」（宮本，2005，29ページ）といったライフイベントを，昨今の若者がどのように経験してきているのかについて概観する。

そこでまず何より着目されるべき今日的な社会変動としては，経済的格差の拡大と，それにともなう子どもの貧困率の増加があげられる。厚生労働省の「国民生活基礎調査」によれば，2015年における相対的貧困率は15.6%，子どもの貧困率は13.9%と推計されている。またこの子どもの貧困率は，その保護

▷9　ここで相対的貧困率とは，世帯収入から子どもを含む国民一人ひとりの所得を仮に計算し，順番に並べた時，真ん中の人の額（中央値）の半分（貧困線）に満たない人の割合を言う。また子どもの貧困率とは，貧困線に満たない所得の世帯に属する17歳以下の子どもの割合を言う。

▷10　文部科学省による中退率の算出方法は，「ある年度の学校全体の中退者数÷ある年度当初の学校全体の生徒の在籍数」であることから，その割合はあくまでその年度における学校全体の中退率であるとされる（青砥，2009）。

▷11　全日制・普通科・専門学科・総合学科の場合は3年，定時制の場合は4年として算出されている（東京都教育委員会，2011）。

▷12　15〜34歳の非労働人口のうち，家事も通学もしていない者。

▷13　15〜39歳の「ふだんは家にいるが，近所のコンビニなどには出かける」「自室からは出るが，家からは出ない」「自室からはほとんど出ない」「ふだんは家にいるが，自分の趣味に関する用事の時だけ外出する」に該当する者。

▷14　なお国立社会保障・人口問題研究所（2017）が2015年度の国勢調査より算出した生涯未婚率（50歳時の未婚割合）は，男性が23.4%，女性が14.1%とされ，近年その割合が増加傾向にある。

者が限定される世帯においてより深刻性が高く，「子どもがいる現役世帯」（世帯主が18歳以上65歳未満で子どもがいる世帯）のうち，「大人が二人以上」の世帯では10.7%である一方で，「大人が一人」の世帯では50.8%となっている。

　あわせて，学校を「居場所」とすることができない子ども・若者の存在も確認される。青砥（2016）は，高等学校の「ある年度に入学した生徒数−3年後の卒業者数」の値を算出し，「毎年ほぼ約10%が3年後には高校を卒業せずフェイドアウトして」いることを推計している。また2011年度の学校中途退学率が1.6%である一方で，「未卒業率」[10]（修業年限の間に中途退学した生徒の割合）[11]を算出すれば，2008年度（定時制のみ2007年度）の東京都立高校入学者のうち，全日制で5.5%，普通科で4.1%，専門学科で12.5%，総合学科で2.9%，定時制で38.9%の生徒が中途退学していることが確認される（青砥，2016，81〜82ページ）。

　そして安定的な労働環境自体も，「日本型雇用システム」の崩壊にともない減少しつつある。総務省の「労働力調査」によれば，2016年時点での非正規雇用者の割合は15〜24歳で48.1%（うち在学中を除くと28.6%），25〜34歳で26.4%であり，これ以降年齢区分が上がるにしたがって，その割合は増加していく（なお労働者全体では37.5%）。よって現代社会においては，3人に1人以上が流動的な労働環境を選択している／させられている現状がある。

　重ねて，そのような労働市場から疎外される若者も散見され，内閣府の「平成29年版子供・若者白書」によれば，若年無業者数[12]は57万人と推計される。また内閣府の「平成27年度若者の生活に関する調査報告書」によれば，ひきこもり[13]は54万1000人と推計され，そのうちの34.7%が7年以上のひきこもり状態を続けている実態が確認される。

　最後に，現代の若者による家族形成も容易に実現しない状況があり，総務省の「国勢調査」による2015年時点の人口等基本集計結果の値を参照すれば，20代の未婚率は79.7%，30代は34.8%，40代は22.9%と推計される[14]。

　以上のような各種調査の結果が示しているのは，これまでの若者の「自立」のメルクマールとしてのライフイベントが，今日の若者にとって必ずしも親和的なものではなくなっているという実態である。すなわち，これまでの若者にとっての「標準」的な学業世界から職業世界への移行，ひいては"大人"への移行が，今日，「標準」的なものではなくなってきている。

［3］「若者」という用語の揺れ動きとその定義

　それではこれらの社会変動と子ども・若者の実態を受けて，今日その含意が複雑化している「若者」という用語をどのように捉えればよいだろうか。

　事実，「若者」という用語は，日本社会においてもその意味内容が大きく揺

れ動いている。1980年代には，長期化する未婚期や豊富な正規雇用機会が肯定的に捉えられることにより，「独身貴族」という自由な単身者像が流布していたが，1990年代には，晩婚化が加速し，少子化を背景とする親元同居傾向が進行することにより，親家庭に生活を依存させる「パラサイト・シングル」という像が定着するようになった。そして2000年代以降には，これまでの「標準」的な「自立」のメルクマールを獲得できない若者の増加にともない，彼らを取り巻く状況の深刻性が顕在化していったことによって，そのような若者が「社会的弱者」として認識されるようになっている（宮本，2007）。なお現在では15～39歳の「若者」が，その統計や支援の対象者として取り扱われるようになっていることが見て取れる。

　そしてこのような「若者」の揺れ動きとは，それ自体が現代社会において共通の社会現象であると言える。すなわち，アリエス（P. Ariès）などに代表される研究の成果によって「子ども期が，産業社会の特定の時期に，ライフコースにおける明確な一段階として認識されるようになった」ことと同様に，「『若者期』や『青年期（adolescence）』もまた，社会経済的発展が一定の段階に達したときにあらわれた社会的な構成概念である」としてみなされる（ファーロング・カートメル，2009，108～109ページ）。

　これらの理解を踏まえれば，若者期とは，「若者が成人の身分を認められる前に経験する半依存の期間と定義」されながらも，「自立した成人期に到達することは社会的規範，経済状況，社会政策などに左右される」（ファーロング・カートメル，2009，111ページ）ことから，歴史的・社会的にも大きな影響を受ける用語であると解釈することができる。

5　子ども・若者の移行を支える教育的営為を構想する

⬚1⬚　日本の子ども・若者の学校に通う意義と，その中退者にとっての意義

　それでは上述した現代的な社会構造の下で，将来のリスクや不確実性を増幅させながら，自身の安定的なアイデンティティを維持することが難しくなっている子ども・若者に対して，既存の教育機関が担うべき機能や役割とは，どのようなものなのだろうか。

　また既存の教育機関のあり方について検討していく際には，その"外在的"な事象を精査することによっても重要な示唆を得ることができる。酒井は，不就学や高等学校中退，長期欠席などの「学校に行かない子ども」の実態を把握することによって，「人生前半期の社会保障」である教育システムにどのよう

▷15　宮本・岩上・山田（1997）において，「パラサイト・シングル」に関する初出の議論を見ることができる。また以降では，山田（1999）がより大衆的な議論を惹起するに至っている。

▷16　内閣府の「平成29年版子供・若者白書」では，39歳までの若年無業者やひきこもりの実態などを把握することができる。

▷17　フランスの歴史学者フィリップ・アリエス（1914～1984）は，近代以前において「子供」や「子供期」という観念が存在せず，共同体の未熟な成員としての小さな大人が存在したこと，そして「子供」や「子供期」が近代の産物であることを明らかにした（アリエス，1980）。

表 5-1　学校に通う「意義があった（ある）」項目の回答率　　　　　　　　　　　　　　(%)

	日本 (1175人)	韓国 (1026人)	アメリカ (1036人)	イギリス (1078人)	ドイツ (1034人)	フランス (1006人)	スウェーデン (1076人)
友達との友情をはぐくむ	75.9	74.0	74.5	78.6	81.3	83.1	75.7
一般的・基礎的知識を身に付ける	75.2	84.4	88.8	89.2	90.7	92.3	91.4
自由な時間を楽しむ	74.3	47.2	73.6	75.5	80.9	85.0	62.4
学歴や資格を得る	69.5	82.2	84.6	84.9	90.1	90.8	85.6
専門的な知識を身に付ける	64.1	74.2	85.9	85.9	90.4	90.9	82.4
自分の才能を伸ばす	62.0	68.9	82.3	82.4	89.6	89.4	85.4
先生の人柄や生き方から学ぶ	58.2	58.0	71.7	69.9	42.6	60.7	38.5
仕事に必要な技術や能力を身に付ける	55.5	69.8	83.5	82.8	89.7	92.5	85.9

出所：内閣府の「平成25年度　我が国と諸外国の若者の意識に関する調査」をもとに作成。

▷18　内閣府「平成25年度　我が国と諸外国の若者の意識に関する調査」。同調査は 7 か国の若者（13〜29歳）を対象とした，Web 調査である。なお同調査のデータは，東京大学社会科学研究所附属社会調査・データアーカイブ研究センター SSJ データアーカイブで公開されており後述の学校中退者についての結果は，同アーカイブから提供を受けた個票データを再集計したものである。

な改革・改善が求められるのかについて検討しうる可能性が生まれることを指摘している（酒井，2015，12〜13ページ）。

　以下では前述の視点を踏まえつつ，今日の子ども・若者とその学校中退者によって示される学校に通う意義や，オルタナティブ教育機関の教育理念を確認することで，既存の教育機関に望まれる役割について検討していきたい。

　そこでまずはじめに，現代の日本の子ども・若者にとっての学校に通う意義について確認するため表 5-1 を見れば，最も学校に通う「意義があった（ある）」とされる項目（とその割合）とは「友達との友情をはぐくむ」こと（75.9%）であり，次いで「一般的・基礎的知識を身に付ける」こと（75.2%），「自由な時間を楽しむ」こと（74.3%），「学歴や資格を得る」こと（69.5%），そして「専門的な知識を身に付ける」こと（64.1%）と続く。またこのような回答を各国の子ども・若者の回答と比較すれば，「一般的・基礎的知識を身に付ける」ことや「学歴や資格を得る」こと，「専門的な知識を身に付ける」ことといった意義の認識が各国中で最も低くなる一方で，「友達との友情をはぐくむ」ことと「自由な時間を楽しむ」ことの意義の認識は相対的に高くなることが確認でき，このような通学の意義の認識こそが，日本の子ども・若者による特徴であると理解することができる。

　一方，同様の項目について学校中退者による回答も確認すれば，日本の学校中退者（31人，調査対象者全体の2.6%）が他国の中退者と比較して，それぞれの項目に「意義がなかった」と回答する傾向が最も高くなっている。すなわち，各国の学校中退者によって最も「意義がなかった」と受け止められているのが，日本の学校である可能性が推測される。

　重ねて，その日本の中退者にとって学校に通う「意義がなかった」とされる傾向が最も高い項目（とその割合）は，「友達との友情をはぐくむ」こと（71.0%）であり，次いで「学歴や資格を得る」こと（74.2%），「一般的・基礎

的知識を身に付ける」こと（61.3％），「先生の人柄や生き方から学ぶ」こと（77.4％），そして「自分の才能を伸ばす」こと（71.0％）と続く。なおこれらの項目の多くは，日本の若者が「一般的」な通学の意義としてあげる項目である。

　以上のような結果を踏まえれば，日本の子ども・若者は「友達との友情をはぐくむ」ことや「自由な時間を楽しむ」こと，あるいは「一般的・基礎的知識を身に付ける」ことなどを学校に通う意義として受け取っている一方で，これらの「一般的」な通学の「意義」を想定しきれなかった／ない子ども・若者が，学校を離れていった／いくことが考えられ，日本の学校を離れる子ども・若者に対しては，既存の学校がその通学の意義を提供しきれていない状況が示唆される。

［2］　オルタナティブ教育機関の活動とその理念

　一方で，学校に通うことができなくなった児童生徒を支援する教育機関として昨今その動向が注目されているのが，フリースクールである。フリースクールは，「学校に行かない子ども」に，学校外の居場所・学び場を提供している。文部科学省の「小・中学校に通っていない義務教育段階の子供が通う民間の団体・施設に関する調査」によれば，フリースクールを含む団体・施設の65.2％が2000年代以降に設立されており，そこには2015年時点で義務教育段階の子どもが4196人，高等学校段階以上の在籍者を含めると7011人が通っているとされる。[19]

　またそのフリースクールの活動では，やって来る子どもたちの意見を聞き，問題や不安に向き合い続けることで，その子自身が「充電し，自信をもち，未来に向けて自分なりの一歩を踏み出してい」くことが重視されている[20]（奥地，2016，26〜27ページ）。すなわち既存の学校のオルタナティブとしてのフリースクールはその教育理念として，子どもに向き合い続けて不安を解消し，自信を回復させることに主眼を置いていることが確認できる。

［3］　目の前の子ども・若者の状態を引き受ける教育活動

　以上の整理をもとに今日的な教育的営為を構想するとすれば，自身の通学（通所）に有意味性をもちきれない子ども・若者に対して，そのような子ども・若者を引き受ける既存の教育機関が，彼らにその通学（通所）の多様な意味や意義を実感させる役割を担うことが考えられる。

　またここで，今日の日本の若者にとっての学校に通う第一の意義が「友達との友情をはぐくむ」ことであり，日本の学校中退者にはそれが認識されなかったことも重要な視点となる。すなわち，目の当たりにする子ども・若者の生き

▷19　なお同調査の回収率が67％であったことから，実際にはより多くの在籍者が予想される。

▷20　そしてこのフリースクールをはじめとする多様な教育機関は，2016年12月7日に，学校外での多様な学びを支える「義務教育の段階における普通教育に相当する教育の機会の確保等に関する法律（教育機会確保法）」の成立により，これからのオルタナティブな教育の選択肢としてよりいっそう注目されている。

がいや現在性に根ざしながら，既存の教育機関の教育活動が構想・提供されることによって，あらゆる子ども・若者の自尊心や，"学び" を育てることができるのではないだろうか。

そして子ども・若者のリスクの問題を吟味する際には，あらゆる児童生徒を引き受ける小・中学校，ひいては進学率が98.7％（2016年時点）となる高等学校が，彼らのライフコースにおいて大きな重要性をはらむ。言い換えれば，従来の「標準」的な移行を前提にできない社会においては，既存の学校が，大人に移行するための土台づくりを提供する「最後の拠点」（小野，2016，302ページ）となる可能性がある。

さらにはその「最後の拠点」においては，子ども・若者の思いやキャリアを紡ぐ多様な「志向性」が捉えられることが，重要な意義をもつと想定できる。伊藤（2013）は，課題が集中するとされる高等専修学校[21]に通う生徒たちの「志向性」には，必ずしも地位達成や学業達成に集約されない幅広い具体的／抽象的な「成長」に向けた願望である「成長志向」や，教師から「承認」されたいという願望である「被承認志向」，そして年長者や年長役割に憧れそれに近づきたいという願いである「年長役割志向」といった，多様な「志向性」が見出されることを指摘している。既存の教育機関は，それぞれの生徒がもつ「志向性」を適切に把握し，その選択の可能性を支援していくことによって，「標準」的な移行に困難を抱えうる子ども・若者にとっての，「学校から社会へ」の橋渡しを構想することができるのではないだろうか。

▷21　高等専修学校
文部科学省（2012）によれば，「昭和51年に新しい学校制度としてつくられた専修学校のうち，中学卒業者を対象とした課程で」あり，高等学校と並ぶ正規の後期中等教育機関として，「社会に出てすぐに役立つ実践的な職業教育を行い，いろいろな分野でスペシャリストを養成してい」る学校である。

Exercise

① 学業世界において，能力を育成することはどのような目的があるのか具体的に複数あげてみよう。複数ある目的のなかで，学校教育はどの目的を優先しているのか，それによる弊害はないか考えてみよう。

② 学業世界や職業世界への移行が実現していない子ども・若者の現状について，どのような「問題」が考えられるだろうか。またその「問題」が引き起こされる原因や要因について，説明してみよう。

③ 子ども・若者の学業世界から職業世界への移行の「問題」には，どのようにアプローチすることができるだろうか。またあらゆる移行を経験する児童生徒に向き合う教師とは，どのような教育的役割を担っていると言えるだろうか。考えてみよう。

📖次への一冊

溝上慎一・松下佳代編『高校・大学から仕事へのトランジション——変容する能力・アイデンティティと教育』ナカニシヤ出版，2014年。
　　学校から仕事への移行の現状と課題を教育学・心理学・社会学の観点から検討している。そして，移行の困難を乗り越えるための多様な支援のあり方が示される。
松下佳代編『〈新しい能力〉は教育を変えるか——学力・リテラシー・コンピテンシー』ミネルヴァ書房，2010年。
　　近年，国内・海外を問わず提唱されている〈新しい能力〉が教育政策・実践をどのように変えるかを明らかにし，そこに生じる問題に対する新しい教育のオルタナティブを構想している。
宮本みち子『若者が無縁化する——仕事・福祉・コミュニティでつなぐ』筑摩書房，2012年。
　　本書は，昨今の社会変動を受けて社会との関係性を断ち切られた若者が社会的排除に陥ることを問題化し，その解決のための多面的な支援策を提案している。
小野善郎・保坂亨編著『続・移行支援としての高校教育——大人への移行に向けた「学び」のプロセス』福村出版，2016年。
　　教育困難校の風景やその生徒の実態，多様な教育活動実践を把握することができ，「最後の拠点」としての高等学校において生起する"学び"の場について考えることができる。

引用・参考文献

天野郁夫『教育と選抜』第一法規出版，1982年。
青砥恭『ドキュメント学校中退——いま，貧困がうまれる場所』ちくま新書，2009年。
青砥恭「居場所を失った子どもたち——子どもの貧困と高校中退」小野善郎・保坂亨編著『続・移行支援としての高校教育——大人への移行に向けた「学び」のプロセス』福村出版，2016年，76～113ページ。
アリエス，P.，杉山光信・杉山恵美子訳『〈子供〉の誕生——アンシァン・レジーム期の子供と家族生活』みすず書房，1980年。
ファーロング，A.・カートメル，F.，乾彰夫・西村貴之・平塚眞樹・丸山妙子訳『若者と社会変容——リスク社会を生きる』大月書店，2009年。
ゴールドソープ，J.，住田正樹・秋永雄一・吉本圭一編訳「『メリトクラシー』の諸問題」『教育社会学——第三のソリューション』九州大学出版会，2005年，533～562ページ。
濱口桂一郎『若者と労働——「入社」の仕組みから解きほぐす』中央公論新社，2013年。
伊原亮司「市場主義時代における能力論——場や社会関係から遊離した『能力』の議論に対する批判的検討」高橋弦・竹内章郎編『なぜ，市場化に違和感をいだくのか？——市場の「内」と「外」とのせめぎあい』晃洋書房，2014年，91～109ページ。
乾彰夫『日本の教育と企業社会——一元的能力主義と現代の教育＝社会構造』大月書店，1990年。
伊藤秀樹「指導の受容と生徒の『志向性』——『課題集中校』の生徒像・学校像を描き

直す」『教育社会学研究』93，2013年，69〜90ページ。

岩脇千裕「高度成長期以後の大学新卒者採用における望ましい人材像の変容」『京都大学大学院教育学研究科紀要』52，2006年，79〜92ページ。

児美川孝一郎『キャリア教育のウソ』筑摩書房，2013年。

松下佳代「大学から仕事へのトランジションにおける〈新しい能力〉」溝上慎一・松下佳代編『高校・大学から仕事へのトランジション——変容する能力・アイデンティティと教育』ナカニシヤ出版，2014年，91〜117ページ。

宮本みち子「先進国における成人期への移行の実態——イギリスの例から」『教育社会学研究』76，2005年，25〜39ページ。

宮本みち子「若者の家族形成条件の弱体化」第12回厚生政策セミナー「超少子化と家族・社会の変容——ヨーロッパの経験と日本の政策課題」報告，2007年。

宮本みち子「移行期の若者たちのいま」宮本みち子編『すべての若者が生きられる未来を——家族・教育・仕事からの排除に抗して』岩波書店，2015年，1〜32ページ。

宮本みち子・岩上真珠・山田昌弘『未婚化社会の親子関係——お金と愛情にみる家族のゆくえ』有斐閣，1997年。

文部科学省「高等専修学校とは」2012年。http://www.mext.go.jp/a_menu/shougai/senshuu/1315300.htm （2018年6月3日閲覧）

中村高康「メリトクラシーの再帰性について——後期近代における「教育と選抜」に関する一考察」『大阪大学大学院人間科学研究科紀要』35，2009年，207〜226ページ。

奥地圭子「日本のフリースクールの今」『教育と医学』757，2016年，22〜29ページ。

小野善郎「『移行支援としての高校教育』再論」小野善郎・保坂亨編著『続・移行支援としての高校教育——大人への移行に向けた「学び」のプロセス』福村出版，2016年，278〜304ページ。

OECD編，濱口桂一郎監訳『日本の若者と雇用——OECD若年者雇用レビュー：日本』明石書店，2010。

酒井朗「教育における排除と包摂」『教育社会学研究』96，2015年，5〜24ページ。

遠山啓『競争原理を超えて』太郎次郎社，1976年。

東京都教育委員会「都立高校と生徒の未来を考えるために——都立高校白書（平成23年度版）」2011年。http://www.kyoiku.metro.tokyo.jp/administration/action_and_budget/plan/reformation/whitepaper_hs_2011.html （2018年6月3日閲覧）

山田昌弘『パラサイト・シングルの時代』ちくま新書，1999年。

ヤング，M.，窪田鎮夫・山元卯一郎訳『メリトクラシー』至誠堂，1982年。

第6章
市民社会と学校教育の課題

〈この章のポイント〉
　学校教育には「社会化」機能としての「国民形成」の役割が備わっているが，その意味するところは場所や時代が変われば異なる。多文化社会としていち早く国内の多様な集団を意識した「多文化教育」などの取り組みが行われてきた諸外国では，現在「市民」概念を用いた「社会化」が試みられているが，その取り組みは一筋縄ではいかない。本章では，学校における市民社会の形成を担う人材の教育について，「国民」という枠組みによる制約を解きほぐす方略の探究に焦点を当てて解説する。

1　学校教育と「国民形成」

1　「国民形成」の機能を担う制度としての学校教育

　教育には「社会化」機能（本書の第1章を参照）が備わっているが，それを重点的に行っているのが学校教育である。そして，学校教育における社会化機能の特徴としてあげられるのが，その先に「国民国家」が位置づけられていることである。日本の学校教育を例にあげると，「国民国家を担う国民の育成」を目的とした「国民教育」，すなわち「子どもを（日本）国民として教育し，（日本）国民に育て上げる」（太田，2000，224ページ）教育が営まれているのである。
　そのことを踏まえたうえで注意する必要があるのが，学校教育が個人を社会化する場合のその先は，場所と時代が変われば異なるという点である。任意の例をあげるとすれば，そもそも「国民」像が異なることから，アメリカ合衆国（以下，アメリカ）の学校教育と日本の学校教育における「国民形成」の意味が異なるのと同時に，同一国家内であったとしても，第二次世界大戦以前の日本の学校教育における「国民形成」と戦後の日本の学校教育におけるそれの意味は異なるのである。
　それでは，そのような違いを前提としたうえで，現代の学校教育には，どのような社会化機能が期待されているのであろうか。

2　グローバル化する社会における学校教育の変容

　現代社会を語るうえで前提となるのが，グローバル化の進行により世界的な

▷1 この時期の人数の減少は、リーマンショックや東日本大震災の影響が要因としてあげられている（内閣府, 2015, 101ページ）。

▷2 法務省のウェブサイト上の「平成29年末現在における在留外国人数について（確定値）」のページからリンクされている「【平成29年末】確定値公表資料」のなかの「在留外国人数」のデータより。http://www.moj.go.jp/content/001256897.pdf（2018年6月14日閲覧）

▷3 総務省統計局のウェブサイト上の「人口推計（平成29年10月1日現在）──全国：年齢（各歳），男女別人口・都道府県：年齢（5歳階級），男女別人口」ならびに同ページからリンクされている e-Stat（政府統計の総合窓口）上の日本の総人口のデータより。http://www.stat.go.jp/data/jinsui/2017np/index.html（2018年6月14日閲覧）

▷4 言うまでもなく、異なる「国民」が日本に存在するという議論は何も新しいことではない。近年のグローバル化の進行以前から、日本社会には在日韓国・朝鮮人、アイヌや沖縄の人々など多様な文化的背景をもつ人々が存在していたことから、日本に浸透している「単一民族社会」言説は否定されてきた（太田, 2000, 213ページ）。そのようななか、近年の日本の人口構造の変容は、以前は、特定の地域の特徴として捉えられてきた「外国人」の存在が、社会全体のなかでより「当たり前」の存在になりつつあることを

人口移動が加速しているという点である。それは、「先進的」な多文化社会とされる他の国々と同様に、現代の日本社会についても当てはまることである。

日本における過去10年（2008～17年）の外国人数の推移を見てみると、2009～12年は減少しているが、2013年以降は増加傾向にあり、2017年（年末）には256万1848人[1]となり過去10年で最も多くなっている。一方で、同時期の日本の総人口の推移を見てみると、2011年以降は減少傾向にあり、2017年（10月）には1億2670万6210人[3]となり過去10年で最も少なくなっている。これらの統計は、現代の日本では、外国人が総数のみではなく、日本の総人口に占める割合においても増加していること、すなわち、社会がよりいっそう「多文化化」[4]していることを示していると言える[5]。

グローバル化の進行により、一国内で多様な文化的背景の人々が増加することが意味するのは、「国民」像や「国家」像の変容である。すなわち、太田が述べるとおり、「『非』国民人口の増大によって、『一言語・一民族・一文化』によって定義される国民国家の組み直しが求められている」のである（太田, 2000, 227ページ）。このことは、学校教育の機能の一つである「国民形成」の役割が単純なものではなくなってきていることを意味する。つまり、佐久間の言葉を借りれば、「将来の国家を支える人材の育成であり、文字通り『国民』となるための教育」であった従来の「国民教育」の目的が、一国内の多様な人々の存在により大幅な修正を迫られているのである（佐久間, 1996, 37ページ）。

それでは、そのような社会の変化のなかで、学校教育の社会化機能はいかなる課題に直面しているのであろうか。本章では、国内の人々の多様性を踏まえた実践を営んできた諸外国の事例を取り上げつつ、社会の変化による学校教育の変化を概観する。そして最後に、現代の日本の学校教育の課題とそれに対応するために参照しうる資源について「市民社会」の観点から論じることとする。

3 多様化する人々の文化的背景と「多文化主義」「多文化教育」の隆盛

一国内の多様化は、グローバル化が急速に進んでいる現代社会のみでの出来事ではない。すでに、「多文化社会」とされてきた国々においては、国内の多様化に対応するために、さまざまな取り組みが営まれてきた。その代表的な取り組みが、多くの場合、1970年代以降に、主にアメリカやイギリスなどの社会で採用されてきた「多文化主義」を基盤とした「多文化教育」である（太田, 2000, 224～225ページ）。

「多文化主義」は、もともと運動や実践のなかから生じたために定義が多様であることに加えて、概念を定義することが定義者の立場と大きく関係していることから、「論争的な概念」であると塩原（2010a, 890ページ）は述べている。

また，太田（2000，225ページ）の指摘によれば，「多文化主義」に基盤を置いた営みである「多文化教育」についても，定義や解釈などが国，地域や研究者によって異なるとされる。とは言うものの，例えば，関根（1996，41ページ）の議論を参照すると，「多文化主義」は「同化主義」に基づく「国民統合政策」を否定するという指摘がされており，「多文化教育」についても，太田（2000，225ページ）により，それが「同化教育」の否定という点を共有していることが指摘されるなど，それらの概念に対する一定の共通理解がないわけではない。その点を踏まえつつ，以下，「同化」への抵抗から生まれた「多文化主義」や「多文化教育」がどのような足跡を辿ってきたのかについて，「多文化主義」が注目されるきっかけを生み出したとされる（塩原，2010b，4ページ）アメリカの事例を取り上げつつ整理する。

　明石・飯野によると，アメリカにおいては，エスニック集団が移民として到着した当初は，異なる文化的背景の諸集団が「アメリカというるつぼ」のなかで「新しい人間」，すなわち「アメリカ人」になるという「同化」の考えがあった。次に，そのような理論への批判として台頭してきたのが，アメリカを形作る諸エスニック集団が各々の固有の文化と伝統を保ちながら共存する状況を描いた「文化的多元主義」であった。それは，20世紀半ばまで広い範囲で支持を得ていたが，20世紀後半になると，エスニック集団の共存がヨーロッパ系に限られており，アフリカ系，アジア系，ヒスパニック系が含まれていないという批判が登場する。そしてその後，アメリカのエスニック集団のうち，長年不利な立場にあったマイノリティの集団が尊厳などを求めるために取り組んだ政治活動が「多文化主義」と呼ばれたとされる（明石・飯野，1984［2011］，41〜42，53〜54，63〜64，77〜78ページ）。

　以上のことを整理すると，アメリカにおいては，「アメリカ化」，すなわちマジョリティへの同化を求める「同化主義」から，マイノリティの「固有の文化」も認めるが，あくまでもマジョリティの文化に中心性が置かれていた「文化的多元主義」へ移行し，その後，マジョリティとマイノリティの文化の優劣関係をなくそうとした「多文化主義」へと変遷を遂げてきたと理解できる。

　他方，松尾によると，アメリカで展開した公民権運動[6]などを背景に，1960年代から1970年代にかけて誕生した「多文化教育」は，「同化主義」に対抗して，「『文化多元主義』あるいは『多文化主義』に理論的な基礎を置き，さまざまな文化を維持し奨励することを通した『多様性の統一』を追究してきた」とされる（松尾，2013，29ページ）。「共通理解を確定するのは容易ではない」（太田，2000，225ページ）とされる「多文化教育」であるが，例えば，朝倉によると，それは「民主主義的な文化的多元主義」に立脚し，当該社会の政治的に支配的な文化も被支配的な文化も，またはその中間の文化も同等の価値であるこ

　示していると言える。言い換えれば，日本社会のよりいっそうの「多文化化」である。

▷5　そのような状況は，日本の学校教育現場においても見られることである。2017年度（2017年5月）の小学校，中学校，義務教育学校（統計は2016年度以降のみ），高等学校（全日制・定時制），中等教育学校および特別支援学校（幼稚部を除く）における外国人児童生徒数（在学者）は9万2823人となり，過去10年（2008〜17年）で最も多かった。一方で，同上（中等教育学校後期課程は全日制・定時制の統計）の2017年度（2017年5月）の全体の児童生徒（在学者数）は，1325万7731人となり，過去10年で最も少なかった。数値は文部科学省ウェブサイト上の「学校基本調査」のページからリンクされている e-Stat（政府統計の総合窓口）上の「学校基本調査」のデータをもとに集計。http://www.mext.go.jp/b_menu/toukei/chousa01/kihon/1267995.htm（2018年6月14日閲覧）

▷6　公民権運動
「完全な市民権と差別廃止をめざした大衆運動」であり，本運動の結果，1964年には，「具体的な差別解消策」を有する「公民権法」が制定された（松尾，2013，111ページ）。

とを認める考え方に応えるための営みとして位置づけられている。そして，そのような教育は，マイノリティの子どもたちをエンパワーメントするための教育であると同時に，「文化的多様性」という「社会的に分離する方向性」と，「社会的まとまり」，すなわち社会的統合を要求するという異なるベクトルをもつ「特徴的な教育」であるとされる（朝倉，2003，3〜4ページ）。このような指摘からは，「同化」ではなく「多様性の尊重」という形でマイノリティをエンパワーメントしつつ，ある社会のマジョリティの「支配性」を問い直すと同時に，一つの社会としての結束を目指すための営みとして「多文化教育」は位置づけられていると解釈できる。

4 「先進的」な社会における「多文化主義」や「多文化教育」の課題

　「先進的」とされるアメリカなどの多文化社会における「多文化主義」や「多文化教育」に対しては，すでにさまざまな批判が展開されている。ここではそれらの批判のなかでも，「多文化主義」や「多文化教育」で想定されている「一つの社会」が「国民国家」という枠組みであることに対して向けられた批判を取り上げる。なぜならそのような批判が，本章の主題である，市民社会と学校教育の課題とも大いに関連する議論であるからである。

　再びアメリカの事例を取り上げると，1980年代から1990年代にかけて同国では，「アメリカ社会」という点を重視し，国家による社会統合を期待する「多文化主義者」が登場したことが，岡本により指摘されている。また，そのような議論が台頭するなかで作られた学校の歴史教科書では，アメリカにおけるエスニシティの多様性が「国民」という枠組みによって支えられていることが，「多元性を称揚する一元性」という言葉でもって説明されている（岡本，2008，23〜25，83〜86ページ）。さらに，ここで示したアメリカにおける動向は，佐久間の「多文化主義教育」に対する指摘を具現化したものであると言える。それは，「国民国家が相対化され，国境が以前ほどの意味をもちえなくなり，国籍をことにした多くの民族が共存しながらも，依然として特定の国民国家を前提にした教育のあり方」であり，「国民国家が経済的には過去のものとなった時代の文化に名を借りた国民国家の維持装置といってもよい」（佐久間，1996，57ページ）という指摘である。

　ここで示したとおり，一つの社会内の人々の多様性を尊重する「多文化主義」であるが，そこでは，「国民国家」という枠組みが前提となっているという限界が指摘されてきた。さらに，学校における「多文化教育」には，もう一つの働きが作用している。それは，「学校教育は基本的に『国民教育』としての性格」（岡本，2013，110ページ）をもつという働きである。

2　国民社会から市民社会への移行期における学校教育

1　「多文化主義」の課題の克服のための挑戦

「国民国家」の枠組みが前提となっていることが指摘されてきた「多文化主義」や「多文化教育」であるが，そのような課題を克服するための挑戦はすでに始まっている。広田は，「多文化主義」を取り巻く状況について，「流入する移民たちを既存の国民国家の枠組みに，どのように同化し，統合するか，という問題意識として現れてきた」「古典的な多文化主義」は姿を変えつつあり，とくにヨーロッパでは，「同化しない移民」などの増加と権利主張により，「『市民』的権利をどのように構想するのか，普遍的な『市民』像をどのように構想するのか」という議論が隆盛していることを指摘している（広田，1996，24ページ）。このような指摘に見られるのは，「市民」概念の導入は「多文化主義」の超克への挑戦，すなわち，「国民」概念の超克への挑戦でもあるという点である。

「市民権」は，英語の "citizenship" をカタカナにした「シティズンシップ」と表記されることも多いが，そのような概念が議論されるようになった背景の一つとして，岸田・渋谷は，誰を「国家」の構成員に含めるのかという点において，「国民国家」が岐路に立っていることを指摘している。そして，「市民権」には，従来の「国民国家」や「国民」概念の問い直し，すなわち，多様な「国民／市民」を想定した「新たな社会構成原理」が求められているとしている（岸田・渋谷，2007，4，6ページ）。

2　国民社会から市民社会への移行のための学校教育の取り組み

「市民権」への注目とともに，1990年代に入ると世界的に「市民性教育[7]」への関心が高まった（岸田・渋谷，2007，4ページ）。そして20世紀末以来の世界的な「市民性教育」への注目のなか，例えばイギリス[8]においては，1998年に「学校における市民性教育と民主主義の教授」（通称「クリック・レポート」）という名の報告書が発表され，1999年にはナショナル・カリキュラムとして学校に「市民性教育」の教科が導入された（近藤，2016，75ページ）。そのような動きが「世界の大きな注目を集めた」（近藤，2016，75ページ）とされるイギリスであるが，例えばイングランドの学校における「市民性教育」の導入は，「初めて政治や民主主義について学ぶことが正式に公教育に含められたという意義を持つ」とされる（北山，2013，101ページ）。同国では「市民性」という名が付された教科の下，多文化社会における政治や民主主義などの教育が営まれているの

▷7　本章では以降，「シティズンシップ」を「市民性」と表記する。なお，「市民性教育」には，「政治教育や多文化教育，人権教育なども含まれ得る」（北山，2013，81ページ）とされ，それは「内容的には民主主義教育と呼んでも差し支えないし，政治教育でもよい」（近藤，2013，4ページ）とされる。

▷8　イギリスは，イングランド，スコットランド，ウェールズ，北アイルランドで構成されており，それぞれの地域で独自の教育政策がとられている（北山，2013，80ページ）。なお，本章で言及しているのは，それら四つの地域のうち，イングランドの学校における「市民性教育」である。

である。

　ここで，政治教育あるいは民主主義教育を担う営みとしての「市民性教育」についてより多角的に議論するために，これまでに取り上げてきたアメリカやイギリスとは異なる文脈の取り組みについて触れておきたい。具体的には，第二次世界大戦下のナチズムへの反省を土台とした社会が建設されてきたドイツ連邦共和国（以下，ドイツ），ならびに世界が「多文化主義」の議論に沸いていた1990年代まで，法律によりアパルトヘイト（人種隔離政策[9]）体制が敷かれていた南アフリカ共和国（以下，南ア）の事例を取り上げる。

　はじめに，ドイツの事例を取り上げる。近藤によると，1970年代半ばにその土台が形作られた現在のドイツの政治教育であるが，2004年には，ドイツ政治教育学会のメンバーにより，学校における政治科のためのナショナル・スタンダードのモデル案[10]が提唱された。本モデルの特徴としては，第一にそれが政治教育の目的を「知識の伝達にではなく，民主主義の能力」と呼ばれる「コンピテンシーの形成[11]」に置いていること，そして第二に先述したイギリスの「クリック・レポート」で掲げられたような「社会的・道徳的な責任感」や「コミュニティへの参加意識の育成」といった内容が存在しないことがあげられている。そして，後者の特徴については，「既存のコミュニティへの帰属意識」という側面を含まない点に，ドイツの政治教育が「コンピテンシー」という考え方を取り入れやすい要因の一つがあるとされている。また，グローバル化が迫ってきても，ドイツの政治教育は，1970年代半ばから「現実の政治問題」の検討を通じて，政治への参加能力を育成することを目的に据え続けたとされる。そして，ドイツの政治教育を「市民性教育」の観点から読み解くと見えてくるのは，ドイツでは「政治教育の守るべきもの」が「国家」ではなく，「民主主義」そのものに設定されているという点である（近藤，2016，88〜92ページ）。

　こうしたドイツの事例からは，政治教育の目的が，例えばイギリスとは異なり，既存の「コミュニティへの帰属意識」や道徳の育成ではなく，「民主主義」に貢献する人材の育成であることが読み取れる。それはすなわち，「国家」ではなく「民主主義」制度自体の尊重・維持が目的であることを示していると言える。

　次に，南アの事例を取り上げる。南アでは1994年の初の民主的選挙によって，制度としてのアパルトヘイトが崩壊した。ポスト・アパルトヘイト時代の南アでは，「人種差別」を容認しない姿勢を明確に示した「南ア憲法」の制定など，アパルトヘイトにより生み出された「人種差別」を乗り越えるためにさまざまな取り組みが営まれてきた。そのようななか，「市民性教育」という観点から着目できるのが，2000年代の学校教育カリキュラム改革により高等学校において必修教科として設立された，Life Orientationにおける取り組みであ

　▷9　人種隔離政策
「人種」を理由に，多くの人々の権利を奪った政策である。法律により人権侵害が正当化されていたことが特徴とされ，誕生当初のアパルトヘイト政府の思想は，ナチスのものと共鳴していたとされる（峯，1998，38〜39ページ）。

　▷10　ドイツ政治教育学会
（正式名称は「政治教育学および青少年と成人の政治教育学会」）が私的に発表したものであり，法的拘束力は有さないが，政治教育が育てる必要のあるコンピテンシーについての「一定の学問的な共通理解」を示しているとされる（近藤，2016，88ページ，95ページ）。

　▷11　コンピテンシー
「知識の習得や理解に加え，協調性や責任感，コミュニケーション能力等の社会性や問題解決能力を含んだ包括的な能力観」（藤井・寺田，2017，9ページ）を示すものである。

る。設立当初の本教科を見てみると，「市民性」という学習内容が南アの学校教育で初めて設定されていたことが特徴の一つとしてあげられる。現実に根ざした教育が営まれるのが Life Orientation であるが，その取り組みを現実の場面から描き出した際に見えてくるのが，多様性を尊重するがゆえに生じる「差異」によるコンフリクトの存在を前提とした取り組みであるという点である。本教科では「他者の思考は変えられない」という前提の下，認識のせめぎ合いを無理やり合意にいたらせることではなく，その存在を認識し，前提とすることを重視した教育が実践されている側面があるのである。アパルトヘイトの負の遺産やそれに端を発したせめぎ合いが存在するという南ア社会の現実を前提としたうえで，本教科においては，せめぎ合いの表面化から身を退け，自他の生命を守る「共に生き延びる」ための取り組みが営まれているのである（坂口，2015，91〜92，100〜104ページ）。このように，アパルトヘイト崩壊後の南アの「市民性教育」からは，現実に起こるコンフリクトを前提とした教育が営まれている様子が指摘できる。

　以上，ドイツと南アの「市民性教育」を概観したが，両者の共通点とアメリカなどの「先進的」とされる多文化社会との相違点として，次のことがあげられる。まず，ドイツと南アの共通点としては，政治的マジョリティ主導で「人種差別」が公然と行われていたが，ドラスティックな政権交代により，政治的マジョリティの絶対性の転覆を経験したという点があげられる。さらに，両国には，過去の政治的マジョリティの特定の価値に基づいた「人種差別」などの施策の否定のうえに，社会が形成されてきたという共通点がある。そのことを踏まえつつ，両国の「市民性教育」を眺めた時，政治的マジョリティの絶対性の否定を経験した両国では，目の前のコンフリクトを含みうる現実を真摯に受け止め，多角的に捉える視点，換言すれば，既存の特定の枠組みに依拠しない視点が組み込まれている点に特徴があると言える。それは，形式は変われど，政治的マジョリティの優位性が大幅に揺さぶられることのなかったアメリカなどの「先進的」とされてきた多文化社会とは異なる点であると言える。

［3］　国民社会から市民社会への移行のための学校教育の課題

　本節では次に，「国民」から「市民」への移行や「市民性教育」の課題について提示する。杉田は先行研究をもとに，昨今の各国の「市民性教育」政策では，「市民」＝「国民」という図式が見られることが少なくないことを指摘している（杉田，2015，46ページ）。換言すると，「先進的」な多文化社会に限らず，「多文化教育」に対する批判に対抗するなかで誕生してきた「市民性教育」にも，その批判を乗り越えきれていない側面があるのである。そのことは，「市民性教育」は従来の「国民教育」とは異なり，より広範囲の人々を想

▷12　コンフリクト
「争い」や「対立」を表す「最も一般的な用語」であり，「葛藤とよばれる個人内部」での「心理的コンフリクト」と，「複数の行為者」や「集合体で相争う当事者」としてかかわる「社会的コンフリクト」の二つに分けられる（長谷川，1993，493ページ）。

▷13　ここでは，次の文献が参照されている。嶺井明子編著『世界のシティズンシップ教育──グローバル時代の国民／市民形成』東信堂，2007年。

定してはいるものの、「今日、学校の内外で進められている市民性教育と、かつての国民教育の理念・運動は、対立概念ではなく、むしろ連続する存在として理解されよう」（近藤，2013，5ページ）という指摘ともつながることであると言える。

前述のとおり、「国民」を「市民」と呼び変えたとしても、「市民性教育」には、「国民」要素が抜けきらない側面があることが課題として指摘されてきた。それでは、その点を踏まえつつ、学校教育には何がなしうるのであろうか。上記の内容を踏まえつつ、次節では最後に、「市民社会」という観点から、現代の日本の学校教育の課題と、それに対応するために参照しうる資源について論じる。

3　日本の学校教育の課題とそれに対応するための資源

1　日本の学校教育における「市民性教育」の課題

日本社会のよりいっそうの「多文化化」の進行を前提とした時に、今一度、省察する必要が生じるのが、本章が射程とした社会化機能を担う学校教育の役割である。現実社会を視野に入れた時、社会化機能を担う学校教育は、社会、そして学校内のよりいっそうの「多文化化」という現実を避けては通れない。

ここで一度立ち止まって振り返らなければならないことは、日本における「市民」概念誕生の経緯である。山岡によると、日本において「市民」という言葉は、高度経済成長が進むなかで生み出された、政治的に受動的な存在である「大衆」との差別化を図る形で、「政府の政策に対する抗議運動のシンボル」として、「自分たちの問題を自発的に解決していこうとする姿を表す言葉」（山岡，2007，109〜110ページ）として登場した。そのような概念誕生の経緯を踏まえた時、受動的な「大衆」ではなく能動的な「市民」の育成という点は、現在の日本の学校教育においてとくに議論されている事柄の一つであると言える。それは、2015年に公職選挙法が改正され選挙権が18歳以上に引き下げられた（林，2016，20ページ）ことに端を発するものである。いわゆる「18歳選挙権」の付与に対応するための政治教育である。現代の日本では、満18歳以上の高校生が選挙における投票という形で日本の未来に一石を投じる権利が与えられていると同時に、学校教育を通じてその権利の行使方法などを学ぶ機会が用意されているのである。

これまでの日本の学校教育では、主に社会科の分野において政治教育が営まれてきたが、それらについては、「知識中心であり実践的な力を伴っていない」（田中，2016，5ページ）ことが批判されてきた。そのようななか、「18歳選

挙権」を受けて文部科学省と総務省により副教材が出されるなど，学校における政治教育は変容し始めている。具体的には，例えば林は，「政治的中立性」の捉え方が，「何も教えないこと」から「多様な考えや意見を紹介することを通して多角的に物事をとらえ考え深化させる機会を創出すること」へと変化したことを指摘している（林，2016，22ページ）。すなわち，これまで批判されてきた知識の詰め込み，言い換えれば，決められた「正解」を導き出すための政治教育ではなく，多角的に物事を考えるための政治教育へと変容し始めているのである。

　とは言うものの，「18歳選挙権」が導入され，変容しつつある日本の学校における政治教育においても，「市民社会」という観点からの留意点がある。それは，多文化社会でも見られた，「市民」概念が容易に「国民」概念と結びついてしまう可能性があるという点である。先述の「18歳選挙権」にかかわる副教材では，それまでの日本の学校教育では避けられてきた「模擬選挙」が導入されているが（林，2016，21ページ），藤原が指摘するとおり，そのような「公民権の行使」は「日本国籍所有者」に限られるため，日本の学校に通う外国籍生徒には当てはまらない（藤原，2016，11ページ）。ここでも「市民性教育」における「国民」という枠組みによる制約が見られるのである。

　岡本は，「国民」や「国家」という枠組が前提とされるなか，「教育に加わる社会的力の性質に無自覚なままに，教育研究，とりわけ学校教育を対象とした是非論を行うことは，ナショナリズムの強化に自ら素朴に貢献することにもなる」（岡本，2017，240ページ）と警鐘を鳴らすが，以上のことを踏まえると，学校の「市民性教育」には「国民教育」という性質が付随する点を銘記することが，市民社会と学校教育の課題を探究する学問には求められていると言える。

2　市民社会と学校教育の課題を乗り越えるための資源

　本章で取り上げた諸外国の「市民性教育」の取り組みから浮かんできたのは，「先進的」とされてきた多文化社会の国々であっても，「国民」という枠組みが根強く残り，市民社会の実現には困難がつきまとっているという現実である。それでは，「国民」という枠組みからの影響を大いに受けることを前提としながらも，多様な文化が尊重される市民社会の実現のための学校教育を営む際に，どのような方策が考えられるのであろうか。言い換えれば，学校教育における「国民」という枠組みを相対化する際にどのような資源が参照できるのであろうか。

　一つに，ドイツの政治教育に見られたように，「国家」のためではなく，「民主主義」そのもののための教育を営むという方策が考えられる。政治教育が「国家」自体のためのものであり続けた場合，前述のように，学校教育で営ま

▷14　「私たちが拓く日本の未来」と題した副教材には，生徒用と教師用の資料が用意されている。詳細は，総務省ウェブサイトを参照のこと。http://www.soumu.go.jp/senkyo/senkyo_s/news/senkyo/senkyo_nenrei/01.html（2017年11月30日閲覧）

れる「模擬選挙」が，「国民」という枠組みによる排除を生み出すものとして機能する可能性は捨てきれない。政治教育の狙いを特定の「国家」ではなく，「民主主義」自体に向けるという方策を取ることで，学校内に異なる「国民」が在籍する状況下においても，「市民性教育」として政治教育を営むことが可能になると言える。

　二つに，「市民」概念における「国民」要素の影響の認識，言い換えれば，「不都合な真実」を隠さずに，「市民性教育」を営むという方策が考えられる。例えば，アパルトヘイト崩壊後まもない南アでは，異なる集団間にあるコンフリクトを前提としたなかで「市民性教育」が営まれていることを示したが，そのような前提に立つことで，潜在的なコンフリクトが表面化しそうな時に，一歩でも二歩でも早く対処に取りかかることができる。現実の問題を認めることは容易ではないが，特定の理想的な価値のみを追い求め，その周りにある現実のさまざまなコンフリクトを捨象することの危険性にも自覚的になる必要があると言えよう。

　前述したとおり，ドイツと南アに共通する政治的マジョリティの絶対性の転覆という過去の経験は，アメリカなどの「先進的」とされる多文化社会における経験とは異なるものである。そのような共通点をもつドイツと南アの取り組みからは，既存の支配的な枠組みを前提としない学校教育の可能性を模索する際の視座を得ることができると言えよう。実は，このような，現実を受け止め，既存の特定の枠組みを絶対視しない実践や学校教育の位置づけを相対化する試みは，日本でも見られる趨勢である。それは，市民社会の側から発せられた教育の取り組みである。

　日本の市民社会においても，例えば平塚によると，1980年代以降に，不登校などにより学校教育から離れた者たちの受け入れが「市民事業組織」によって担われてきており，そのような事業を具体的な成果としつつ，近年，「市民教育事業＝NPO」[15]が公教育の一翼を担う新たな存在として注目され始めている（平塚，2004，45，48〜49ページ）。この指摘を踏まえると，すでに市民社会により学校教育の位置づけの相対化が試みられてきており，そのような観点から見ると，学校教育だけが公教育を担う時代ではなくなってきていると言える。社会のよりいっそうの「多文化化」に対応するなかで，学校教育の「国民形成」機能の強固さを振り返る機会を提供するという意味においても，多様な形態で営まれる市民社会の教育にも期待を寄せることができる。そのような，いかようにもなりうる存在として公教育が形作られ，そのことが浸透していくと，社会化機能を担う学校教育もより「多文化」に対応できるものとなるのではないだろうか。

　市民社会の観点から新たな形態の教育の実践について探究することは，「市

▷15　NPO
Nonprofit Organization（非営利組織）の略称である。

民性教育」の別なる形態を描き出し，学校教育の相対化の視点を導き出す可能
性を秘めている。ただしその際，飯笹の次の指摘にも目を向ける必要がある。
それは，「国家」が主導して「市民性教育」が促進される場合，「能動的市民」
の育成には，ともすれば，福祉に依存せず，積極的な政治参加により政府の役
割の代替をも担いうる人材の育成，言い換えれば，政府が求める「市民」を育
成するという「国民教育」の側面があるという指摘である（飯笹，2007，135ペー
ジ）。すなわち，学校教育の枠組みを越えた教育であったとしても，「国家」主
導の「市民性教育」においては「市民」概念がいとも簡単に「国民」概念と結
びついてしまう側面があるという点に留意する必要があるのである。

　その点に留意しつつ，よりいっそう「多文化化」する市民社会と学校教育の
課題を教育社会的に探究する際には，どのような姿勢が求められているのであ
ろうか。例えば額賀の言葉を借りれば，それは「学校の日常的な知識や実践か
ら多文化教育の諸概念の意味を再検討し，その集積から，具体的なリアリティ
をもって実践を導く理論を形成すること」（額賀，2003，66ページ）にあると言
える。特定の規範の提示ではなく，市民社会や学校教育における実践の記述か
ら，学校教育の課題を読み解くと同時に，その絶対性を問い直す試みは，実証
的研究を学問的基盤としてきた教育社会学の役割だと言えるだろう。

Exercise

① 「多文化主義」をもとにした政策や教育が導入されるまでの歴史的経緯
　と，現在指摘されている課題について論じてみよう。
② 「市民」概念の隆盛の経緯と，学校教育において「市民性教育」を実施す
　る際の「国民」という枠組みの影響を論じてみよう。
③ 「市民性教育」の観点から，「18歳選挙権」を踏まえた現代の日本の学校教
　育の課題と対応策について論じてみよう。

📖次への一冊

大澤真幸・塩原良和・橋本努・和田伸一郎『ワードマップ　ナショナリズムとグローバ
　リズム——越境と愛国のパラドックス』新曜社，2014年。
　　「多文化主義」をはじめとしたさまざまな用語を解説しつつ，グローバリズムやナ
　　ショナリズムを取り巻く出来事や思想が多角的に描き出されている。
塩原良和『現代社会学ライブラリー3　共に生きる——多民族・多文化社会における対
　話』弘文堂，2012年。
　　「多文化共生」を探求する際に，留意する必要がある点や参照できる点がまとめら

れている。

金侖貞『多文化共生教育とアイデンティティ』明石書店，2007年。

　日本の社会教育施設の「多文化共生」の実践について，フィールド・ワークなどを
もとに描き出した，実証的研究の成果が論じられている。

引用・参考文献

明石紀雄・飯野正子『エスニック・アメリカ〔第3版〕──多文化社会における共生の
　模索〈有斐閣選書〉』有斐閣，1984［2011］年。

朝倉征夫「多文化教育の概念と論点」朝倉征夫編著『多文化教育の研究──ひと，こと
　ば，つながり』学文社，2003年，2〜12ページ。

藤原孝章「市民教育のねらいと実際」開発教育協会編『18歳選挙権と市民教育ハンド
　ブック』開発教育協会，2016年，9〜13ページ。

藤井基貴・寺田佳孝「コンピテンシー概念に基づくドイツの政治教育──コンピテン
　シー論争とミッテルバウ・ドーラ強制収容所跡の取組」『静岡大学教育学部附属教育
　実践総合センター紀要』26，2017年，9〜18ページ。

長谷川公一「コンフリクト」森岡清美・塩原勉・本間康平編集代表『新社会学辞典』有
　斐閣，1993年，493〜494ページ。

林大介「政治的中立性に関する一考察──模擬選挙の経験から」開発教育協会編『18歳
　選挙権と市民教育ハンドブック』開発教育協会，2016年，20〜24ページ。

平塚眞樹「学校教育における公共性の再編成とNPO」佐藤一子編著『NPOの教育力
　──生涯学習と市民的公共性』東京大学出版会，2004年，45〜65ページ。

広田康生「総論　多文化化する学校・地域社会──外国人児童生徒問題を出発点にし
　て」駒井洋監修，広田康生編著『講座外国人定住問題 第3巻 多文化主義と多文化教
　育』明石書店，1996年，15〜33ページ。

飯笹佐代子『シティズンシップと多文化国家──オーストラリアから読み解く』日本経
　済評論社，2007年。

岸田由美・渋谷恵「今なぜシティズンシップ教育か」嶺井明子編著『世界のシティズン
　シップ教育──グローバル時代の国民／市民形成』東信堂，2007年，3〜15ページ。

北山夕華「イングランドの市民性教育」近藤孝弘編著『統合ヨーロッパの市民性教育』
　名古屋大学出版会，2013年，80〜102ページ。

近藤孝弘「揺れる国家と市民性教育」近藤孝弘編著『統合ヨーロッパの市民性教育』名
　古屋大学出版会，2013年，1〜18ページ。

近藤孝弘「政治教育を通した市民の育成」北村友人編著『岩波講座 教育変革への展望7
　グローバル時代の市民形成』岩波書店，2016年，73〜96ページ。

松尾知明『多文化教育がわかる事典──ありのままに生きられる社会をめざして』明石
　書店，2013年。

峯陽一「南アフリカ新憲法の意義──『異端』から『縮図』へ」佐藤誠編著『南アフリ
　カの政治経済学──ポスト・マンデラとグローバライゼーション』明石書店，1998
　年，37〜58ページ。

内閣府「人口・経済・地域社会をめぐる現状と課題」『選択する未来──人口推計から
　見えてくる未来像（「選択する未来」委員会報告 解説・資料集）』2015年，67〜150ペー
　ジ。http://www5.cao.go.jp/keizai-shimon/kaigi/special/future/sentaku/pdf/all_03.pdf

（2018年6月7日閲覧）

額賀美紗子「多文化教育における『公正な教育方法（equity pedagogy)』再考——日米教育実践のエスノグラフィー」『教育社会学研究』73，2003年，65〜83ページ。

岡本智周『早稲田社会学ブックレット［現代社会のトピックス1］歴史教科書にみるアメリカ——共生社会への道程』学文社，2008年。

岡本智周『共生社会とナショナルヒストリー——歴史教科書の視点から』勁草書房，2013年。

岡本智周「国家・ナショナリズム・グローバル化——国民国家と学校教育」日本教育社会学会編，本田由紀・中村高康責任編集『教育社会学のフロンティア1　学問としての展開と課題』，岩波書店，2017年，235〜252ページ。

太田晴雄『ニューカマーの子どもと日本の学校』国際書院，2000年。

坂口真康「南アフリカ共和国における『共生』のための教育に関する一考察——西ケープ州の高等学校を舞台とした認識のせめぎ合いに着目して」『比較教育学研究』50，2015年，89〜111ページ。

佐久間孝正「地域社会の『多文化』化と『多文化主義教育』の展開——イギリスの『経験』，日本の『可能性』」駒井洋監修，広田康生編著『講座外国人定住問題第3巻 多文化主義と多文化教育』明石書店，1996年，35〜65ページ。

関根政美「国民国家と多文化主義」初瀬龍平編著『エスニシティと多文化主義』同文舘出版，1996年，41〜66ページ。

塩原良和「多文化主義の展開と動揺」日本社会学会社会学事典刊行委員会編『社会学事典』丸善出版，2010年a，890〜891ページ。

塩原良和『サピエンティア12　変革する多文化主義へ——オーストラリアからの展望』法政大学出版局，2010年b。

杉田かおり「イングランドのシティズンシップ教育政策にみる国民意識の形成——共通カリキュラム導入期に焦点をあてて」『比較教育学研究』50，2015年，45〜65ページ。

田中治彦「18歳選挙権と市民教育の課題」開発教育協会編『18歳選挙権と市民教育ハンドブック』開発教育協会，2016年，4〜8ページ。

山岡龍一「自己と他者(2)——『市民』と『市民社会』」天川晃・髙木保興・浅川達人編著『市民と社会を考えるために（放送大学教材）』放送大学教育振興会，2007年，103〜112ページ。

第7章
マイノリティから見た学校空間

<この章のポイント>

　マイノリティの子どもたちを対象とした教育社会学研究は，マイノリティにとって学校がどういう場であるかを描出してきた。そのなかで指摘されてきたのは，学校教育がある特定の子どもたちを排除・周縁化してきたということである。本章では，近年，学校はマイノリティの子どもたちを支援し，社会に包摂していく役割が求められていることを踏まえ，「当事者主権」の議論を手がかりに，これからの学校教育と教師に求められることについて学ぶ。

1　マイノリティの子どもたち

　本章では，マイノリティの子どもたちの視点から学校教育について考える。被差別部落出身の子どもたち，外国にルーツをもつ子どもたち，セクシュアルマイノリティの子どもたち，障害のある子どもたちなど，マイノリティの存在に着目して，学校教育について考えてみよう。

　「マイノリティ」をどのように定義するかということ自体が，実は奥の深い問いなのだが，ここでは「何らかの属性的要因（文化的・身体的等の特徴）を理由として，否定的に差異化され，社会的・政治的・経済的に弱い立場に置かれ，当人たちもそのことを意識している社会的構成員」（宮島・梶，2002，1ページ）という定義に基づいて，「マイノリティ」という概念の輪郭をおさえておこう。私たちの社会は，「日本人／外国人」「障害者／健常者」「ストレート／ゲイ／レズビアン／バイセクシュアル」「男性／女性」など，ナショナリティやエスニシティ，言語，出身地，アビリティ，セクシュアリティやジェンダーなど，社会的に作られた基準に基づいて人々を差異化し，カテゴライズ（カテゴリ化）している。そのようなカテゴライズにおいて，特定の集団に対する否定的な意味付与（スティグマ化）と相対的なパワーの剝奪（無力化）をともなうことがある。マイノリティとはそのような状況に置かれている人々をさす言葉である[1]。

　マイノリティという言葉は「少数派」と訳されることもあるが，上記の定義からわかるように，その集団がマイノリティであるかどうかは数の多少によって決まるわけではない。例えば女性は，数としてはけっして少数派ではない

▷1　マイノリティと対立する概念はマジョリティであるが，個人は複数の属性をもつ多相的／多層的な存在であるため，ある個人をマジョリティとマイノリティのいずれかに単純に分けられるわけではない。例えば「ゲイ男性」はジェンダーにかかわる文脈ではマジョリティであるが，セクシュアリティにおいてはマイノリティとなる。マイノリティについて論じるという行為自体が，ある特定の人々のスティグマ化や無力化に結びつくからこそ，このような人間存在の多相性／多層性に留意する必要がある。

が，2014年にノーベル平和賞を受賞したマララ・ユスフザイさんの活動を見ればわかるように，現代においても女性の教育を受ける機会が制約されている社会が存在する。教育の場において男女平等が実現されているように見える日本社会においても，四年制大学の進学率は，依然として女性のほうが低い。

　また，カテゴリ化やスティグマ化のありようは不変・普遍のものではない。つまり，現代日本社会で「マイノリティ」の状態にある人々が，異なる文脈においてはそうではない場合もある。「障害」として差異化されている身体的特徴に対して，否定的な意味が付与されるようになったのは産業化以降である[12]し，「発達障害の医療化[13]」論は，それまでは「性格」「個性」と捉えられてきた個人のある特徴が，ある時から「障害」とラベリングされ医療の対象とされてきたことを明らかにしている。同時代においても個人が置かれる文脈が変われば，マイノリティになったり，そうでなくなったりする。例えば日本国籍をもち，日本人の両親から生まれた子どもは，日本の学校においてはマジョリティであるが，ひとたび外国へ行けばマイノリティとなる。マイノリティであることは，ある個人にとっての本質的な属性ではなく，その個人が置かれている社会によって規定されているということである。

　このようにマイノリティという概念を，社会的に構築されたものとして捉えたうえで，マイノリティの子どもたちが社会的に弱い立場に置かれているのはなぜか，ということを問うのが教育社会学の特徴である。

　さて，これまで，教育社会学におけるマイノリティ研究が明らかにしてきたのは，学校教育こそがマイノリティを弱者たらしめる社会構造の一つであるということである。マイノリティの子どもたちは，学校教育の入り口（インプット）で分けられ，学校教育を通じて（スループット）無力な存在として社会化され，学校教育の出口（アウトプット）において，低い教育達成を理由に社会的に弱い立場に置かれることが正当化されてきた。次節では近代学校教育の成立と学校教育の四つの社会的機能（社会化，選別・配分，社会統制，正当化）に焦点をあて，学校教育がいかにマイノリティを排除・周縁化し，無力化することにかかわってきたのか，具体的な教育社会学の知見に基づきながら，具体的に見ていこう。

▷2　詳しくは障害学の議論を参照（マイケル，2006）。

▷3　木村（2006）は教員へのインタビューを通じて，「宿題をやってこない」「落ち着きがない」といった子どもの行動が，「発達障害」という医療的カテゴリによって説明されるようになったプロセスを描き出している。

▷4　本章では，試験等を通じた子どもたちの選抜ではなく，身体的特徴に基づいて学校教育が子どもたちを選別してきた側面に焦点をあてているため，「選抜・配分」機能ではなく，「選別・配分」機能という表現を用いる。

2　学校教育を通じたマイノリティの排除と無力化

1　就学時の選別と排除

　学校教育の入り口における差異化がとくに大きく影響するのは，外国籍の子どもたちと障害のある子どもたちである。近代学校教育制度は，国民国家と産

業社会の担い手を養成するために整備されたことから，その担い手になることが想定されていない子どもたちを学校教育の対象外としてきたからである。

　例えば外国籍の子どもたちは，日本社会において義務教育の対象ではない。[5]制度レベルでは，日本の学校が外国籍の子どもの教育を担うことは想定されていないのである。

　障害のある子どもたちも，近代学校教育成立当初は学校教育の対象外とされていた。[6]また彼らが教育の対象とされてからも，入学時点で「健常児」とは分けられ，彼らの教育は特殊学校（現在は特別支援学校）で行うことが基本とされてきた。そして特殊学校を出たあとは，福祉と管理の対象とされたのである。このような障害のある子どもの選別・配分は，学校教育が産業社会の担い手の養成機関としての役割を担っており，産業社会で働ける人とそうでない人を分ける必要があったことと大きくかかわっている。マイノリティの子どもたちは，学校教育の入り口の地点で，マジョリティから分けられ，学校教育そのものから排除されたり，周縁化されてきたのである。

2　学校での学びを通じた排除

　次に学校教育の内部に着目しよう。学校は子どもたちを社会の一員として育て上げることを目的とした社会化の場である。子どもたちは，当該社会の構成員として身につけるべき価値や規範，行動様式を学ぶことが期待されている。しかし，そのような価値や規範のなかには，マイノリティの子どもたちにとっては，従うことが難しいものが含まれていることもある。例えば学校で伝達されるメッセージのなかには，「学校を出たら，働いてお金を稼いで，他者に頼らずに生活できるようになることが望ましい」という将来像や自立観が含まれている。しかし，すべてのことを自分一人でできることに価値が置かれるなかでは，障害のある子どもたちは肯定的な将来像や自己像をもちにくい。「障害があること」は否定的な意味が付与され，それを子どもたちが内面化するということが起きるのである。

　社会の構成員が共有している規範のなかには，暗黙のうちに伝達されているものも多い。例えば日本社会には「年少者は年長者を敬うべきである」という社会規範が存在し，それを反映したものとして学校には先輩後輩関係をめぐる些細な行動規範が存在する。しかしそれらは，口頭や文書で明示されるような類いのものではないため，移住前の社会や家庭のなかで，異なる行動規範を身につけてきたニューカマーの子どもたち[7]にとっては，日本の行動規範に抵触しないように振る舞うことは至難の業である。

　さらに学校教育には社会統制の機能もあることから，行動規範に抵触するような振る舞いは否定的に評価され，負のサンクションが与えられる。先輩後輩

▷5　日本国憲法第26条の第2項に，「すべて国民は，法律の定めるところにより，その保護する子女に普通教育を受けさせる義務を負ふ」と書かれているため，日本国籍の保護者には，子どもに教育を受けさせる義務があるが，外国籍の保護者にはその義務がないということになる。

▷6　障害のある子どもは長らく就学が免除される対象として理解されてきた。特殊学校（盲・ろう・養護学校）の就学義務が明記されたのは1947年の学校教育法であり，養護学校が実際に義務化されたのは1979年であった。現行の学校教育法においても猶予・免除の規定があるが（第18条），文部科学省ウェブサイトに掲載されているQ&Aによれば，「病弱，発育不完全」を理由に猶予・免除が認められるのは，「治療又は生命・健康の維持のため療養に専念することを必要とし，教育を受けることが困難又は不可能な者」と説明されており，非常に限定的であることがわかる。

▷7　ニューカマーとは，1970年代後半以降に来日した人々のことをさす。1990年の「出入国管理及び難民認定法（入管法）」の改正を受けて，1990年代には日本に出稼ぎに来る日系ブラジル人や日系ペルー人などの南米系ニューカマーが急激に増加した。それにともない，親に連れられて来たり，あとから呼び寄せられた子どもたちの教育が社会的課題としてクローズアップされることになった。これを受けて文部科学省は1991年より「日本語指導が必要な児童生徒の受入状況

等に関する調査」を行っている。

関係のようなインフォーマルな関係性における行動規範の逸脱については，「生意気なヤツ」とみなされ，先輩に怒られたり，仲間内から白い目で見られたりするだろう。あるいは，トランスジェンダー生徒の制服着用のように，校則などのフォーマルな規範のなかにも，マイノリティの子どもたちには遵守することが困難なものもある。本人にとっては校則自体が苦痛を生んでいるとしても，教師の理解が不十分であったりする場合は，「校則を守らない生徒」として罰せられてしまう。学校内に存在する規範の逸脱とそれに対する制裁を通じて，マイノリティの子どもたちが学校のなかで周縁化されていくメカニズムが存在するのである。

　学校教育の内部で伝達される知識のありようが，マイノリティの子どもを無力化していることも指摘されてきた。「教科書に書かれていないこと」の問題性を指摘しているのが，セクシュアルマイノリティの当事者やその関係者である。例えば，保健の教科書の第二次性徴について説明した単元では，身体的な性と性自認が一致した「男」あるいは「女」を前提とする情報しか載っておらず，自身を「男でも女でもない」と自認する人々のことや，身体的な性と性自認にズレがある人々については，言及されていない。また教科書のなかでは思春期に興味を抱く対象は異性に限定されており，同性に恋愛感情をもつ人々のことや，異性・同性ともに恋愛対象となる人，あるいは相手が異性であるか同性であるかは，恋愛感情をもつうえで意味をもたない人などの存在に触れられることはない。学校教育には，そこで伝達される知識や規範の内容を正当化する機能があり，そのなかで教科書というメディアは何が正当な知識なのかを明示する役割を果たしている。「教科書に載っているかどうか」が大きな意味をもつのはそのためである。マジョリティの規範に基づいた知識の伝達がなされる限り，マイノリティに対しては否定的な意味が付与され，マイノリティの子ども自身もそれを内面化してしまうのである。

▷8　「教科書に書かれていないこと」も隠れたカリキュラムとして機能する（本書の第2章を参照）。

③　マイノリティの子どもと教育達成

　学校教育のカリキュラムがマジョリティの文化を反映したものであることは，学校教育の出口地点におけるマイノリティの子どもたちの教育達成の低さにも結びつく。例えば池田（1987）は，被差別部落出身の子どもたちの教育達成の低さを主題とし，学校教育が彼らを従属的な立場に置く関係性を生み出していると批判している。

　学校教育は，そこで伝達される知識や規範の内容，選別（選抜）・配分の結果を正当化する機能も有している。学校教育を通じて形成された序列が正当化されることで，マイノリティ集団が相対的に弱い立場に置かれることが正当なものとされる。こうしてマイノリティの子どもたちは，学校教育を通じて，社

会的に弱い立場に置かれ続けるのである。

　このような状況は時に，マイノリティの子どもたちに対して，マジョリティ
への同化を促し，「マジョリティ並み」の教育達成を動機づけることにも結び
つく。しかし結果的にそれはマジョリティ集団の価値や規範を反映した学校的
文化への従属を促すことであり，その文化を強化することにもなるのである。

　このように，マイノリティの子どもたちに着目した学校研究は，学校教育が
ある特定の子どもたちを排除してきた側面を照射し，従来の学校空間を問い直
す知見を提出してきた[9]。しかし，2000～10年代のマイノリティの子どもたちに
かかわる教育政策を概観すると，学校に対してマイノリティをケアし，包摂す
る役割が期待されるようになっていることがわかる。次節で詳しく見ていこ
う。

3　学校教育に対する新たな社会的要請

1　学校教育に変容を求める社会変化

　先述したように，近代学校教育制度は，国民国家と産業社会の担い手を養成
するために整備された。しかし，グローバル化や産業構造の変化をはじめとす
る社会変化が進むなかで，学校教育に期待される役割は変化し続けている。

　例えばグローバル化の進展は，国民国家の担い手の育成という学校教育の機
能を揺さぶる。国境を越えた人の移動が活発になることで，学校に通う子ども
たちのエスニシティが多様化する。子ども自身の国籍が日本以外であったり，
親のどちらか外国出身であったりするなど，外国にルーツをもつ子どもが増え[10]
るなかで，「日本人のための学校」という前提は問われることになる[11]。

　また，工業社会から知識基盤社会へと移行することにより，「産業社会の担
い手」に求められる知識や行動様式も変容している[12]。学校教育においてアク
ティブラーニングが推進されるようになった背景には，予測不可能な未来を生
きるうえで，直面する問題を発見し自ら考え，他者と協力しながら問題を解決
する能力を身につけることが必要であるという考え方がある。そして，多様で
複雑な課題に対応するためには，同質な集団よりもむしろ多様な人々のなかで
学ぶことが価値づけられることになる[13]。

　さらに，学校教育を通じた市民の包摂を必要とするような社会変化も同時に
進行している。グローバル化と産業構造の変化は国内の格差拡大を招き，社会
的排除への対策が先進諸国に共通した課題となっている。また，古くはアメリ
カの公民権運動に代表されるように，マイノリティに対する差別撤廃を訴える
社会運動や，マイノリティの権利擁護を締約国に求める国際条約などは，日本

▷9　1990年代後半以降，
ニューカマー研究を皮切り
に，マイノリティの子ども
たちをテーマにしたエスノ
グラフィ研究が多く産出さ
れてきた（志水・清水，
2001；清水，2006；土肥，
2015；上間，2017など）。
これは教育社会学分野にお
ける質的研究の隆盛と重な
る。その意味で，これらの
マイノリティ研究は，学校
のエスノグラフィ研究の一
部として位置づけることも
できる。

▷10　人口動態調査によれ
ば，夫妻の一方が外国人で
ある婚姻件数は，1965年に
は4156件であったのが，最
多となった2006年には4
万4701件となり，10倍にま
で増加した。なお2007年以
降は徐々に減少し，2015年
は2万976件となっている。

▷11　教育基本法改正以降
の「伝統回帰」を重視する
教育改革は，「日本人のた
めの学校」を再構築・再強
化しようとする動きとして
解釈することができる。

▷12　「発達障害」の医療
化は，知識経済がコミュニ
ケーションを基盤としてい
ることと無関係ではない。
社会がコミュニケーション
能力に重きを置くからこ
そ，コミュニケーションに
かかわる困難さが病理化さ
れるのである。

▷13　新学習指導要領に先
だって，中央教育審議会教
育課程企画特別部会が2015
年8月に出した「論点整
理」では，新しい時代にお
ける「学校」の意義につい
て述べるなかで，「生まれ
育った環境」や「障害の有
無」にかかわらず，子ども
たちが「様々な人と関わり

ながら学」ぶことの重要性が強調されている。

社会における権利意識にも影響を与えている。加えて日本社会では急速な少子高齢化が進行したことで労働者の確保が大きな課題となってきたことも，排除から包摂へと学校教育の内実が変化することを要請してきたと言えよう。

近代学校教育が，国民社会の構成員たる国民と，産業社会の担い手たる労働者の育成を担っていることに変わりはないが，ここまで述べてきたような社会変化を受けて，近年はマイノリティの子どもたちを包摂し，個々の教育的ニーズに対応するための教育政策が進められている。以下に具体的に見ていこう。

2 マイノリティの子どもの包摂と個別の支援

障害のある子どもたちの教育をめぐっては，分離教育からインクルーシブ教育へという政策的な転換が見てとれる。2007年に施行された特別支援教育制度では統合教育を前提とし，通常の学校，学級で学ぶ子どもたちに対して，特別な支援を行うことが求められるようになった。さらに，2006年に国連で採択された「障害者の権利に関する条約（障害者権利条約）」はインクルーシブ教育（inclusive education）の推進を締約国に求めており，2012年に出された中央教育審議会特別支援教育の在り方に関する特別委員会「共生社会の形成に向けたインクルーシブ教育システム構築のための特別支援教育の推進（報告）」においても学校教育が障害のある子どもたちを包摂し，彼らの権利を保障するための議論が展開されている。従来，障害のある子どもを排除するメカニズムを内包していた学校教育が，その社会的役割の変容を求められていると言える（本書の第13章を参照）。

外国にルーツをもつ子どもについても，学校への受け入れと，彼らの教育的ニーズに応じた指導・支援を推進するための政策がとられている。例えば，2011年には文部科学省による「外国人児童生徒受入れの手引き」が公開されたほか，2013年には「日本語指導が必要な児童生徒を対象とした指導の在り方に関する検討会議」の審議のまとめが出ている。これを受けて2014年には，日本語指導を必要とする児童生徒が，在籍学級以外の教室で行われる指導を受けるために特別の教育課程を編成・実施することができるよう，学校教育法施行規則の一部が改正された。▷14

また，セクシュアルマイノリティの子どもたちへの支援の必要性も認識されるようになっている。2015年には文部科学省が「性同一性障害に係る児童生徒に対するきめ細かな対応の実施等について」という通知を出した。これは，学校教育に対してセクシュアルマイノリティの子どもたちへの対応を求めるものであり，性自認に基づく制服の着用を認めることなどが，具体的な対応例としてあげられている。そもそも学校教育に対して期待された国民育成は，近代家族の成員の養成とセットになっており，それゆえに学校教育には「女性は女性

▷14　このほかにも文部科学省は，英語，韓国・朝鮮語，ヴェトナム語，フィリピノ語，中国語，ポルトガル語，スペイン語の各言語別の就学案内ガイドを公開しているほか，外国につながりのある児童生徒の学習を支援する情報検索サイト「かすたねっと」を開設するなど，外国にルーツをもつ子どもの就学支援・学習支援を推進している。

らしく，男性は男性らしく」というジェンダーの社会化が含まれてきた。これは「人々はすべて男か女かのいずれかに分けられる」という二元的な性別論と異性愛主義を前提にしたものであるが，そこではセクシュアルマイノリティの子どもたちの存在は想定されていなかった。彼らへの対応を学校に求めるということは，彼らの存在を認めるということであり，同時に，学校教育におけるジェンダーの社会化のありようを問い直す契機にもなりうる。

このように，学校教育全体としてマイノリティの子どもたちの包摂と個別の指導・支援が重視されるようになっているものの，具体的な教育施策の展開は対象となる子どもによって差があることも事実である。障害のある子どもたちについては，「障害を理由とする差別の解消の推進に関する法律（障害者差別解消法）」によって合理的配慮が学校に義務づけられたが，セクシュアルマイノリティの子どもたちや外国籍の子どもたち，外国にルーツをもつ子どもたちなどへの支援については法的に義務づけられているわけではない。そもそも外国籍の子どもたちは依然として義務教育の対象外に置かれている。また関連する法律が整備されたり，文部科学省の通知が出されたとしても，実際の取り組みについては，自治体や個々の教師にゆだねられている面も大きいことにも留意することが必要である。

3 福祉的役割の期待とプラットフォームとしての学校

学校教育を通じた子どもたちの包摂という社会的要請は，学校への福祉的役割とプラットフォームとしての役割が期待されるようになっていることと合わせて理解することができる。

このような議論を後押ししたのは，子どもの貧困対策が喫緊の課題として認識されるようになったことである。▷15 2014年1月には「子どもの貧困対策の推進に関する法律（子どもの貧困対策推進法）」が施行され，同年8月には「子供の貧困対策に関する大綱」が策定された。同大綱では，「『学校』をプラットフォームとした総合的な子供の貧困対策の展開」を求めている。具体的には，学校や教育委員会に社会福祉の専門性をもったスクールソーシャルワーカーを配置し，貧困家庭の子どもたちや保護者を福祉につなげていくという，福祉への総合窓口の役割を果たすことが期待されている▷16（本書の第11章も参照）。

このことは，社会資源としての学校への期待の高まりとしても理解できる。家族や地域社会の教育機能が低下するなかで，これまでそれらの共同体が担ってきた役割を学校が代替することが求められている。つまり，学校という場に対する社会的期待は，その内実が変容しているだけでなく，求められる役割が増大しているとも言えよう。

▷15 厚生労働省による「平成28年国民生活基礎調査」によれば，子どもがいる家庭の相対的貧困率は13.9%であり，貧困の世代間連鎖を断ち切ることが喫緊の課題となっている。

▷16 こうした変化のなかで，教師には他職種の専門家との連携が期待されるようになっている。2015年12月に出された中央教育審議会答申「チームとしての学校の在り方と今後の改善方策について」では，「チームとしての学校」が求められる背景の一つとして「複雑化・多様化した課題を解決するための体制整備」が求められていることがあげられているが，具体的な方策として掲げられているのが，「専門性に基づくチーム体制の構築」である。スクールカウンセラーやスクールソーシャルワーカー，医療的ケアを必要とする児童生徒の増加にともない配置がすすめられている看護師など，教員以外の専門スタッフとの協働の必要性が指摘されている。

4 包摂の時代の学校教育と教師

⌈1⌋ 包摂を通じた無力化という問題

　教育社会学研究は「マイノリティの子どもたちが弱い立場に置かれているのはなぜか」という問いに対して，学校教育がマイノリティの子どもたちを排除，周縁化し，無力化するメカニズムを備えてきたことを明らかにしてきた。しかし，社会の変化にともなって学校教育に対して求められる役割が変化するなかで，マイノリティの子どもたちを包摂し，彼らに対する個別の支援・指導を重視する政策が進められている。果たしてこれらの動きは，マイノリティの子どもたちが社会的に弱い立場に置かれている状況に，変化をもたらすものとなるのだろうか。

　マイノリティの子どもたちが学校教育そのものから排除されていた時代と比べれば，包摂を志向する制度変化は肯定的に評価しうる。また，マイノリティの子どもたちが有する教育的ニーズへの対応が学校の役割として積極的に位置づけられてこなかったことに鑑みれば，彼らの教育的ニーズへの対応を学校の役割のなかに位置づけていることの意義は大きい。

　しかし，マイノリティの子どもたちの無力化に対する批判的な視点がないままに，単に学校教育に福祉的な機能が付け加えられたり，マイノリティの子どもたちに対する個別の支援・指導が行われたりするだけでは，彼らが弱い立場に置かれる状況は変わらないだろう。産業社会での労働能力に価値を置く状況が変わらない限り，福祉の対象となることや支援を受けることは，その個人が無力な存在であることを示す指標として機能しうるからである。その結果，福祉や支援の対象であることが，マイノリティの子どもへの否定的な意味付与の根拠となり，彼らの無力化が生じる。

　学校教育へのマイノリティの子どもたちの包摂が推進されている状況だからこそ，学校教育を通じた社会化のありようを問うていく必要がある。具体的には，学校教育の内部で伝達される知識や社会規範の内実を批判的に捉え返していく作業が必要であるということだ。その際に参考になるのが，「当事者主権」をめぐる議論である。

⌈2⌋ 当事者主権と教師のパターナリズム

　「当事者主権」とは，障害者運動などの当事者運動のなかで主張され，練り上げられてきた議論である（中西・上野，2003）。「当事者主権」の議論が示唆的なのは，マイノリティを弱い立場に置く社会の責任を追及し，彼らに対して付

与されてきた否定的な意味やそれを支える社会規範を問い直す視点を有しているからである。とくに，主に法にかかわる領域で用いられてきた「当事者」という言葉に，「権利をもつ主体」という意味を付与したこと，そして，当事者主権の主張が専門家主義への抵抗として，具体的には専門家によるパターナリズム批判を意図して提出された点に注目したい。これらは，マイノリティの子どもたちの教育を考えるうえでも，重要な視点を提供している。

　まず気づかされるのが，マイノリティの子どもたちを，支援の対象としてではなく，教育を受ける権利の主体として位置づけることの重要性である。そうすることで，これまでの学校教育のあり方では，彼らの教育を受ける権利が十分に保障されてこなかった，という学校教育への批判的な視点を確保することができる。マイノリティの子どもたちの教育的ニーズに応じた個別の支援や指導とは，彼らの教育を受ける権利を保障するために行われるものであり，その子どもに何か不足していることがあるからではないのだ。

　マイノリティの子どもたちを権利の主体として位置づけることは，子どもたちが「権利の主体になる」ような学校教育は可能か，という問いに結びつく。当事者主権論においては，「人ははじめから当事者であるのではなく，当事者になるのだ」という点を強調しているが，当事者運動のなかで積み重ねられてきた実践は，学校教育のあり方を考えるうえでも，多くのヒントを与えてくれるだろう。

　当事者主権が鋭く問うた専門家パターナリズムは，教師自身の教育行為を批判的に捉える視点を提供している。パターナリズムとは，「あなたのことは，あなた以上に私が知っています。あなたにとって，何がいちばんいいかを，私が代わって判断してあげましょう」という態度をとることと説明される（中西・上野，2003，13ページ）。このような態度は子どもたちから自己決定の機会を奪うだけではなく，その積み重ねによって子どもたちを無力化することにつながる。教師が「子どものために」と思って行う支援や指導が，結果的に子どもを無力化しているという側面に目を向けさせるのである。

　そもそも教育とはパターナリスティックな営みではあるものの，マイノリティの子どもたちに対してはとくに庇護のまなざしが向けられやすい。加えて，教育に福祉的な視点がもち込まれ，マイノリティの子どもたちが支援の対象と位置づけられることで，パターナリズムが強化されることも懸念される。だからこそ教師は，自らのパターナリスティックなまなざしに自覚的になる必要がある。この点を踏まえて，これからの教師に求められることを考える。

３　包摂の時代の教師とは

　学校教育に対して，マイノリティの包摂と個別の支援や指導が期待されるな

かで，教師には他職種の専門家と協働しながら多様化・複雑化する課題に対応していくことが求められている。しかしそのことが，マイノリティの新たなスティグマ化や無力化を生じさせうることにも留意する必要がある。

そこで教師に求められるのは，学校教育がマイノリティの子どもたちを排除するメカニズムを有していることへの批判的な視点をもちながら，自らの教育行為を常に反省的にモニターし続けることである。子どもたちに伝達される知識や社会規範のなかに，マイノリティの子どもたちを無力化する要素は含まれていないかどうか。あるいは，マイノリティの子どもを包摂しようとする教育実践が，その子どもを無力化したり，別なるマイノリティの子どもを排除してしまう可能性はないだろうか。このような視点から，自らの教育実践を振り返ることが重要である。

教師を目指すうえで，教育社会学を学ぶことの意義もここにあると言えよう。マイノリティの子どもたちに対する具体的な支援方法を学ぶことの重要性は言うまでもないが，それだけでは自らのパターナリスティックなまなざしを捉え直すことは難しい。マイノリティの子どもの包摂を目的とした教育実践が，新たなスティグマ化や無力化に結びつくことを避けるためにも，教育社会学の学びを通じて，自らが内面化している社会規範やマイノリティに対するまなざしを自覚し，学校教育のありようと教育実践を批判的に捉える視点を身につけることが必要不可欠であろう。[17]

▷17 本章ではマイノリティの子どもたちに焦点をあてたが，「マイノリティと学校教育」を考えるうえでは，マイノリティの教師も主題の一つである（ゴードン，2004；羽田野ほか，2018など）。

Exercise

① マイノリティの子どもたちを排除する可能性のある制度や隠れたカリキュラム（教師の発言や教育活動）について，本文中であげた例以外にはどのようなものがあるだろうか。具体例を五つ以上書き出してみよう。

② ①であげた具体例はそれぞれ，どのように変更すればマイノリティの子どもたちを排除せずに済むだろうか。具体的に考えてみよう。

③ ①であげた具体例の背後には，どのような社会規範が隠れているだろうか。グループで議論したあとで，あなた自身が内面化している社会規範についても振り返ってみよう。

📖次への一冊

中西正司・上野千鶴子『当事者主権』岩波新書，2003年。

当事者主権についての入門書。「第8章 当事者学のススメ」を読んで，これまで

　に学んできた知識の多くがマジョリティの視点に基づくものであることに気づいて
　から，学びを深めてほしい。
倉石一郎『増補新版　包摂と排除の教育学——マイノリティ研究から教育福祉社会史
　へ』生活書院，2018年。
　　初版は2009年出版。在日朝鮮人教育と高知県の「福祉教員」を手がかりに，教育を
　　通じた包摂と排除について分析・検討している。同著者による2012年の論考も参照。
グッドマン，D. J., 出口真紀子監訳，田辺希久子訳『真のダイバーシティをめざして
　——特権に無自覚なマジョリティのための社会的公正教育』上智大学出版，2017年。
　　マイノリティの視点から学校教育を問い直すことは，マジョリティに対する教育を
　　再考することでもある。本書はマジョリティに自覚を促す教育実践についてまとめ
　　ている。
志水宏吉・高田一宏・堀家由妃代・山本晃輔「マイノリティと教育」『教育社会学研究』
　95，2014年，133〜170ページ。
　　「マイノリティと教育」についての文献レビュー論文。個々のテーマにはそれぞれ
　　固有の問題史・研究史があることがわかる。卒業研究でマイノリティについて考え
　　たい人にとっては必読。

引用・参考文献

土肥いつき「トランスジェンダー生徒の学校経験——学校の中の性別分化とジェンダー
　葛藤」『教育社会学研究』97，2015年，47〜66ページ。
ゴードン，J. A., 塚田守訳『マイノリティと教育』明石書店，2004年。
羽田野真帆・照山絢子・松波めぐみ編著『障害のある先生たち——「障害」と「教員」
　が交錯する場所で』生活書院，2018年。
池田寛「日本社会のマイノリティと教育の不平等」『教育社会学研究』42，1987年，51
　〜69ページ。
石戸教嗣「教育社会学とは——教育をどうとらえるか」『新版 教育社会学を学ぶ人のた
　めに』世界思想社，2013年，1〜16ページ。
岩田正美『社会的排除——参加の欠如・不確かな帰属』有斐閣，2008年。
加藤慶・渡辺大輔編著『セクシュアルマイノリティをめぐる学校教育と支援 増補版——
　エンパワメントにつながるネットワークの構築に向けて』開成出版，2012年。
宮島喬・梶田孝道「マイノリティをめぐる包摂と排除の現在」『マイノリティと社会構
　造』東京大学出版会，2002年，1〜18ページ。
木村祐子「医療化現象としての『発達障害』——教育現場における解釈過程を中心に」
　『教育社会学研究』79，2006年，5〜24ページ。
倉石一郎「包摂／排除論からよみとく日本のマイノリティ教育——在日朝鮮人教育・障
　害児教育・同和教育をめぐって」稲垣恭子編著『教育における包摂と排除——もうひ
　とつの若者論』明石書店，2012年，101〜136ページ。
マイケル，O., 三島亜紀子・山岸倫子・山森亮・横須賀俊司訳『障害の政治——イギリ
　ス障害学の原点』明石書店，2006年。
中西正司・上野千鶴子『当事者主権』岩波新書，2003年。
清水睦美『ニューカマーの子どもたち——学校と家族の間の日常世界』勁草書房，2006
　年。

志水宏吉・清水睦美編著『ニューカマーと教育――学校文化とエスニシティの葛藤をめ
　ぐって』明石書店，2001年。
志水宏吉・高田一宏・堀家由妃代・山本晃輔「マイノリティと教育」『教育社会学研究』
　95，2014年，133〜170ページ。
上間陽子『裸足で逃げる――沖縄の夜の街の少女たち』太田出版，2017年。
若槻健・西田芳正編『教育社会学への招待』大阪大学出版会，2010年。

第8章
ジェンダーと学校教育

〈この章のポイント〉

性に関する自他の権利は尊重されなければならない。戦後日本は，戦前の天皇制下の学校教育における制度的ジェンダー構成への反省に立ち，「日本国憲法」のもと「教育基本法」を制定して性による抑圧や差別のない教育を目指した。ジェンダーカテゴリの問い直しが実践的に進む一方で，揺り戻しによる「ジェンダー」概念をめぐる躊躇や逡巡が存在することは看過できない。教育実践をとおした「ジェンダー・トラック」，セクシュアルマイノリティの不可視化と抑圧も今後の課題となる。本章では，近代日本の学校教育における性による序列化とその克服について解説する。

1 ジェンダーとは何か

生物学的性差とは別に，社会関係のなかで地位，役割，振る舞いなどに，私たちは性の意味をつけている。例えば，「子どもの世話をする」のは「女性」だ，「管理職になる」のは「男性」だ，など今日の日本社会でも通用している意味，役割がそれである。「子どもの世話をする」ことや「管理職になる」ことは，染色体の組み合わせや生殖器のあり方，筋肉量や骨量といった生まれついた生物学的性差によって規定されたものではない。このような生物学的性差とは独立に関係性のなかで意味を与えていく性の区別を「ジェンダー」という。ジェンダーの観点に立てば「男性」「女性」の意味，役割，規範は社会関係のなかで維持され，あるいは変更されていく。時代や社会が変われば「男の生き方」「女の生き方」という規範が異なることは経験するとおりである。このジェンダーという性差は社会や文化のなかで作りだされる一方で，その作りだされた性差に基づいて社会ではさまざまに制度が設計され，人間関係が構築される。次節で見る戦前の男女別学は，「近代国家の基幹的人材たるべき」と意味付与される「男子」と「良妻賢母として家庭内で再生産労働するべき」と意味付与される「女子」というジェンダーに基づいた教育制度である。さらに，ジェンダーというつくられた性差は，(1)性差によってカテゴリ化された二つの性に序列を生む。例えば管理職になっていく「男性」のほうがそうでない「女性」よりも一目置かれるというように。(2)性差による意味づけは規範化して個人の自由な意志と抵触する場合に，個人の権利や自由な選択に抑圧的に働

▷1 生物学的な性別（セックス）とは区別され，社会・文化のなかで構成される性差という含意のジェンダー概念は1980年代を通じて普及していった。

くという性質をもつ。

　本章で教育におけるジェンダーを取り上げるのは，日本国憲法や教育基本法によって男女の平等と個人の尊厳の保障が明記されている一方で，日本社会では今なお性による厳しい格差と抑圧が生み出されていることを批判的に検討するためである[2]。教育制度や教育実践において性差はどのように構成されて意味づけられ，あるいは更新されてきたのか。ジェンダーのもつ抑圧性はどのように克服されようとしているのかを課題とする。

▷2　日本社会はきわめてジェンダー格差の大きな社会である。世界経済フォーラムが毎年公表しているジェンダーギャップ指数は2017年，世界144か国中114位と前年よりさらに後退した。

2　近代学校教育とジェンダーの生成——戦前期の学校教育

1　教育体系によるジェンダーの生成

　最初に歴史を繙いてみよう。近代日本における公教育は大日本帝国時代の学制発布（1872年）に端を発し，国民皆学が目指された。学制序文には，「自今以後一般ノ人民 華士族卒農工商及婦女子必ス邑ニ不學ノ戸ナク家ニ不學ノ人ナカラシメン事ヲ期ス」と謳われ，華士族から農工商および女性に至るまですべての人に対して教育を施すことが目指された。ジェンダーの観点から見ると，「婦女子」は身分の一つとして最下位に位置づけられている。背景にあったのは女子に学問は不要という旧習であり，性差による序列化は自明視されていた。

　学制に基づいて初等教育・中等教育・高等教育の学校が設置され，1890年代には初等教育までは性差のない義務教育制度が実現した。だが，男女の義務教育就学率には大きな差があり，男女同率になるのは1910年代，学制発布から40年以上を要した。これは学齢期女児のほうが男児よりも女工，子守などの児童労働，家事労働の労働力として期待されていたからでもある。この間，とりわけ地方では「子守学校」という女子向けの小学校の補完的機関を設けるなどして就学率向上の努力がなされた（長田，1995，211〜221ページ）。

2　「教育勅語」にみるジェンダー観

　「教育勅語」は1890年，天皇制国家の教育の基盤を示す天皇の言葉として発布された。教育を通じて皇室国家のために尽くす臣民となるように天皇が臣民（国民）に呼びかけるのである。ここには国民の道徳観も示され，「爾臣民父母ニ孝ニ兄弟ニ友ニ夫婦相和シ朋友相信シ」という徳目は戦前の日本人にはよく知られていた。ここでいう「夫婦相和し」という夫婦関係の規範を通じて，当時の教育におけるジェンダー観を検討してみよう。勅語発布翌年の1891年，公式の注釈書とみなされる『教育勅語衍義』（井上哲次郎著）が著される。ここで

は夫婦をまず「一国ノ大本」と位置づける。そのうえで夫は妻を憐れみ保護せよ，妻は自分の意志に戻るな，知識裁量は夫におよばないので夫に服従し逆らうなと説く。男女の不平等に基づいた関係のなかで，夫の側から働きかけた「愛撫」や「愛憐」に対して妻は同等に情愛をもって応えるのではなく「服従」して逆らわないことが説かれる。つまり「夫婦相和し」という一節は今日考えられるような対等な立場で尊重しあい愛し合うのではなく，明らかな力の差異による支配と服従のうえに成り立つ関係とみなされていた。また，この支配服従の関係は「夫は外にありて業務を営み，婦は内に居て家事を掌り」という労働と経済のジェンダー役割規範にも現れた。こうして学校教育のなかで絶対権力者天皇の言葉を通じて国家体制の基盤とされた家族のジェンダー構成が伝えられていった。

３　教育目標と社会的期待の差による教育のジェンダー化

　公教育普遍化の過程で，当初は男女ともに設置された学校は小学校までであり，卒業後の中等教育，高等教育は女子には門戸を閉ざしていた。政府は1899（明治32）年に，既存の男子のための中学校（旧制）とは別に女子中等教育機関として高等女学校を設置した。標準的な男子中等教育と付加的に設けられた女子中等教育は教育理念，教育課程，教育時間（修業年限と授業時間数），教育内容が著しく異なっていた（文部科学省「学制百年史」）。

① 教育理念の差

　先行して設置されていた中学校は「男子ニ須要ナル高等普通教育ヲ為スヲ以テ目的トス」（1899年「中学校令」）と位置づけられた。その目的は「中人以上即チ国家支柱タルヘキノ人士」の育成（1881年度『年報』）であり，国家の中心的機能を担うエリート育成が目指された（星野，1976，171〜172ページ）。この中学校と並立する形で男子向きには実業学校も制度化され，「工業農業商業等ノ実業ニ従事スル者ニ須要ナル教育ヲ為スヲ以テ目的トス」（「実業学校令」）と産業振興を担う人材育成が目指された。また，学校教育とは別に陸軍省・海軍省は士官養成学校を設け，男子に対して中等教育・高等教育に準じる教育を行っていた。男子の中等教育においては普通教育と実業教育，軍人教育と多様な社会的人材の育成機関が準備され，卒業後の多様な社会的活躍が目指されていた。一方で高等女学校設置は「女子ニ須要ナル高等普通教育ヲ為ス」（「高等女学校令」）ことを目的とした。その具体的内容は「善く其家を斉へ始て以て社会の福利を増進する」ために，「他日中人以上の家に嫁し，賢母良妻たらしむる素養を為すに在り，故に優美高尚の気風温良貞淑の資性を涵養するともに中人以上の生活に必須なる学術技芸を知得せしめんことを要す」（樺山資紀（文部大臣）1899年7月「地方視学官会議」）と述べられる。女性の社会貢献は家庭を整えるこ

とにあり，女子教育の目標は中流社会以上の家庭における「良妻賢母」育成にあった（小山，1991，49ページ）。この時代，家庭教育が一次的な国民育成を担うものと期待され，ジェンダー化された基幹的国民を家庭で育成する良妻賢母人材を養成する必要があったのである。

② 教育課程の差

教育理念の男女差はそのまま学校系統の差として構成され，義務教育修了後の上級学校は入学要件に性差を設けていた。中等教育としては男子向きに中学校，師範学校，実業学校，高等学校などが，女子向きには高等女学校，女子師範学校が設置され，高等教育は男子向きに専門学校，大学，後に女子専門学校が設置された。

③ 教育時間（修業年限と授業時間数），教育内容の差

教育理念や課程の差だけでなく，教育時間や内容にも性差が設けられた。比較可能な中等教育を見てみよう。教育社会学者の小山静子の整理によると，教育時間は当初中学校の修業年限5年に対し高等女学校は4年であった（のちに5年）。両校に共通する科目の授業時数は中学校で143時，高等女学校は92時と男性は女性の1.5倍に上った。授業科目やその内容にも差が見られ，中学校の「国語及漢文」「博物」「物理及化学」「唱歌」は高等女学校では「国語」「理科」「音楽」となっており，中学校のみに「法制及経済」が，高等女学校のみに「家事」「裁縫」が設けられた。また，中学校の「外国語」「数学」「理科」の授業時数は高等女学校のそれの2倍から3倍に上った。男子教育は主要教科を充実させ，女子教育は実技や家庭科を充実させていたと言える。このほか高等女学校には付設課程として「専攻科」「高等科」が設置されており，これは選択肢の多い男子の中等・高等教育に対して，ほとんど「高等女学校」だけしか準備されていなかった女子向きの代替的な課程であった（小山，2015，22〜23ページ）。

教育社会学者の天野正子は男性にとって高等教育が地位形成機能を果たすのに対して，女性には特定階層の男性の妻・母となるための教養教育すなわち地位表示機能を果たしたことを指摘している（天野，1987，71ページ[3]）。女性の社会的・政治的権利がなかったこの時代に，国家・社会・産業経済を中心的に支えていく役割はもっぱら男性に期待された。女性にはそのようにジェンダー化された社会の私的領域である家庭で良妻賢母としての再生産労働が期待され，それが公教育における教育時間や科目に反映された。公教育はジェンダーを再生産する機関・機会として機能していたのである。

▷3　学歴が威信の高い職業に就き経済力や権力獲得を可能にする手段的価値を表す（＝地位形成機能）男性の場合に対し，職業市場に位置を占められなかった当時の女性の学歴は所属社会階層が必要とする文化・教養を表す象徴的価値を持つ地位表示機能となった。

3　戦後教育における脱ジェンダー化・再ジェンダー化のせめぎ合い

1　戦後教育におけるジェンダー平等

　敗戦後，日本は「日本国憲法」（1946年公布）の下「教育基本法」（同年）を制定して教育内容・体制を刷新し，性差のない教育体系を構築した。教育基本法制定時の前文は「（日本国憲法の）理想の実現は，根本において教育の力にまつべきものである。／われらは，個人の尊厳を重んじ，真理と平和を希求する人間の育成を期するとともに，普遍的にしてしかも個性ゆたかな文化の創造をめざす教育を普及徹底しなければならない」と謳って「個人の尊厳」を重視する姿勢を約した。ジェンダーについては「すべて国民は，……人種，信条，性別，社会的身分，経済的地位又は門地によつて，教育上差別されない」（第3条：教育の機会均等）と明記し，「男女は，互に敬重し，協力し合わなければならない」として男女共学を認めた（第5条）。戦前の性による教育格差の反省に基づいて男女の教育体系を一本化し，すべての教育課程で平等な教育機会を保障した。こうしてようやく女性にも性による差のない教育の門戸が開かれることになる。

2　門戸開放と有徴化される「女子」高等教育の構築

　戦後高等教育の女性への門戸開放は，主として女子短期大学と女子大学の急増が貢献した。これらは主に1960年代に急増し，60年代の10年間で前者は140校から302校に，後者は37校から81校に増加して女性の高等教育進学を促した。短期大学は，当初，中級技術者養成のための職業訓練機関としての設置が見込まれたが，短期大学恒久化（1964年）の過程で女子の特性に応じた女子教育機関として存在意義が示されていった。女子短期大学教育は，職業人としての自立を目指すものではなく結婚前の「社会勉強」であり，将来の主婦役割に収斂していくものと位置づけられた（小山，2009，128～142ページ）。そこには親たちの，「豊かな教養と専門的な知識・技術を」という積極的な期待と同時に，「わが娘の結婚前の一時期を安全度の高い学校にという伝統的な『保護の論理』」が働いており（天野，1986，60～65ページ），女性教育を「結婚」に結びつける地位表示機能がいまだ強く作用していたのである。女子大学の学科構成は戦前の女子専門学校の文学（国文・英文），家政，薬学を踏襲しており，男性は工学系と社会科学系，女性は文学系と男女の知の配分にも著しい偏りがあった。高等教育の女性への門戸開放の過程で，戦後の高等教育が戦前から続く標

準的な男性向きの高等教育と，特殊な「女子」の教育と意味づけられていった。

　こうして戦後女性の高学歴化は量的な側面で見ると急速な進展を見せた。短期大学と大学を合わせた進学率を見ると，1954年に男性15％，女性5％であったものが2016年に男女ともに57％で高等学校卒業者の半数を超えている。4年制大学に限ってみると，女性の進学率は1980年代後半から2016年までの30年間で30ポイント近く上昇し1996年以降短期大学進学率と逆転した。しかし，4年制大学進学者は2016年においても男性55.6％，女性48.2％と性による格差を含んでいる。

　戦後，高学歴化する女性については折に触れてマスメディアなどで客体化された。例えば，1960年代に文学部を中心に学生の女性比率が上昇し始めた頃，大学教員による「女子学生亡国論」が相次いで著され，元来男性のためにあった大学に教養を身につけたいだけの女子学生がいるとして攻撃された。また，85年前後にはサブカルチャーの領域でも「女子大生ブーム」が起きファッションや風俗がマスメディアで取り上げられた。このように女子の学生は有徴性[4]を帯びた「女性」として攻撃の対象となったり，まなざしの対象となりながら，標準的学生（男性）とは異なる存在であるという理解が共有されていた。

▷4　有徴性
一般的なあり方（無徴）に対して特殊な存在として印づけられ，マイノリティと目されること。

③ 高度経済成長期の中学校・高等学校教科における性差の再構成

　日本では戦後雇用労働が急速に一般化し，とくに高度経済成長期を通じて社会全体が雇用労働者の夫と家事専従者の妻というジェンダー固定的役割を強く促していった[5]。この時期の中学校・高等学校教育に目を向けると，保健体育の実技内容は戦後すぐから男女別に規定されていたが1972年学習指導要領で男子格技（柔道・剣道・相撲），女子ダンスに規定され，全体的に「男女の特性に考慮して」指導することが指示された（木村，2008，58ページ）。「家庭科」履修についても，1960年前後に男女差が設けられた。中学校家庭科は当初「職業科」「職業・家庭科」として男女共修であったが，1958年から「技術・家庭科」として男子向き・女子向きの2系列の課程が設けられた。高等学校でも最初は男女共修の選択科目として設置されたが1960年から「家庭一般」は女子のみが必修となる。労働市場をはじめとする社会全体の動向に歩調を合わせ教育も再ジェンダー化が促された時代であった。

▷5　いわゆる女性のM字型労働力率曲線の底が最も下降したのは1975年で，25〜29歳で42.6％まで落ち込んだ。本書の第4章第3節も参照。

④ 男女共同参画社会への動きと反動的攻撃

　20世紀終盤，1975年の国際婦人年を機に世界的に女性差別への批判が高まり，1979年に「女子に対するあらゆる形態の差別の撤廃に関する条約」（女性差別撤廃条約）が国連総会で採択された。日本でも「勤労婦人福祉法」（1972年

制定）を改正して1985年「男女雇用機会均等法（雇用の分野における男女の均等な機会及び待遇の確保等に関する法律）」を制定し，条約を批准した。さらに1999年「男女共同参画社会基本法」を制定し，翌年内閣府に男女共同参画局を設置するなど男女平等が具体的な政策課題・社会課題として可視化され男女格差の克服が緒に就いた。

　教育においても性差の克服や性教育を通じた改革が始まった。条約批准を受け，1989年の学習指導要領改訂において家庭科が中学校で1993年，高等学校で1994年から男女必修（共修）となった。保健体育実技も格技とダンスなどの男女別規定をなくし武道とダンスは性差のない選択になった。日本社会が男女平等社会に向けて大きく動き出すなかにおいて，1975年以降に生まれた人たちは「男子は格技・女子はダンスと家庭科」という従来の教育課程におけるジェンダーカテゴリを過去のものにしていった。このような文部省・政府の男女平等政策と歩みを一にして，現場でも教育実践の脱ジェンダー化が試みられていった。次節で検討する「隠れたカリキュラム」に見られるジェンダーバイアスの解消に向けた男女混合名簿の実施や男女共同参画教育などの教育実践は90年代に「ジェンダーフリー教育[6]」と呼ばれていく。

　だが2000年代に入り保守系思想集団を中心としたジェンダーフリー・バッシングと呼ばれる一連の攻撃が起きる。そこで主張されたのは，ジェンダーフリー教育が子どもたちから「男らしさ・女らしさ」を奪い中性化する，「日本の伝統文化」や「家族」を破壊するというものである。また，ジェンダーフリー教育は「過激な性教育」を進めているなどという根拠のない中傷も展開され，不安と危機感をあおった（江原，2007）。ジェンダーフリー・バッシングの背景にある2005年をピークとするバックラッシュ[7]においても，フェミニズムだけでなく「ジェンダー」概念そのものを攻撃しており，「性別特性論[8]」に基づいてジェンダーフリー教育批判を展開した。

　このようななか，2006年第1次安倍内閣の教育基本法改訂では，男女共学事項を削除し，教育目標として「男女平等」を掲げる。ジェンダーと教育の観点からは一歩前進として捉えうる[9]。しかし，同じ時期に「男女共同参画基本計画」（内閣府）や「学習指導要領」から「ジェンダー」の語が消えていった。教育における性差の克服と性の多様性の認知が進む一方で，社会や文化のなかで性のカテゴリや「女性性」「男性性」の性差と序列が構成されるという学知を，「ジェンダー」という概念で伝えることが困難な状況にもなっている。

▷6　「ジェンダーフリー教育」という用語は東京女性財団編『ジェンダー・フリーな教育のために』（1995年）で初めて提示され，1990年代男女共同参画社会に向かう社会状況の下，ジェンダーに敏感な視点を持った教育実践のキーワードとなっていった。

▷7　バックラッシュ
フェミニズムに対する反動運動。80年代に欧米で起き，日本でも2000年ごろから保守系の団体が男女共同参画推進やジェンダーバイアス解消に向けた教育に反対運動を起こし攻撃的な言説を流布した。

▷8　性別特性論
男女は生まれながらに「男らしさ」「女らしさ」という生物学的属性にともなう本質的な特性をもっているという主張。例えば女性は生まれながらに母性をもっているというような主張であるが，科学的に批判されている。

▷9　教育社会学者の木村涼子が指摘するように，本来国民の権利であり国家によって保障されるべき「男女平等」が，改訂法では国民に求められる「徳目」の一つへと転換したという懸念も払拭できない。

4 教育実践とジェンダー・トラック

1 ジェンダー・トラック

　こうして反動や懸念を含みつつではあるものの，学校教育は制度的にはジェンダー平等に向かっている。ここで，なお残る性差の課題を二つ取り上げたい。一つは「ジェンダー・トラック」と呼ばれるジェンダー差異化を促す教育実践であり，今一つは 2 で紹介する高学歴化過程における性差の再生産とその克服である。

　学校教育のなかでは常にジェンダーカテゴリ化が行われている。ほとんどの場合必要かどうかを問うことなく「男子」と「女子」に分けており，児童生徒たちも「男子」と「女子」を「異なるもの」として意味づけ，制服や名簿などによって異質性を確認し続ける。ジェンダー・トラックは，そのように意味づけられた性（ジェンダー）に対応して暗黙に用意された進路形成に作用する，学力だけでは説明のつかないメカニズムをさす。[10]

　教育社会学者の中西祐子（1998，33〜62ページ）は，とくに女子の進路分化に焦点化して，生徒たちの経験するさまざまな局面での性差の意味づけに基づいたジェンダー・トラックを指摘する。先述した家庭科課程のようにフォーマル・カリキュラムという正式に定められた教育課程のなかで経験される場合もあるが，多くの場合「隠れたカリキュラム」を通じてインフォーマルにジェンダー化され，性差にふさわしいとみなされる進路分化を辿る。例えば，教員の男女比や配置をあげることができる。文系や家庭科の教員は女性，理系では男性が多く，幼稚園・小学校では女性教員比率が高いが上級学校に行くに従って男性教員が多くなる。校長や管理職などリーダーには男性教員が多く，生徒たちはこうした教員の男女配置を一つのモデルとして学び，ジェンダーの意味を再生産する。また，英語や音楽といった性差には関係のない教科の教科書でも，挿絵や記述において男性は仕事に就き，女性は家庭内にいたり子どもと一緒の場面が描かれる傾向がある。さらに，教師は生徒の性別によって異なる期待を表現していることがある（ダブルスタンダード）。例えば男子には創造的で論理的態度，責任と威信を求める一方で，女子には誠実さと従順さ，補佐的振る舞いを期待する。これらが日常の教師生徒間のやり取りのなかで経験される。また，生徒間のピア・グループ（仲間集団）で，「活動的，論理的」な男子と「まじめで控えめ，直感的」な女子などがジェンダー規範として確認され，からかいや仲間外れなどを通じて同調が促される。

　このように学校教育のなかでは日々自覚されずに実践的にジェンダーカテゴ

▷10　学校教育が，将来の進路に対応して分化し階層化している状態を，トラックまたはトラッキングと言う。陸上の短距離競技で，トラックの内側からスタートした者は内側に，外側からスタートした者は外側にゴールするしかない様相になぞらえて名づけられた。本書の第3章第3節を参照。

リを構成し意味を確認し合っている。この「男子」と「女子」の延長に準備された進路選択は，ジェンダーの観点から問うていかねばならない課題である。

2 高学歴化とジェンダー

次に，高学歴化する社会における男女差を検討しよう。先述のとおり4年制大学の進学率は男女で1割近い差があり，大学における専攻学部も男性は社会科学系，理工学系学部で半数以上を占めるのに対して，女性は人文科学，社会科学，保健系学部に在籍者が偏っている。こうした進学率や「男子は理系，女子は文系」という専攻学部の差は男性のほうが知的能力が高いというジェンダー序列を構成しがちである。しかし知見の示すところを見ると，この差異を生むのは，学力差というよりは，学業的自己評価や家庭環境，学校環境の差が生み出したジェンダー差異である。15歳時のPISA[11]得点は科学・読解力・数学で男女差は小さいが，女性のほうが科学を楽しんで学ぶ内発的動機づけが著しく低く意欲や自己評価も低い。学校におけるジェンダー規範獲得過程で科目の得意・不得意が構成されると報告されている（古田，2016；伊佐・知念，2014）。また，親の学歴期待と教育投資のジェンダー差は依然としてあり，女の子よりも男の子により多くの教育投資がなされ，地方在住では女性に地元大学や短大への進学を促す（平尾，2006；小野，2015）。このように学力以外の要素が知の配分や，個人のキャリア形成のジェンダー格差を生むことになる。

大学卒業者の進路状況を概観すると（図8-1），1980年代半ばまで女性の就職率は6割前後で推移していた[12]。当時の大卒女性は企業では女性ゆえにキャリア形成を図る大卒者コースに参入することはできず，大卒ゆえに補助職としての女子事務職に参入することも難しく，産業社会における職業キャリアのスタートラインに立つことがすでに困難だったのである。4年制大学卒女性の就職は専門職に偏り，1955年就職者の76％は教員になっていた。この間男性卒業者の8割は就職しており大きな格差があった。1985年男女雇用機会均等法制定の頃から男女の就職率は同率となり，景気の変動とともに推移する（笹野，2011，256〜257ページ）。2000年代に入ってからは学部卒業男性の1割が大学院に進学するようになり，むしろ女性の就職率の方が1割ほど高い状況が続き，大学院進学に関する新たな高等教育ジェンダー格差が生じつつある。

▷11 PISA
OECDが実施する国際的学力調査「生徒の学習到達度調査（Programme for International Student Assessment：PISA）」。15歳児を対象に読解力，数学的リテラシー，科学的リテラシーの3分野について3年ごとに実施される。

▷12 1980年初頭，大卒女子を公募した企業は27％にすぎず，雇用した企業は大卒者採用企業の29％（男子95％）だった（労働省，1981）。当時の女性は大学卒業後企業での職業キャリア形成の出発点において著しく除外されていたことが示唆される。女性の社会進出と高等教育については本書の第4章第3節も参照。

図8-1　大学（学部）卒業者の就職率
出所：文部科学省「学校基本調査報告書」をもとに作成。

5　多様な性の理解の可能性に向けて
──2015年文部科学省通知

近年ジェンダーにとどまらず，セクシュアリティ[13]を含む性の多様性[14]の認知が進むにつれてマイノリティとされる人々の抱える問題や差別が社会的に可視化[15]され，理解と支援の必要性が課題となっている。2015年，文部科学省は「性的マイノリティの子供への配慮（性同一性障害に係る児童生徒に対するきめ細かな対応の実施等について）」の通知を出し，学校教育においてジェンダーだけでなく複層化する性と性差のあり方への理解と支援に着手した。通知では「悩みや不安を受け止める必要性は，性同一性障害に係る児童生徒だけでなく，いわゆる『性的マイノリティ』とされる児童生徒全般に共通する」と明記された。教員の受容態度やサポートチームの設置などを提唱して，性同一性障害の児童生徒に関するきめ細かい支援の要請が明示されている。一方で，それ以外のセクシュアルマイノリティの児童生徒への配慮，支援のあり方は具体性を欠き今後への課題も残している[16]。

教育現場でのセクシュアルマイノリティの実態に関する調査データはまだ十分な蓄積がないが，そのなかでもLGBT当事者の意識調査（日高，2016）では，学校教育で同性愛について「一切習っていない」68％，「異常なもの」「否定的情報」23％，「肯定的情報」8％と，理解を阻む対応がなされていることを明らかにしている。また，いじめ被害の経験は58％に上る。教室のなかにセクシュアルマイノリティの子どもたちが，場合によっては見えない存在としてともに生活している現実を考えると[17]，早い時期から年齢に応じて正しい知識を伝えていくことが望まれる。セクシュアルマイノリティを理解し支援する立場の人々を「（LGBT）アライ」と呼ぶが[18]，マイノリティとして特別視したり排除したりするのではなく，多様なあり方として理解し支援しあえる態度を教育のなかで育み共生の実現を図ることは喫緊の課題である。

日本の学校教育ではジェンダー，セクシュアリティを含む性に関する教育は体系化されてこなかった。生物学的性差と性の健康に関するいわゆる「性教育」は多くの学校において保健体育や家庭科などの科目や外部講師による特別授業で取り上げられるが，人権としての性や関係性を包摂した一貫したカリキュラムとしては設置されず現場に任されている。学校教育で扱われる性差は生まれついた身体の差異に依拠した「男女」というただ二つの性に基づき，異性愛主義の理解に偏っている状況がうかがわれる（橋本ほか，2018，150〜167ページ）。

2015年の文部科学省通知は，人間の性が「男・女」だけではないことへの理解や，「男」「女」の意味が生物学的性差から一元的に派生しているのではない

▷13　身体的性差，性的志向，性愛，生殖など，人が「性的」とみなす経験や現象，事態を言う。

▷14　性差は男女という二種の区分というよりはグラデーションを成している。生物学的にも雌雄以外の複数のあり方があり，性的志向も異性愛以外のあり方があり，性自認と身体的性が一致しない場合もある。さらに「男性性」「女性性」という社会的役割・規範がある。性はこのような複数の差異の組み合わせの多様なあり方として構成される。

▷15　本書の第7章を参照。

▷16　通知を受けて，全国の教育委員会の約6割にあたる40教委でLGBTに特化した研修が実施された。参加率は平均7％と低いが（『朝日新聞』2017日5月26日付），全国規模の取り組みが開始されたことは評価できる。

▷17　セクシュアルマイノリティ人口については世界的にも正確なデータは集計されていないが，日本では7.6％がLGBTに該当するという報告もある（電通ダイバーシティラボ「LGBT調査2015」。全国6万9989人を対象に調査）。

▷18　セクシュアルマイノリティの総称としてLGBTという呼称が用いられている。レズビアン（女性同性愛者），ゲイ（男性同性愛），バイセクシュアル（両性愛），トランスジェンダー（性同一性障害・性的違和）の頭文字からなる。実際は4分類に限らず，LGBTI（I：インターセッ

ことへの理解につながる可能性を拓いた。今後の課題として，隠れたカリキュラムに代表されるような意図せざるジェンダー序列化への気づき，および何より体系的な性の教育がジェンダーの構築性，セクシュアリティの多様性への理解を促しうる可能性を指摘したい。ジェンダー，セクシュアリティといった性の問題は日本国憲法と教育基本法が保障する人権と個人の尊厳に直接かかわる。自己と他者の性の権利の尊重は理論的な知の営為によって育みうるものであることを，教育社会学を学ぶ読者とともに確認したい。

ス）LGBTQ（Q：クィア，クエスチョニング）などの呼称もある。

Exercise

① 「男女平等」は性差による抑圧や差別の解消に向けた一つの目標となりうるが，「男女平等」の限界について「性別特性論」などを念頭に置き，「男女」という性差の設け方，「平等」概念に潜む陥穽という観点から論じてみよう。

② 「ジェンダー」概念を知らない生徒たちにどうすればうまく伝えることができるか，工夫を考えてみよう。

③ 日本の学校教育で低学年からセクシュアリティの多様性について知識を教えていくことの意義を論じてみよう。

📖次への一冊

天野正子編『ジェンダーと教育』岩波書店，2009年。
　　学校教育にとどまらず，成人教育，研究者の世界，バッシングまで多様な現場におけるジェンダーバイアスを検討する。「知」がいかに人をエンパワーするかが伝わってくる。
橋本紀子・池谷壽夫・田代美江子『教科書にみる世界の性教育』かもがわ出版，2018年。
　　8か国の性に関する教育実践を紹介し，旧態依然とした日本の「性教育」を相対化する。性教育は単に生殖（避妊）の知識だけでなく人間の関係性と尊厳にかかわる教育であることを気づかせてくれる。
千田有紀・中西祐子・青山薫『ジェンダー論をつかむ』有斐閣，2013年。
　　家族・市場・教育・国家の四つのシステムからなる近代社会におけるジェンダー論を社会学の観点から解説している。ジェンダーについて学びたい人にはお勧め。
コンネル，R.，多賀太監訳『ジェンダー学の最前線』世界思想社，2008年（原著2002年）。
　　多様な社会関係における多様なジェンダーアプローチを整理考察し，単なる「男／女」という二分法ではないジェンダー関係を問いかけ理論化する。
森山至貴『LGBTを読みとく──クィア・スタディーズ入門』ちくま新書，2017年。
　　LGBTという狭義のセクシュアルマイノリティを糸口にセクシュアルマイノリティ

研究を紹介する。ここでは区分線のこちら側にいるマジョリティも相対化され，偏見や無関心に切り込む。

引用・参考文献

天野正子編著『女子高等教育の座標』垣内出版，1986年。

天野正子「婚姻における女性の学歴と社会階層——戦前期日本の場合」『教育社会学研究』42，1987年，70〜91ページ。

江原由美子「ジェンダー・フリー・バッシングとその影響」『年報社会学論集』20，2007年，13〜24ページ。

古田和久「学業的自己概念の形成におけるジェンダーと学校環境の影響」『教育学研究』83，2016年，13〜25ページ。

橋本紀子・池谷壽夫・田代美江子『教科書にみる世界の性教育』かもがわ出版，2018年。

日高康晴「LGBT 当事者の意識調査——いじめ問題と職場環境等の課題」2016年。http://www.health-issue.jp/reach_online2016_report.pdf（2018年6月13日閲覧）

平尾桂子「教育達成ときょうだい構成——性別間格差を中心に」澤口恵一，神原文子編『第2回家族についての全国調査（NFRJ03）第2次報告書 No. 2：親子，きょうだい，サポートネットワーク』2006年，17〜27ページ。

星野三雪「明治10年代における中学校の整備について」『東京大学教育学部紀要』15，1976年，165〜177ページ。

伊佐夏実・知念渉「理系科目における学力と意欲のジェンダー差」『日本労働研究雑誌』56(7)，2014年，84〜93ページ。

木村涼子「ジェンダーの視点から読み取れるもの」『学習指導要領を読む視点〈2008年版〉』白澤社，2008年，39〜60ページ。

小山静子『良妻賢母という規範』勁草書房，1991年。

小山静子『戦後教育のジェンダー秩序』勁草書房，2009年。

小山静子『男女別学の時代——戦前期中等教育のジェンダー比較』柏書房，2015年。

文部科学省「学制百年史 三・中学校・高等女学校の学科課程」。http://www.mext.go.jp/b_menu/hakusho/html/others/detail/1317630.htm（2016年4月1日閲覧）

文部科学省「性同一性障害に係る児童生徒に対するきめ細かな対応の実施等について」2015年。http://www.mext.go.jp/b_menu/houdou/27/04/1357468.htm（2016年4月1日閲覧）

中西祐子『ジェンダー・トラック——青年期女性の進路形成と教育組織の社会学』東洋館出版社，1998年。

小野ルチヤ「親の教育投資におけるきょうだい間差別——子どもの数・出生順・性別に着目して」『同志社政策科学研究』16(2)，2015年，37〜51ページ。

長田三男『子守学校の実証的研究』早稲田大学出版部，1995年。

労働省『婦人労働の実情』労働省婦人少年局，1981年。

笹野悦子「女性の高学歴化と『社会進出』」『共生と希望の教育学』筑波大学出版会，2011年，251〜263ページ。

第9章
子どもの問題の現在

〈この章のポイント〉

　少年非行，いじめ，不登校といった子どもの問題を考える際，その背景を個人の内面に帰す見方がある一方，教育社会学では学校や家庭という場に着目する特徴をもつ。また現象を「問題だとみなす側」に視点を移し，相互作用やマスメディア報道の過程で問題が作られる側面にも着目する。通常はそれぞれ個別の問題として検討されるが，問題の背景・要因や解決への道筋に関して，実は共通する議論が多いことへの気づきを得てほしいという狙いから，本章ではあえて「子どもの問題」としてまとめて解説する。

1　「子どもの問題」の増減と社会問題化

1　少年非行

　第1節では，少年非行やいじめ，不登校が実際に増えてきたのか減ってきたのか，数量的な推移を公式統計から確認する。「悪化している」などとよくニュースで話題になるが，イメージで話を進める前に，まずはデータに即して現状を的確に摑むことが重要である。また，いつ頃，どのように社会の関心は高まったのだろうか。社会問題化の経緯についても概観したい。

　まず少年非行を見ていこう。少年による刑法犯等の検挙人員の推移（図9-1）

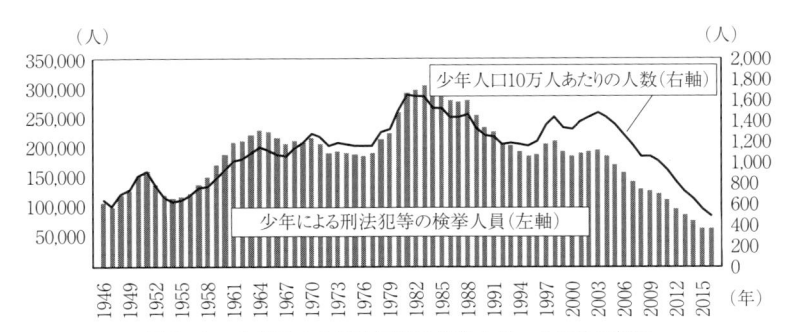

図9-1　少年による刑法犯等の検挙人員・人口比の推移
注：触法少年の補導人員を含む。昭和45年以降は，過失運転致死等による触法少年を除く。刑法犯に加え，危険運転致死傷・過失運転致死傷等を含む。
出所：法務省『犯罪白書』をもとに作成（元データは，警察庁の統計，警察庁交通局の資料および総務省統計局の人口資料）。

▷1　本章が対象とする問題は，文部科学省が毎年公表する「児童生徒の問題行動・不登校等生徒指導上の諸課題に関する調査」の主な調査項目（暴力行為，いじめ，不登校（長期欠席），中途退学，自殺）と重なっている。また，教育社会学における「教育病理」「逸脱」「教育問題」研究の射程でもある。

▷2　少年法では20歳未満が「少年」と定義され，少年による違法行為（や類する行為）は「非行」と総称される。それは，保護して更生を促す点で，また違反行為の「おそれ」がある少年も補導できる点で（「虞犯少年」と呼ばれる），成人の「犯罪」への処遇（罪を償わせる）とは考え方が明確に異なっている。「少年犯罪」の語も凶悪化を語る文脈を中心に定着しているが，本章では公的文書を踏襲して「少年非行」とする。

▷3　刑法犯
刑法等に規定される罪。「凶悪犯」「粗暴犯」「窃盗犯」「知能犯」「風俗犯」「その他の刑法犯」の6種に分類される。

▷4　19歳少年永山則夫が起こした連続ピストル射殺事件は，彼の置かれていた家庭環境や集団就職という境遇から，この時期の代表的な少年事件とみなされている。

▷5　対教師暴力，生徒間暴力，器物損壊が含まれる。

▷6　そうした少年像はメディア作品で繰り返し描かれることとなる。例えば1979年から2008年にかけて8回製作されたドラマ『3年B組金八先生』は，約30年間の「子どもの問題」の移り変わりを追体験できる格好の素材で，1980年放映の第二シリーズは校内暴力が主題である。

▷7　14歳少年によって小学生2人が殺害された事件。少年が犯行声明文のなかで名乗った名前を由来に，「酒鬼薔薇事件」とも呼ばれる。この事件をきっかけに少年法が改正され（後述），「元少年」による手記の出版の是非が論争になるなど，長年にわたり多大な影響を残している。

▷8　「豊川市主婦殺害事件」「西鉄バスジャック事件」「岡山金属バット母親殺害事件」という17歳による三つの事件をさす。

からは，1950年前後，60年代，80年代，2000年前後という四つのピークが読み取れる。「第1～4の波」と称される各時期の少年非行は，それぞれ異なる背景や特徴から理解され，社会の関心を集めることとなった。「第1の波」の非行は，戦後の生活の困窮や家族の離散を主な背景としていた。それに対して「第2の波」は高度成長で豊かな社会が形成されるひずみとして発生し，集団就職などで都市に流入した少年の置かれた恵まれない環境や，管理・支配的な社会体制への反抗心の高まりなどが関連していた。

　社会の注目をより喚起したのは「第3・4の波」であると言えよう。「第3の波」は万引きなどの軽微な非行が顕著に増え，豊かな社会状況下での「遊び型非行」という特徴をもっていた。また校内暴力や暴走族が全盛となり，集団での荒れが中心であった。対して「第4の波」の非行は，神戸連続児童殺傷事件（1997年）や「キレる17歳」（2000年）などの凶悪・猟奇的な事件に見られるように，「普通の子」による「いきなり型」（粗暴的）犯行から特徴づけられている。少年の動機・背景の「わからなさ」が社会不安につながり，凶悪化・低年齢化がいっそう問題視されることとなった。「第4の波」以降の検挙人員は減少の一途で，2015年で1000人に5.8人という計算である。

2　いじめ

　次に，いじめについて見ていこう。図9-2はいじめの認知件数の推移である。調査方法の変更により単純な比較はできないが（図のなかで波線で示している），過去4回，1985年，94年，2006年，12年に増加している。近年は小学校で著しい伸びを示した結果，2016年度で合計約32万3000件となっている。ただ，件数が増えたから社会問題になったわけでは必ずしもない。いじめを背景とした自殺が発生し，それに対する学校や教育委員会の対応の問題を指摘する

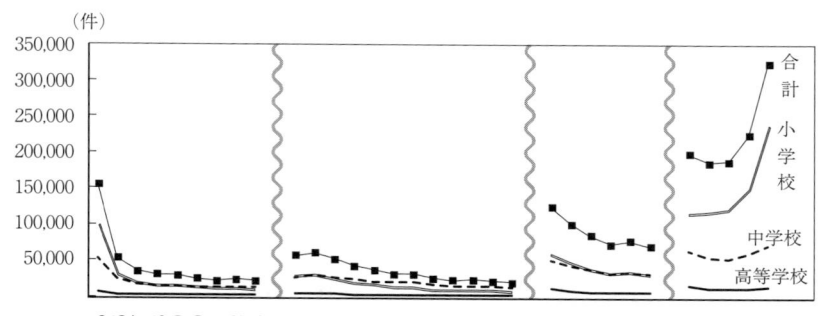

図9-2　いじめの認知件数の推移

注：1994・2006年度に調査の方法を改めている。2005年度までは「発生件数」，2006年度以降は「認知件数」としてカウント。1994年度から特別支援諸学校，2006年度から国私立学校，2013年度から高等学校通信制課程を調査に含める。
出所：文部科学省「児童生徒の問題行動・不登校生徒指導上の諸問題に関する調査」をもとに作成。

かたちで，「事件」として過熱的に報道されたことの影響が大きい。

　では，過去 4 回の社会問題化の火種となった「事件」を簡単に説明しよう。1 回目（1985〜86年）は，東京都で発生した「いじめ自殺」（鹿川君事件）が引き金で，担任教師も加担した凄惨ないじめの実態が社会の注目を喚起した。2 回目（1994年）は愛知県で発生した「いじめ自殺」（大河内君事件）である。加害者と被害者の間のお金のやり取りが，校内のいじめ対策委員会で複数回報告されていたことが明るみになり，サインの見逃しとして社会からの非難を受けた。3 回目（2006年）は北海道・福岡県，4 回目（2012年）は滋賀県で発生した「いじめ自殺」が契機であった。北海道と滋賀県の事案に共通するのは，学校や教育委員会が遺書・アンケートを公表していなかったことが自殺の数か月後に発覚し，彼らの隠蔽体質を糾弾する報道が過熱したことである。

　過去 4 回の社会問題化を受けて，文部（科学）省も対応を加速させてきたと言える。被害者に寄り添うかたちでいじめの定義の変更を重ね，それに沿ったいじめの総点検を各学校へ要請した。対照的に，加害行為やそれを見過ごす行為に対しては，「いじめは犯罪」「傍観者も同罪」などと非難の論調を強めていった。より踏み込んだ解決策を講じるべきとのムードは次第に高まり，いじめ防止対策推進法（2013年）の制定に結実した。

③　不登校

　つづいて，不登校を見ていこう。図 9-3 からは，不登校児童生徒の数が1980年前後から増加に転じ，90年代に急増したことが読み取れる。小学生よりも圧倒的に中学生に多く，約33人に 1 人（2016年度）である。

　そもそも，「学校を長期で欠席する子ども」のすべてを「不登校」と呼ぶのだと誤解してはいないだろうか。学校基本調査では現在，年間30日以上の欠席

▷9　かつては，被害者の子どもの名前から事件が命名されることがしばしばあった。

▷10　「⑴自分よりも弱い者に対して一方的に，⑵身体的・心理的な攻撃を継続的に加え，⑶相手が深刻な苦痛を感じているものであって⑷学校としてその事実を確認しているもの」という定義は，1994年度に⑷が削除され，2006年度に，「⑴当該児童生徒が，一定の人間関係のある者から，⑵心理的，物理的な攻撃を受けたことにより，⑶精神的な苦痛を感じているもの」へと変更された。一方的・継続的・深刻の語が削除されることで，いじめに該当する範囲が広がることになる。

▷11　内容の骨子は以下のとおり──⑴国・自治体・学校・家庭の責務，⑵学校における防止策（道徳教育の充実，早期発見など），⑶連携・協働体制（教職員と心理・福祉の専門職からなる組織を設置），⑷行政による教員研修や人材確保，⑸いじめ発生時の対応，⑹加害者への懲戒や出席停止（後述）の活用。

▷12　1990年度までは「年間50日以上」。

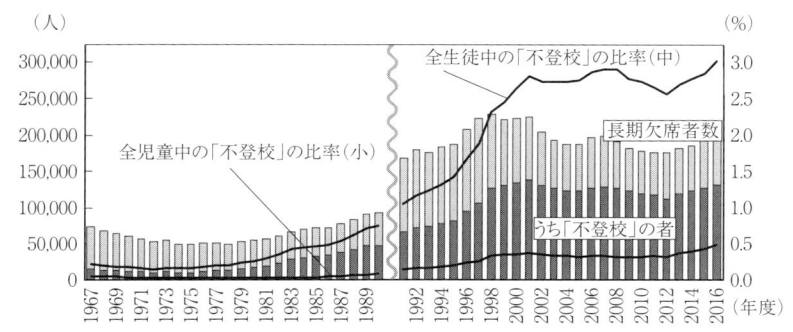

図 9-3　不登校児童生徒数（および長期欠席者数）の推移

注：長期欠席数および「不登校」の者は小・中学校の合計。1997年までは「学校ぎらい」，1998年以降は「不登校」として把握。1990年までは年間50日以上，1991年以降は年間30日以上の欠席。

出所：「学校基本調査報告書」および「児童生徒の問題行動・不登校等生徒指導上の諸問題に関する調査」より作成。

を「長期欠席（長欠）」とし，その理由を「病気」「経済的理由」「不登校」「その他」に分類している。病気や育児放棄などによって通学がかなわない子どもは存在する。現に2016年度でも，長期欠席の約3分の1が「不登校」以外である。私たちが不登校の問題として名指しているのは，「長期欠席者のうち『不登校』を理由とする者」に限られることに注意が必要である。

また，「不登校」という名称も実は歴史が浅く，過去は別の呼び方がされていた。戦後，「学校に行かない子ども」は混乱した社会における貧困・病気と密接にかかわっており，それを子どもの内面の問題として捉える視座はなかった。1960年代頃に初めて，「学校恐怖症」と称して彼らの特殊な性格・行動傾向が分析された。時代が進んで，学校へ行かない背景は，学業・部活動などの学校生活への不適応や人間関係の問題など，多角的に解釈されるべきとの見方が広まり，「登校拒否」または「学校ぎらい」と称されるようになった。その後，登校できないことを問題視するニュアンスの強いこれらの名称への批判も生じ始める。いじめや受験競争などのさまざまな問題が起きている学校に登校しないことは，ある種「正常な反応」であるとして，中立的である「不登校」が1990年代以降定着し，それ以後，社会の関心が一気に高まった。

2　「子どもの問題」の背景・要因と防止・解決策

［1］　個人の内面への着目

　子どもの問題はなぜ起きるのだろうか。どのような対策が有効だろうか。この二つの問いは当然，セットで考えていかねばならない。背景・要因をきちんと見定めずに策を講じても，見当違いの方角を向いてしまうかもしれないからである。本節では，問題の背景・要因と防止・解決策をめぐるさまざまな考え方を概観しよう。当然，問題によって議論は異なるが，本節以降は「子どもの問題」としてあえてまとめることで，教育社会学の特徴を浮き彫りにしたいと考えている。ここからぜひ，章末の「次への一冊」も参考に，個々の問題を掘り下げることへとつなげてほしい。

　まず見ていきたいのは，子ども個人の内面に原因を見出す発想である。第一に，遺伝的・生得的な性格に問題があるとの見方があげられる。いじめや不登校への関心が高まった初期は，この見方が支配的であった。例えば，1984年の生徒指導資料（文部省，1984）では，いじめっ子は「落ち着きがない，けじめがない，行動が雑，無神経」，いじめられっ子は「わがまま，依存性，小心，自己顕示欲の強さ」といった性格特性があると述べられていた。

　第二に，いじめや非行に至るのは，規範意識・思いやり・社会性といったも

▷13　文部省は1966年度，長期欠席の理由に病気や経済的理由以外の心理的な理由を収める「学校ぎらい」を加えた。より一般的に定着したのは「登校拒否」のほうだが，公的には用いられない。

▷14　文部省は1998年度に「学校ぎらい」を「不登校」に改めた。その定義は，「何らかの心理的，情緒的，身体的，あるいは社会的要因・背景により，児童生徒が登校したくないあるいはしたくともできない状態にあること」である。

のが不足しているからであり，家庭や学校の教育力に問題があるとの見方があげられる。生涯学習審議会答申「家庭の教育力の充実などのための社会教育行政の体制整備について」（2000年）では，「最近の度重なる青少年の凶悪犯罪をはじめ，いじめ・不登校のような問題行動」の「原因・背景は様々」としながらも，「家庭の教育力の充実が青少年の問題行動等の解決の重要な決め手となる」と述べられている。また学校教育では，2017年改訂の新学習指導要領において道徳が「特別の教科」[15]化されたように，道徳教育が推進されている。

　第三に，何らかの「心の問題」を抱えているとの見方があげられる。とくに1990年代に，悩み，傷つき，共感を求めてサインを発する子どもの心に寄り添うことが必要とされ，これがスクールカウンセラー[16]の導入・普及に結びついた。そして「心」への着目は，子どもの問題の背景に「心の病」があるという見方と「心の異常」があるという見方にもつながってきた。「病」の側面としては，非行の背景がADHD（注意欠陥・多動性障害[17]）や自閉症スペクトラム障害[18]などの障害によって説明される「医療化」[19]が進んでいる。

　他方で，「心の闇を抱えた少年」という表現に象徴されるが，少年を「異常」な存在として切り離す傾向も見られている。恵まれない環境で育った非行少年の境遇に目を向ければ，彼らは一定程度「被害者」だと捉えることもできるわけだが，環境ではなく「異常な心」が非行に導いたと捉えられることで，加害者から「被害者」の側面が削れていく。その結果，彼らを強く非難する世論が形成され，少年法の改正[20]，出席停止制度の活用[21]，ゼロ・トレランス[22]，学校と警察の連携強化などの一連の厳罰化につながっていると思われる。

2 　学校という場への着目

　1 で見てきた視点は，教育社会学の発想とはやや距離がある。教育社会学では，背景・要因を見る視野を子どもの内面から社会の側へと広げることで，まったく別の箇所に問題の源を発見していく。そこで，子どもが育つ主要な環境である学校に着目してみよう。

　学校教育には，社会で共有される文化を子どもに学習させ，社会の一員にしていく社会化機能がある。例えば「髪の色は黒であること」などの支配的な文化に従って校則が作られ，生徒を画一的に管理する。また学校教育には，生徒の「能力」を偏差値などの単一のモノサシで測って序列化し，その「能力」相応の地位へ振り分ける選抜・配分機能がある。近代の人々は，「がんばれば報われる」学校教育に期待して，努力するよう焚きつけられている。

　このような学校の社会的機能が，少年非行の発生とかかわっている。学校を経由した地位達成の仕組みに問題なく適応して努力を重ねる子どもがいる一方で，自分が競争の敗者だと悟る層も現れ，彼らは欲求不満から非行へと向かい

▷15　数値などでの評価をせず，専門免許を設けない点は一般の教科とは異なるが，記述式であれ子どもの「道徳性」を評価し，検定教科書が用いられる点で「教科」の性質をもつことになる。

▷16　**スクールカウンセラー**
学校の教育相談体制・カウンセリング機能を充実させるために1995年度より配置された。主に臨床心理に専門的な知識・経験を有する者。2015年度の配置校数（配置率）は小学校で1万1867校（58.5％），中学校で8516校（88.4％）である。また同時に，教師も生徒を理解するうえで「カウンセリング・マインド」すなわち受容・共感の態度をもつことが期待されるようになった。

▷17　**注意欠陥・多動性障害**
注意力・衝動性・多動性を特徴とする発達障害。

▷18　**自閉症スペクトラム障害**
自閉性障害，アスペルガー症候群，広汎性発達障害など，対人コミュニケーションへの困難や限定的な興味，反復行動がある障害を統合的にさす。別々の障害として類別するのではなく，連続体（スペクトラム）として捉える見方が近年では提起されている。

▷19　**医療化**
本来は医療の範疇ではない問題（犯罪・非行はその一例）が，心理学・精神医学的な語彙によって医療の問題として定義・処理されること（コンラッド・シュナイダー，2003）。

▷20　2000年，刑事処分が可能な年齢が16歳から14歳に引き下げられた。1948年の制定以降初めての改正で

ある。そこには，「少年の健全な育成を期し」（第1条）とあるように，未熟な少年の再教育可能性に期待する理念の強さがあるが，現在は少年法適用年齢を18歳未満に引き下げる案が検討され，少年法の存在意義自体を疑う論調も根強く，法の根幹が揺らいできている。

▷21　小・中学生には懲戒としての停学を命じることができないため，かわりに，学校の秩序を維持し他の児童生徒の義務教育を受ける権利を保障する観点から，2001年に設けられた。いじめ等を理由に活用されたのは4件（2016年度）にとどまっている。

▷22　ゼロ・トレランス　ルール違反へのペナルティを基準化し，非寛容に適用する生徒指導。アメリカで広く実践されてきた。

▷23　誰もが達成を目指す文化的目標（富や地位の獲得など）があるなかで，それを実現するために認められている手段（大学への進学など）が一部の人に閉ざされていることがある。マートン（1961）は，こうした「アノミー」状況に置かれた人が非合法な手段（例えば盗み）で目標を達成しようとするという緊張理論から，逸脱を説明した。

▷24　学習理論では，逸脱文化への接触の度合いが高いほど人は逸脱しやすいとされ，学習によって人が犯罪・非行へと至るプロセスが探究されている。

▷25　教師が反発対象でなくなったことが，非行集団の衰退を招いたとも言える（土井，2003）。非行集団は「賢い非行の手口」を学習する場でもあり，それが機能することで過度に相手を傷つけない非行が成立していた。「普通の子」による

やすくなる[23]。また，偏差値による高等学校の序列化が進む日本では，そうした子どもの構成比が学校ランクによって明確に分かれ，下位校では「反学校的」な生徒文化が生じることとなる。彼らは非行集団を形成し，学校文化に盾突く行為を称賛し合う文化を学習し，非行を促進させていく[24]。例えば学校内での喫煙や，1970〜80年代に全盛となった変形学生服と髪型（リーゼント）に特徴のあるヤンキーの姿は，学校による画一的な管理に反抗する意味をもっていた。

こうした学校の機能は次第に揺らぎ，変容してきた。第一に，「ゆとり」や「個性尊重」の方針が掲げられ，管理教育からの転換が図られた。教師は生徒との関係を良好に保つようになった[25]。第二に，苛烈な受験競争のなかで不本意な進学が増え，また不況の長期化を背景に，不安定就労が広がり「学校での努力が将来に結びつく」という信頼に陰りが見え始めた。

この変化を踏まえて少年非行の発生を理解するためには，「ボンド理論」が役に立つ。ハーシ（T. Hirschi）は，「なぜ逸脱するのか」ではなく「なぜ規範を守るのか」という逆転の発想から，「愛着」「投資」「巻き込み」「信念」という四つの絆（ボンド）が逸脱を抑制しているとした（ハーシ，1995）。学力や学校ランクにかかわらず，どのような生徒でも絆が弱まった時に逸脱へ向かいやすくなる。このうち「愛着」は，「担任の先生が気にかけてくれる」「親しい友だちがいる」といった情動的なつながりを，「投資」は，規範に従うメリットと逸脱によってキャリアが台無しになるリスクを比較し，合理的に規範を守る側面を表している。問題行動を起こす選択がちらついた時，「先生が悲しむのではないか」「将来に悪影響なのではないか」と感じることで，学校への同調が保たれる[26]。

学校での努力が将来を保証しなくなった時代では，「投資」の絆は弱まっていると言えるかもしれない。不登校児童生徒の増加は，学校にコミットしないリスクがかつてほど大きくなくなっていることを示唆している。

そして，子どもにとって学校という場のもつ意味の比重は，「将来のため」から「（友達と過ごす）現在が楽しい」に移ってきている。友達とのかかわりが学校生活の中心を占めるなかでは，ひとたび関係が悪化すると学校との絆が途切れてしまう。よって子どもたちは，土井（2008）が「優しい関係」と名づけるように「キャラ」を使い分けながら場の空気を読み，「スクールカースト[27]」にも気を配って関係を維持している。いじめという現象は，こうした濃密な人間関係を背景に生じているからこそ見えづらく，加害者と被害者の構図も流動的となる。そのため，集団の病理として理解しなければならない——「四層構造論」はこの観点の先駆けであり，加害者と被害者に加え，それをはやし立てる「聴衆」と見て見ぬふりをする「傍観者」の四者からいじめが成り立つとした（森田・清永，1986）。

小・中学生の95％は，「いじめはどんな理由があってもいけない」と思っている（文部科学省ほか，2015）というデータがある。にもかかわらずいじめが生まれ続ける背景には，社会の規範よりも集団の秩序が優先される日本的特徴がかかわっていると考えられる（内藤，2009）。学級でも「みんな仲良く」という [28] 目標がしばしば掲げられる。そのため，「ちょっと変わった子」が和を乱す存在として攻撃されやすく，それを「チクる」ことも，一体感のある空気を壊す意味でとても難しい選択になってしまう。そして，多くが「傍観者」にとどまることが加害者に対する無言の肯定となり，いじめは維持されている [29]。

子どもの問題が学校という場に起因するなら，それを改めていくことが解決への道筋となる。第一に，校則や偏差値，学級といった子どもを社会化するために有効だとみなされてきたツールを疑い，現代に即して組み直す方策があげられる。ゆとりや個性尊重は，管理や序列化を軸とする旧来の枠組みでは子どもの多様な良さを認めることができないという反省に立っている。また，学級という基本ユニットに縛られない学校教育のあり方を構想することも一案である。フリースクールのような別様の学び舎の広がりは [30]，以上のような観点で「学校」を再考する必要性を示唆していると思われる。その延長で言えば，青少年の社会化に占める学校の比重の大きさそれ自体を疑うことも，一つの道筋である。社会教育の振興や地域全体で子どもを育む環境づくりなどを，関連する動きとして指摘できるだろう。

第二に，学校種間の接続を円滑にすることがあげられる。いじめや不登校は，中学校の第1学年で顕著に増加しており（文部科学省，2018），「中1ギャップ」と称されている。この背景には，授業の難度，担任の仕組み，仲間集団などが中学校に進んで大きく変わることがかかわっているので，緊密な連携，一貫教育や，「区切り方」の見直しが「ギャップ」を埋める手立てになりうる。

③　家庭環境への着目

学校それ自体が問題の源だという観点は，皆が必ず学校に通う以上，「どの子どもにも問題は生じうる」と捉えることにつながる。だが，これによって逆に視野から外れてしまうものがある。それは，子どもが育つもう一つの主要な環境，家庭の影響の大きさである。教育社会学では，とくに少年非行研究が盛んに行われ，家庭の極端なしつけ（放任・体罰・叱責）や経済状態が，子どもの非行化と明確に関連している問題性が追及されてきた。

この観点は現在，より重要性を帯びている。児童虐待や子どもの貧困に光が当たるようになり，子どもの問題がそうした家庭環境に起因すると捉える視野が拡大したからである。浜井（2007）は，少年院に在院する少年のなかに貧困家庭や母子家庭出身の割合が増加していることを明らかにした。恵まれない家

「いきなり」の凶行は，その手口を学ぶ機会を失った結果と捉えることもできる。

▷26　「巻き込み」は，現在の生活が充実していることで逸脱する機会すらないこと。「信念」は規範の妥当性を信じていることで，例えば校則を教師が適切に運用しているかがかかわっている。また，両親も重要な「愛着」の対象である。

▷27　スクールカースト
子どもの人間関係が，「コミュ力」や容姿，所属部活動などの要素から序列化・階層化されているという見方（詳細は第10章を参照）。鈴木（2012）は，カースト上位の生徒がクラス全体を和ませる目的で下位の生徒に嫌がらせをすることがあり，する側もされる側もそれを「いじめではない」と認識している構造を描いている。

▷28　内藤は「中間集団全体主義」と名づけている。

▷29　スマートフォンやLINEなどのメディアの発達によって子どもの友人関係やいじめの構造がどう変わるかについては，第12章で検討する。

▷30　日本におけるいわゆる「フリースクール」は，不登校児童生徒の居場所提供を主目的として1980年代以降に広まり始めた。最大の特徴は子ども主体の教育にあり，定まった教育課程はなく，一人ひとりが自由に教育内容を創り出すことができる。NPO法人などによって運営され，学校教育法第1条に規定された「学校」ではない。

▷31 適応指導教室
「教育支援センター」とも
呼ばれる。不登校の子ども
に対して心理面のケアを行
い，集団性や協調性を指導
して学校への復帰・適応を
促す場。教育委員会が設置
する。

▷31 適応指導教室
「教育支援センター」とも
呼ばれる。不登校の子ども
に対して心理面のケアを行
い，集団性や協調性を指導
して学校への復帰・適応を
促す場。教育委員会が設置
する。

▷32 養護教諭
保健室の先生。ケガ・病気
の処置が中心の諸外国のス
クールナースと異なり，心
身の健康問題に幅広く対応
する多機能性に特徴があ
る。

▷33 スクールソーシャル
ワーカー
福祉の専門職で，次の2点
に特徴をもつ——(1)子ども
の内面から環境・社会全体
へと視点を広げる。(2)自身
が問題を解決するのではな
く，児童生徒・保護者・学
校関係者・関係機関と協働
し，彼らをエンパワーする
方針で問題に対処する。
2008年度から活用事業が開
始されたが，人数の少なさ
が課題となっている（2015
年度で1399人）。

▷34 「チーム学校」と称
される学校改革が急務と
なっている。社会の変化の
なかで複雑化・多様化した
課題に対応するために，諸
外国に比べて多くの役割を
担う日本の教員の業務を見
直し，専門機関との連携・
分担のあり方を探ることが
骨子である。

▷35 「セレクティブ・サ
ンクション」と呼ばれ，下
流階層やマイノリティの
人々が取り締まりを受けや
すいという問題がある。

庭出身の若者が安定した職を得にくいことが，非行から足を洗えない状況を生み出している。また小・中学生の不登校の要因は，「いじめを除く友人関係の問題」(25.3%) を上回って，「家庭に係る状況」(34.4%) が1位となっている（文部科学省，2018）。例えば虐待で健康を害されたり，生活費を稼ぐためにアルバイトが忙しくなり過ぎたりして，通学が困難になっているケースもあるだろう。

こうした家庭的背景が絡む場合はとくに，「学校での指導で解決する」という旧来からのアプローチでは限界がある。そこで昨今は，心理・福祉・医療・警察など，多様な分野の専門職・機関と連携することが求められている。従来から機能している適応指導教室[31]や児童相談所なども，必ずしも学校と十分な連携がとれているわけではない。そこで連携をコーディネートしうる存在として，養護教諭[32]とスクールソーシャルワーカー[33]へ期待が寄せられている。[34]

3 「子どもの問題」への向き合い方を問い直す

1 「問題」が作られるプロセス

第2節では，少年非行，いじめ，不登校という問題をあらかじめ実在するものと捉える立場で検討を進めてきた。第3節では見方を大きく変えてみよう。一例として，まず考えてみてほしい。ロック音楽に興じることが「非行」とみなされていた時代を想像できるだろうか。また，「いじめ」という言葉自体が存在しない世界を想像できるだろうか。「いじめ」という言葉がない世界で，私たちは子ども同士の「殴る」「無視する」行為をどのように認識することになるのだろうか。これらの問いは，子どもの問題が認識の産物でもあることを示している。本節では，ある現象を「問題だとみなす側」に視点を移し，それによって「問題」が作られると捉える立場を検討する。

少年非行研究では「ラベリング論」が該当する。その第一人者のベッカー (H. S. Becker) は，「社会集団は，これを犯せば逸脱となるような規則をもうけ，それを特定の人々に適用し，彼らにアウトサイダーのラベルを貼ることによって，逸脱を生み出すのである」と論じる（ベッカー，2011，8ページ）。すなわち，何が逸脱かが先に定まっているわけではなく，ある行為（例えばロック音楽を聴くこと）に対して周囲が「逸脱」というラベルを貼ることではじめて，それが「逸脱」となる。

この理論の眼目の第一は，同じ行為でもラベリングされる人とされない人がいる点にある。[35] 例えば生徒の万引きが発覚した時，着ている制服によって店員や警察の反応が変わる可能性がある。進学校なら「大丈夫？」，進路多様校なら「ここの生徒はダメだからな」となる。現実に想像できる反応だろう。

　第二は，ラベリングが逸脱傾向を進行させる点にある。仮に，若干の非行を
経験した子どもが生活・行動を改めたいと思っていたとしよう。それでも周囲
が「あいつは問題児だ」という非難を繰り返したとしたら，一体何が起きるだ
ろうか。「やっぱり自分はダメだ」と生活を改める意欲を失くしたり，非行集
団以外の知り合いから縁を切られたり，アルバイトの面接で落とされたり——
非行を脱する回路が絶たれ，常習化することが想定される。すなわち「予言の
自己成就」の作用で，周囲の反応が逸脱を作り出すのである。若干古い調査だ
が，先生から「落ちこぼれ」だと「思われている」と回答した中学生は，「思
われていない」と回答した中学生よりも 5 〜 6 倍，小学生から中学生まで非行
が継続化する割合が高いという結果もある（秦，1984）。

　「いじめは過去にもあったのか」——この問いに対して間山（2002）は，「昔か
ら『あった』のは，告発されるべき犯罪として同定される『恐喝』であったり，『さ
さいなこと』として同定される『無視』『悪口』であって，『いじめ』ではない」と論
じる。昔も「いじめ」があってそれが深刻化したのではなく，子ども間のトラブルを
「いじめ」と呼び始めることで，深刻な問題として世間に伝えられてきたのである。

　いじめ言説が流布すると，従来なら「けんか」で処理していたトラブルを
「いじめ」と疑い，人々の認識枠組みが組み換えられる。重要なのは，「いじ
め」が自殺の「動機の語彙」（ミルズ，1971）になったことである。私たちは現
在，「いじめを苦に自殺した」という説明には疑問をもたないだろうが，「学校
に遅刻しそうだったので自殺した」と聞くと，「そんなささいなことで？」と
理解に苦しむのではないだろうか。1980年の新聞記事では，ある子どもの自殺
に対して警察が「気の弱い "いじめられっ子" の自殺」という見解を表明した
が，遺族が「そんなささいなことで，死ぬような子ではない」と考えて調査を
始めた内容が記されている。当時，いじめで自殺する子は気の弱い子で，通常
自殺の原因にはなりえないと考えられていたことが読みとれる（北澤，2015）。
その後に社会問題になることで，いじめ被害は自殺の動機に十分値する「苦し
み」になった。これによって被害者が救われる側面もあるが，逆に子どもを自
殺という選択へと導き，さらに問題を作ってきたと見ることもできる。

　「不登校」も作られてきた側面がある。「学校ぎらい／登校拒否」という否定
的ニュアンスの名称が改められたことは，学校に行かないことを「問題」と見
る社会の目が好転する契機となった。これにより，「なんとか通っている」グ
レーな層が学校に行かない（彼らを無理して学校に行かせない）という選択がと
られやすくなったと思われる。

［2］　公式統計の再検証

　第1節で確認した公式統計の増減も，一定の留保や解釈が必要である。「数

▷36　「若干の非行」の段
階を「一次的逸脱」，ラベ
リングを経て逸脱役割が内
面化された段階を「二次的
逸脱」と呼ぶ。

▷37　予言の自己成就
それが正しいかどうかにか
かわらず，ある事柄（予
言）を皆が信じて行動する
ことによって，結果的にそ
れが真実になる現象。例え
ば，「今年の流行色は赤！」
という雑誌の売り文句を皆
が信じて赤を身につけるこ
とで，その「流行」は結果
的に真実になる。

▷38　人は何か行為をした
時「動機」を他者から問わ
れ，それに答えることが求
められる。その動機は当人
の心のなかにあるのではな
く，社会が認めて流通して
いる知識（類型的なパター
ン）を資源として利用し，
説明するのだという考え
方。人は動機が他者から見
て了解可能であるか（それ
は社会や時代によって変化
する）を予測し，それに基
づき行為を遂行する。

▷39　教育社会学のいじめ
研究では，言説に着目し，
問題の構築過程を描く研究
が行われてきている。これ
らの研究は，いじめの語り
方を改めることでいじめら
れている子を苦しみから解
放するという別様の解決策
を志向している。

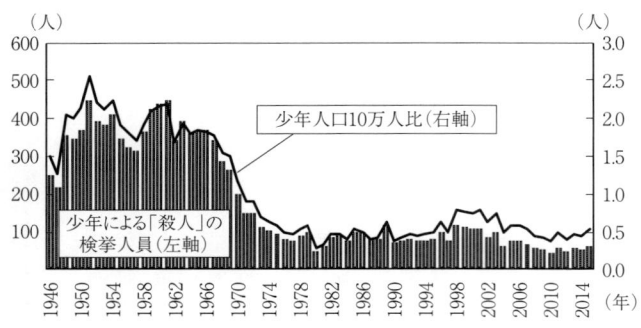

図9-4　少年による「殺人」検挙人員・人口比
出所：警察庁の統計，警察庁交通局の資料および総務省統計局の人口資料により作成。

▷40　認知件数
発生を把握した数。発生しているが把握していない数を暗数と呼ぶ。

▷41　1000人あたりの認知件数を都道府県別に見ると，最多は京都府の96.8件，最少は香川県の5.0件である（文部科学省，2018）。ある程度の地域差はあるとしても，ここまで差が出るだろうか。いじめを把握する姿勢が大きく反映される性質が垣間見えるデータだと思われる。

▷42　文部科学省も，「発生件数」と呼んできたものを2006年に「認知件数」と言い改め，数の多さを評価する方針に転換した。

を把握する」ということ自体に，問題をまなざす側の姿勢が大きくかかわっているからである。

　先の図9-1では，少年による刑法犯等の検挙人員の推移に四つの波があることを確認した。ただ刑法犯は，「凶悪犯」（殺人・強盗等），「粗暴犯」（暴行・傷害等），「窃盗犯」など，重いものから軽いものまで6種類の罪種を含んでいることに注意が必要である。これを「殺人」に絞ってグラフを描いてみよう（図9-4）。すると，1970年代以降の波がほぼ消失する。すなわち，相対的に軽い罪の増加が図9-1の波を作ってきたと言え，ここから少年非行が凶悪化していると判断することは難しいのである。

　また，犯罪統計は警察活動の姿勢に左右される認知件数[40]である。万引き少年が捕まっても，店員や警察は駆けつけた親や担任教師に対して指導しておくよう言い残し，事件にしない（見逃す）ことがあるかもしれない。そうすると統計にはのぼらない。しかし，逆に軽微な非行に対して厳格に対応すると，窃盗1件が「増える」ことになる。このように少年非行の統計を読む際は，「実際の数」の増減とはけっして見ないことが肝要である。

　いじめの件数（図9-2参照）も認知件数であり，学校の姿勢次第で増減する性質がある。「いじめ」が起きていたとしても発見できないかもしれないし，発見してもそれを「軽い“いじり”」とみなすかもしれないし，何らかの理由で「隠そう」と考えるかもしれない。以上のケースはすべて統計にのぼらない。図9-2が上下動の激しいグラフとなっているのは，「いじめ自殺事件」を受けて学校がいじめの把握に精力的に取り組んだ後，数年で関心や意欲が失われていくからでもある。それゆえ，いじめの認知件数は「実際の数」ではなく，社会の関心と教育関係者の解決への意欲の大きさとして見るのが妥当である[41]。近年の急増は，救われている子どもが年々増えていると評価することもできるのだ[42]。

　少年非行やいじめと比べると，不登校児童生徒（図9-3参照）は，一見正しく数を把握できそうに思える。だが，学校に行かない子どもの複雑な事情を想像してみてほしい。「病気」「経済的理由」「学校ぎらい／不登校」という長期欠席の分類は非常に曖昧で，どれに該当するか迷う場合があるのではないだろうか。加藤（2012）によると，かつては判断に迷う場合，欠席日数が多いと「学校ぎらい」へ，少ないと「病気」へ振り分ける暗黙の基準が用いられてきたという。そして新たに「不登校」カテゴリが加わると，判断に迷う場合も抵

抗なくすべて「不登校」に振り分けることが可能になり，多くの不登校が生ま
れたのである。また，学校に行かない子どもにうつや障害などの診断を下す
ケースが増えれば，「病気」が増え，逆に「不登校」は減少するかもしれな
い。不登校児童生徒数も，長期欠席の分類次第で増減する曖昧さをもつことに
注意すべきである。

③　「子どもの問題」への別様の解決策と，教育社会学の今日的課題

以上に見てきた新たな視点からは，別様の解決策の可能性を導ける。すなわ
ち，私たちが問題を作り出している側面を自覚し，「悪化している」という実
態に即さない「モラル・パニック」[43]に加勢しないかたちの解決策である。少年
非行については，凶悪なものとして排除するのではなく，少年に社会参加の機
会を作ること（浜井，2007）。いじめについては，発見する体制を整え，被害経
験を自殺という選択に結びつける子どもたちの思考を組み換える働きかけをす
ること。不登校については，学校に行かないことへの捉え方自体を組み換える
ことで当事者が抱える困難を解きほぐすこと，また，学校復帰という解決策を
絶対化せずに多様な選択の可能性を拓くことが一例である。

本章では，少年非行，いじめ，不登校の問題をあえて「子どもの問題」とし
て括って検討してきた。それは，子どもの問題がそれぞれの論題にとどまらな
い側面をますます強めているからでもある。最後に，今日の子どもの問題とし
て教育社会学が対峙すべき課題を2点指摘しておきたい。

第一に，子どもの自殺である。大人まで含んだ自殺者数が減少傾向にあるな
か，小・中・高校生の自殺は逆に微増している。この問題に取り組むうえで
は，「いじめ自殺」言説が人々の認識を強く規定していることに自覚的になる
必要がある。子どもの自殺の最たる背景は何だろうか。2016年度に学校が把握
した245人の自殺者が置かれていた状況は，多い順で「不明（133人）」「進路問
題（27人）」「家庭不和（27人）」「友人関係（17人）」「異性問題（16人）」と多様か
つ曖昧であり，むしろ「いじめ（10人）」は少ない（文部科学省，2018）。私たち
は，子どもの（自殺するほどの）悩みの大半はいじめだと認識しがちである。子
どもの悩みの多様性・複雑性への注目を怠らず，自殺を防ぐ手立てを考えるこ
とが課題となる。

第二に，子どもの問題は「安全・安心」[44]をキーワードに広がりを見せてい
る。犯罪被害，交通事故，災害，部活動や体育活動中の事故，行き過ぎた指導
や体罰など，学校内外での被害が多岐にわたって注目されている。学校はまず
もって教育の場であるため，安全・安心への配慮が後手に回る傾向もある。そ
こで学校は何を改める必要があるのか。この点を捉えることが課題となる。

▷43　モラル・パニック
センセーショナルな事件が
マスメディアなどで報じら
れることで，パニック的な
不安が喚起され，体感治安
が悪化すること。

▷44　小学校に不審者が侵
入して多数の児童が殺傷さ
れた「池田小学校事件」
（2001年）や，東日本大震
災（2011年）が契機とな
り，「学校安全」は喫緊の
政策課題となっている。学
校保健法が学校保健安全法
に改正され（2009年），そ
れに基づいて具体的な取り
組みが推進されている。

① インターネットで「児童生徒の問題行動・不登校等生徒指導上の諸課題に関する調査」を検索し，興味深いデータ（表やグラフ）を見つけ，なぜそのような結果になっているのか，考えてみよう。

② 問題を抱える子どもへの対応として何が有効で，何が有効でないかを考え，なぜそう言えるのかを，学校や家庭などの現状も踏まえて説明してみよう。

③ 子どもの問題に対処しうる，学校以外の機関や一般教員以外の専門職の重要性が高まっている。そのなかで興味をもったものを掘り下げて調べてみよう。

📖 次への一冊

土井隆義『人間失格？──「罪」を犯した少年と社会をつなぐ』日本図書センター，2010年。

　少年非行の統計の読み方に始まり，非行少年の変容とその背景，少年法の理念，更生の機会を奪う社会の問題性などが，多角的に検討されている。

森田洋司『いじめとは何か──教室の問題，社会の問題』中央公論新社，2010年。

　いじめの社会問題化の系譜や，諸外国と比べた日本的特徴，私事化社会の一現象という捉え方などを検討し，いじめを止められる社会への方途を示す。

北澤毅『「いじめ自殺」の社会学──「いじめ問題」を脱構築する』世界思想社，2015年。

　「いじめ問題」の構築過程を，事実認定や定義などをめぐる言説実践を詳細に検討することで描き出し，いじめ苦から子どもを解放する別様の策を提起する。

加藤美帆『不登校のポリティクス』勁草書房，2012年。

　公式統計によって「長期欠席／登校拒否／不登校」といった認識の仕方が作られる過程を跡づけ，国家によって知が編成されていく政治性を検討する。

酒井朗『教育臨床社会学の可能性』勁草書房，2014年。

　教育社会学に「臨床」の観点を採り入れることの重要性を理論的・実証的に検討する。不登校に係る問題や中1ギャップなどの移行の問題を事例としている。

引用・参考文献

ベッカー，H. S.，村上直之訳『［完訳］アウトサイダーズ──ラベリング理論再考』現代人文社，2011年。

コンラッド，P.・シュナイダー，J. W.，進藤雄三・杉田聡・近藤正英訳『逸脱と医療化──悪から病へ』ミネルヴァ書房，2003年。

土井隆義『〈非行少年〉の消滅──個性神話と少年犯罪』信山社，2003年。

土井隆義『友だち地獄──「空気を読む」世代のサバイバル』筑摩書房，2008年。

浜井浩一「非行・逸脱における格差（貧困）問題──雇用の消失により，高年齢化する

少年非行」『教育社会学研究』80，2007年，143〜162ページ。

ハーシ，T.，森田洋司・清水新二訳『非行の原因——家庭・学校・社会へのつながりを求めて』文化書房博文社，1995年。

秦政春「現代の非行・問題行動と学校教育病理」『教育社会学研究』39，1984年，59〜76ページ。

加藤美帆『不登校のポリティクス』勁草書房，2012年。

北澤毅『「いじめ自殺」の社会学——「いじめ問題」を脱構築する』世界思想社，2015年。

間山広朗「概念分析としての言説分析——『いじめ自殺』の〈根絶＝解消〉へ向けて」『教育社会学研究』70，2002年，145〜163ページ。

マートン，R. K.，森東吾・森好夫・金沢実・中島竜太郎訳『社会理論と社会構造』みすず書房，1961年。

ミルズ，C. W.，青井和夫・本間康平監訳『権力・政治・民衆』みすず書房，1971年。

文部科学省・国立教育政策研究所「平成27年度全国学力・学習状況調査　調査結果のポイント」2015年。

文部科学省「平成28年度児童生徒の問題行動・不登校等生徒指導上の諸課題に関する調査（確定値）」2018年。

文部省『児童の友人関係をめぐる指導上の諸問題』大蔵省印刷局，1984年。

森田洋司・清永賢二『いじめ——教室の病い』金子書房，1986年。

内藤朝雄『いじめの構造　なぜ人が怪物になるのか』講談社，2009年。

鈴木翔『教室内カースト』光文社，2012年。

生涯学習審議会「家庭の教育力の充実などのための社会教育行政の体制整備について（答申）」2000年。

第10章
学校という空間と社会

<この章のポイント>
　学校は社会からどのような影響を受け，その影響はそれぞれの学校や教師たちの状況に応じてどう取り込まれ，どのような成果を社会に送り出していくのか。教育社会学では，学校は社会に対して開かれつつも，その内部に独自の閉じたメカニズムをもった空間として考察されてきた。本章では，まず教育社会学における学校研究の視点について紹介し，後半ではそれらの視点を応用するかたちで，スクールカーストとアクティブラーニングという今日の学校に関する事象について解説する。

1　教育社会学はどのように学校を研究してきたのか

1　スタートライン──集団としての学校

　「教育」について社会学的に考えることと，「学校」について社会学的に考えることは同じことだろうか。さしあたり，後者は前者の一部をなすものと考えられそうだが，「学校」について考えることには何か固有のスタイル，特徴があるのだろうか。

　教育社会学者がまず考えたのは，学校をさまざまな「集団」からなる空間だとし，その集団ごとの特徴や，集団間の影響関係について分析するアプローチだった。もう少し具体的に言えば，例えば同じ学年でもクラスが違えばずいぶん変わった雰囲気になること，生徒同士のちょっとした人間関係の変化がクラス全体の雰囲気にも影響すること，そこに教師がどう働きかけていくかによってその雰囲気は良くも悪くもなることなどは，皆さん自身の教育体験としてもおそらくあるだろう。これらを「集団」というアプローチから言い直せば，学級という他の社会制度には見られない集団の特徴，そのなかの生徒小集団の人間関係，教師集団による生徒集団へのモラール（意欲）向上の手法という研究テーマになる。それ以外にも，学級を取り巻く学校全体の組織上のフォーマルな関係性の構造，教員同士のインフォーマルな関係，学校の外部から影響をおよぼす教育委員会・教育出版社・PTAといった利害関係者集団との関係などがこの観点から考察されてきた。

　しかし，1960年代から70年代にかけて，日本国内の教育社会学が理論・方法

▷1　この最後のアプローチについては，戦後の新教育制度の施行にともなう教育の地方分権化と，地域カリキュラムの自主的編成運動の盛り上がりのなかで学校と地域社会に関する多くの調査がなされ，教育社会学的研究は教育目標・内容の選択決定に際しても大きな寄与を果たしてきたと言われる。

▷2 その機能とは他の章でも論じられているように、社会を維持・存続させるような成員性を習得させる「社会化」「社会統制」、職業社会の分化に貢献する児童生徒の「選抜・配分」、社会的地位配分の「正当化」の4点である。

▷3 解釈的パラダイム
「規範的パラダイム」に対置される社会、教育的事象へのスタンス。「規範的パラダイム」では社会的相互行為は個人に内面化される「規則」に支配されており、そのような行為パターンは科学的調査をとおして体系的に説明可能になると考えられている。それに対し「解釈的パラダイム」では、社会的相互行為は行為者同士が文脈や状況、意味をそれぞれ探り、解釈しながら進められるもので、研究者は行為者自身の観点を重視した記述・再解釈によって事象に接近することになるとされる（山村、1985）。

論的な精緻化を進展させていくなかで、学校はそれが社会に対して果たす「機能[2]」というより俯瞰的な観点から考えられるようになっていく。

2　学校のスループットへの注目——解釈的パラダイムの浮上

　機能への注目が強まった1960年代から70年代は、日本が高度経済成長を果たした時期でもあった。産業社会が発展し、その要求や影響が学校教育の果たす機能要件により強くおよぶようになるこの時期、学校における注目点は二つの契機、つまり学校はその外部からどのような影響・情報入力を受けるのかという「インプット」と、学校が個人あるいは社会に対してもたらす成果物としての「アウトプット」に集中していった。このような注目の偏りを批判したのが、70年代後半以降に教育社会学界を席巻した「解釈的パラダイム[3]」である。

　この立場から示された批判の最たるものの一つは、機能に注目した学校研究における「スループット」の看過である。つまりそれらは、学校が社会の求める人材を輩出するとみるにしても（機能理論）、階層の再生産に貢献するのだとみるにしても（葛藤理論）、学校を「ブラックボックス」とみなす点では双方変わらない。そうした議論においては、学校を取り巻く社会的背景によって学校の成果は自動的に決まってしまうことになる。だが事態はそう単純ではないはずである。学校に社会化や選抜の機能があるとしても、その内部におけるどのようなプロセスによってそれらは日々行われているのか。そのプロセスにはインプットから自律したどのような内的構造があるのか。より具体的には、学校のなかで生きる人々はどのようにものごとを解釈し、目の前の状況に対峙しているのか。解釈的パラダイムの摂取を通じてこのような検討課題が抽出され、1980年代以後の学校研究はスループットへの注目を強めていくことになる。

　学校におけるスループットへの注目はいくつもの経路から行われた。まずまとまった成果が提出されたのは、学校組織研究と学校文化研究である。前者からその知見を整理していこう。日本の高等学校は、社会階層的背景に影響を受けた生徒の学力水準にほぼ応じた階層構造をなしている。そしてその階層構造にほぼ応じて、卒業後の進路が大きく分化している。これらは経験的に確かめられることなのだが、入学してくる生徒の学力水準（インプット）によって、卒業後の進路（アウトプット）の関係はどれほど規定されるのだろうか。入学時の学力水準は同程度であっても、卒業後の進路が大きく異なる高校があるとして（実際にあるはずだが）、それを説明するには個々の学校固有の教育プロセス、教員たちによる学習指導・生徒指導の組織化のスタイル、そうしたスタイルを形作る基盤になる教員文化や生徒文化といったスループット要因を考慮しなければならないのではないか。こうした観点から学校組織研究は、学校外からの情報入力を学校内の諸アクターがどう取り込み、既存の組織・活動に反映

させ，最終的なアウトプットにつなげていくのか，体系的な影響関係のモデルを提出した（苅谷，1981など）。

このようなモデルにおける，さらにミクロな一要素に注目するのが学校文化研究である。早い段階から多くの知見が積み重ねられてきたのが生徒文化研究で，質問紙調査の統計的な処理を駆使し，生徒文化の類型化が多く行われた。研究者によって類型化のあり方は異なるが，おおむね，学校や教師の期待に沿う意識・行動に向いた向学校型，逆にそれらに反抗しようとする反学校型，同時代的な若者文化により影響された，学校とはかけ離れた遊び志向をもつ脱学校型といった類型が生徒文化を論じる際の基本パターンと言える。

だが，解釈的パラダイムの導入とほぼ同時並行的に提出された1980年代の学校組織研究・学校文化研究の多くは，学校の「スループット」を考慮に入れた研究ではあるものの，スループットそのもの，ミクロな「プロセス」そのものに取り組んだとは言えないものが多かった。嚆矢となる研究が散発的に示された80年代を経て（蓮尾，1980など），学校のさまざまなプロセスに細かく光を当てようとする研究は90年代に本格化していく。その研究の主な舞台となったのは授業である。勉強に熱心な生徒の多い学校ではどのように生徒は授業に参加し，それに対して教師はどう応答するのか。あるいはそうでない生徒の多い学校ではどうか。「生徒らしさ」や「教師らしさ」はそれぞれによってどう演じられ，どのように表現されているのか。授業内でなされる教師・生徒の発言はどのような比率で構成され，またどのような内容で占められるのか。そもそも授業という社会的場面はいかに人々に認識可能な事実として成立し，さらには秩序だったものとして組織化されているのか。

授業をめぐる研究において，多くの研究者が手がかりにしてきたのが「ストラテジー」の概念である。この概念を用いる時，教師や生徒は決められた役割を遂行するような存在ではなく，それぞれが置かれた状況において自らその状況の定義づけを行う存在として位置づけられる。その定義づけはまったく個人の自由で行われるわけではなく，学校の置かれている社会的位置，学級の雰囲気や自らの立ち位置などの制約を受けている。その状況のなかで自らがうまくやっていくための，より端的に言えば生き抜いていくための定義および行動としての「サバイバル・ストラテジー」の研究が，教師，生徒，双方の絡み合いといった観点から積み重ねられてきた。

3　ミクロとマクロをつなぐ試み

スループットに注目する研究は，それまでブラックボックスとなっていた学校の中身に注目することで多くの知的成果をもたらした。だが，プロセスを詳細に描こうとする姿勢は，時に学校が置かれた社会的文脈まで目配せが届かな

▷4　その研究対象のバリエーションは進学校から教育困難校まで，勉強に熱心に取り組む子どもから決してそうとは言えない「ヤンチャ」な子どもまでさまざまだが，これは以下での議論に即してその都度紹介していくこととしたい。

くなってしまうという事態を生む。かつてはインプットとアウトプットという「マクロ」な視点への傾斜が批判されていたが，やがて学校のプロセスという「ミクロ」な視点への傾斜が問題視されるようになったのである。この問題に教育社会学はどう取り組んだのだろうか。

一つの成果として考えられてきたのが，ポール・ウィリス（P. E. Willis）の『ハマータウンの野郎ども』（ウィリス，1985）である。同書では，イギリスにおける労働者階級出身の若者たち（野郎ども＝lads）が学校において支配的な勉強文化を相対化すべく，中産階級出身の若者たちを教師という権威に従順な「耳穴っ子」（ear'oles）と呼んで侮蔑し，それに対して肉体労働を重視する「男らしさ」を称揚して，やがて自らブルーカラーの職業に進んでいくというプロセスが鮮やかに描かれている。階級の再生産というマクロな命題が，いかに学校のミクロなプロセスを通じて達成されるかがここでは描かれているのである。

国内では，少なくない学校文化研究やストラテジー研究が，学校の置かれた社会的状況（生徒の学力や親の教育期待の違い）のなかでいかにして最善の実践をなそうとしているか，その奮闘のありようを描いてきた。その発展的な成果と言えるものが，志水ら（2009など）による「力のある学校」の研究である。入学してくる子どもの社会経済的背景（インプット条件）の違いにもかかわらず，そうした子どもたちの潜在能力を十全に発揮させることに成功している「力のある学校」（インプット条件を組み替えられるような自律的スループット）があるとすればそれはどのようなものか。志水らは大規模な量的調査を踏まえて行われたインテンシブなフィールド調査から，ビジョンと目標を共有しつつも柔軟に活動する学校組織，多様な学びと基礎学力定着の双方に配慮したきめ細やかな学習指導体制，双方向的な家庭とのかかわり，地域・校種間連携などの特徴を抽出した。このように，ミクロとマクロの関連を考慮に入れながら，実践的な含意の提出を目指す研究成果が近年では多く産出されている。

プロセスそのものからはやや退行することになるが，学校を取り巻くマクロな社会的背景と，学校で行われるミクロな活動が交わるところにあるものとして考えられてきたのがカリキュラムである。カリキュラムとは，私たちの社会が次世代に伝達すべきだと考える知識が選定，分類，配列されたものだと言えるが，そこには必ず知識をめぐる何らかの統制がおよんでいる（柴野，1982）。何が教えられるべき知識か，何をより重視するか，どのような順序で教えるか，複数の対立する考えについて何を優先させるか。このようなカリキュラム「への」統制に加え，学校での教育実践を運営していくために，カリキュラムを実際の授業に組み替えていく教員集団の「媒介」もまた重要な社会的契機である。教員集団はカリキュラムという学校外からの統制にただ従うのではなく，学校の置かれた状況や教員・生徒文化の考慮，これまでの経験などをもと

に，授業案へとカリキュラムを落とし込んでいくのである。さらに，そのように組み替えられたカリキュラムが，実際の授業場面でどのように展開されていくか，生徒の反応をどこに誘導してまとめていくのかといった，カリキュラム「による」統制という側面も考察対象となる。

このように，学校に外在する統制，学校あるいはその一要素たる教員集団による媒介，実際の授業場面での生徒への統制といったさまざまな側面にカリキュラムはかかわっている[5]（田中，1985）。

2　教育社会学から考える「スクールカースト」

1 「スクールカースト」とは何か

ここまで，学校という閉じつつ開かれた，さまざまなアクターが相互に影響を与え合う空間についての教育社会学の道具立てを見てきた。以下ではこれらを手がかりに，今日学校に起きている二つの現象を試論的に考察してみよう。

まず考えてみたいのは，「スクールカースト」である。スクールカーストとは2000年代中頃からインターネット上で，次いで雑誌や書籍を通して広がっていった言葉で，学校内，とくに学級内において特定の生徒グループが高い「地位」を占め，より低い地位にある生徒グループよりも多くの「権力」——主には行事から授業中，休み時間までに至る発言権・決定権——を有するような状況を示す言葉だと言える（鈴木，2012；石井，2014）。生徒同士がお互いを値踏みしてランクづけし合い，そのランクに見合った行動を強制され，時には上位グループが下位グループを見下し，公然と馬鹿にすることさえも暗黙に是認されるこのような関係性の構造は，1990年代後半にはマンガや小説における描写を見ることができ，スクールカーストという言葉の出現以前からこの言葉が示すような状況は広がりつつあったと考えられる。

何が生徒のランクを上下させるのか。それはコミュニケーション能力だ，と素朴には思われるかもしれないが，教育社会学の立場では単純にそうは考えない。例えば次のような事態を考えてみよう。自分たちが属するグループ内では饒舌に喋ることのできる生徒，つまりコミュニケーション能力が本質的には必ずしも低いわけではないといえる生徒が，ランク上位者の前ではただ押し黙ってしまうようなケース。あるいは，ランク下位者に「上から目線」で話していた生徒が上位者グループから外れてしまった時，以前と同様に高圧的ではいられなくなるというようなケース。当人の資質が地位にまったく関係しないとはもちろん言わないが，逆の向き，つまり地位に応じてコミュニケーションすることのできる力が社会的に与えられるという側面に教育社会学の立場はより注

▷5　このようなミクロ・マクロの結節点としてカリキュラムを位置づける考えには，バジル・バーンスティン（B. Bernstein）の議論が大きくかかわっている。バーンスティンは教育をめぐる言語や知識に注目し，「限定コード／精密コード」「類別／枠づけ」といった概念を提案しながら，日常的な教育の営みに孕まれる統制や再生産のメカニズムを明らかにしようとした。

目しようとする。

　では，結局のところ高い地位を謳歌している生徒はどのような特徴を有するのだろうか。ランクづけし合う生徒に関する研究からは，小学校第3学年〜第4学年頃まではスポーツができるといった単純とも言える特徴だったものが，小学校第5学年〜第6学年あたりから変わり始め，中・高生においては「若者文化」によく通じていること，それと不可分ではあるが「異性との恋愛」に相対的に習熟していることへと変化していくという（上間，2002；鈴木，2012）。さて，このように描写できるスクールカーストについて，閉じつつ開かれた学校空間という観点からもう少し考えてみよう。

［2］　序列が席巻する背景

　生徒がランクづけし合うという事態は，かつての若者についての指摘と矛盾するところがある。例えば社会学者の宮台は1980年代末から90年代初頭における教室空間は，さらにそれ以前のように何らかの一体感や，大勢力同士の争いがあるような空間ではなく，序列なき横並びの小グループに分割された相互無関心の状態になっていると指摘し，その状態を「島宇宙化[6]」と表現していた（宮台，1994）。同時期における女子高のフィールドワークにおいても，それぞれの小グループは強い境界をもって分化し，相互に序列がない，お互いに陰で非難をし合うような状況であったことが報告されている（宮崎，1993）。

▷6　より詳細には本書の第12章第3節を参照。

　しかし1990年代末以降の研究ではグループ間の序列が言及されるようになり（上間，2002），2000年代後半以降のスクールカースト論の隆盛につながっていく。これは，かつての指摘が間違っていたということなのだろうか。おそらくそう考えるべきではなく，ここには90年代に起きた学校空間の変容がかかわっていると見るべきである。

　1990年代の学校空間では「コンサマトリー化」が進行したという指摘がある（伊藤，2002）。この時期，知識偏重であった学力観が見直され，「新しい学力観」という言葉のもとに関心・意欲・態度が評価に組み込まれるようになり，また生徒個々人の個性・人格を受け止め，尊重・ケアしていこうとするような教育改革が進行していった。そのなかで，学校は将来のための社会化および選抜という機能を弛緩させ，現在志向の充足（コンサマトリー）を目指す「居場所」に変容したというのである。同時期の不況，非正規雇用の増大による職業移行状況の悪化もまた，学校が生徒に卒業後の進路をちらつかせて「言うことを聞かせる」強制力を弱めたと言える。

　こうした状況において，生徒文化のあり方も変容したと言われる。それ以前までの生徒文化論は，学校の期待に沿う向学校的文化と，そこからの逸脱を企図する反学校的文化という構図が基本形となっていた。しかしこの構図は，学

校が良くも悪くも生徒に強くかかわることで成り立つ側面があった。学校が規則や学力テストによって生徒を評価し，序列化する強い勢力としてある状況下では，生徒間の値踏みにおいては学校・教師に親和的か否かが最も重視されることになり，生徒独自の序列は発生しがたい，もしくはあっても影響力が抑え込まれることになる。しかし学力観が多様化し，卒業後に向けた日々の選抜の効力が弛緩して学校の強制力が弱められると，学校・教師に対する態度から自らの位置づけを行うというそれまでの基本ルールが弱化し，生徒たちは学校内でいわばアイデンティティ・クライシスの状況に陥ることになる。ここで新たな位置づけのルールとして台頭してきたのが，残された位置づけ資源としての身近な人間関係と，彼らにとってやはり身近な同時代的な若者文化であり，それらからなるスクールカーストという原理なのではないだろうか。というより，そう考えると諸々の若者研究をひとつながりのものとして整合的に見ることができる。

　もう一つ，2000年代後半以降にスクールカーストという言葉が広まっていったことに対する解釈を補足しておこう。スクールカーストは中学校においては高度に階層化し，強固な上下関係をとる傾向がある一方で，高等学校ではフラット化する傾向があり，それは人間関係が学校内で閉じている程度の問題だとする指摘がある（石井，2014）。つまりスクールカーストは，学校内で人間関係が閉じられているほど個々人への支配力を強めると考えられるのだが，近年になるほど若者一般の人間関係は学校内に閉じる傾向があるという研究報告がある。青少年研究会が行った2002年と2012年の16〜29歳調査の結果では，その10年間で若者の友人数は2倍近くに増えた一方で，親しい友人と学校外で知り合うことが逆に少なくなっているというのである（辻，2016）。いくつかの解釈ができることがらではあるが，若者の人間関係が全体として学校に閉じていく状況のなかで，スクールカーストという言葉がリアリティをもって感じられ，また広まっていったとは考えられないだろうか。

③　コンサマトリー化と教育現場

　スクールカーストがこのようなインプット要因の変化から成り立っているとして，では教育をめぐるプロセスはどのように変わっていくと考えられるだろうか。スクールカーストに関するそのような研究は直接的にはほぼ見られないため，ここでは上述のコンサマトリー化に関する研究を手がかりに考えてみたい。

　樋田大二郎らが行っている高校生の経年比較調査では，1979年から97年にかけて，生徒は校則のことをより気にしなくなり，学校のことを満足・不満どちらとも感じなくなったことが報告されている（大多和，2000）。このような学校

▷7　1990年代末にグループ間の序列を指摘した論文（上間，2002）は「底辺校」と位置づけられる私立の女子高等学校を事例にしており，その意味でこのケースにおける序列の発生は，試験・選抜による統制が弛緩した，つまりコンサマトリー化状況に起因するものと解釈できるように思われる。

の拘束力の弱まりのなかで教師もまた，1979年時点では問題視していた生徒の
さまざまな行動，とくに教師の教えること以上に学ぼうとする生徒，集団から
浮き出るほどに自己主張をもつような生徒を好ましく思う割合がそれぞれ高ま
り，教師の言うことをよく聞く「理想的な生徒」像に生徒を押し込めようとする
態度が弱まっている。教師たちにとっても拘束志向の低下が見てとれるわけだ
が，そのような状況のなかでも教師たちは，学校・教室を運営していくために
各種の指導を行わねばならず，そこに困難が生じることになる（金子，2000）。

　こうした困難に教師たちはどう対応するのだろうか。ある教育困難校の調査
では，学校は勉強をする場所であるという規範がほぼ共有されていないなか
で，教師たちはまず教師・生徒間の人間関係の構築から始めねばならないのだ
という（吉田，2007）。教師たちは生徒が友人のように接してくることを許容
し，そこからできあがってくる人格的なつながりによって生徒をつなぎとめよ
うとするわけである。こうして学校は「居場所」化，コンサマトリー化するこ
とになるが，そのなかで生活指導は「5分授業を抜け出すと出席点が減る」
「3回連続で違反すると反省文を書かなければならない」といった学校の規
則，いわば教師個々人ではどうにもならない非人格なシステムに生徒を適応さ
せるタスクとして位置づけられ，教師は生徒のシステムへの適応をやはり人格
的に支援する存在になることで学校秩序がなんとか成立しているのだという。

　あるいは，公立中学校へのフィールドワークからは，生徒の出身階層が高い
中学校においては学校規範の拘束力の弱さが教師たちに認識され（≒コンサマ
トリー化），生徒たちが何を考えているかわからないなかで，生徒との関係性を
崩さないような指導を行わざるをえなくなっているという。逆に階層が比較的
低い中学校においては，基本的生活習慣が身についていない生徒が多いが素直
で人懐っこくもあると認識され，教師は生徒により踏み込んだ指導を行えてい
るという（伊佐，2010）。

　今紹介した二つの知見は，直接的には重なり合わないフィールドからそれぞ
れ提出されたものだが，いずれにせよコンサマトリー化の進行は，そのなかで
教師が何とかやっていくサバイバル・ストラテジーとして，生徒への直接的踏
み込みを弱めたところでの教育実践を採用させている。このような生徒たちの
尊重こそが，スクールカーストに象徴される生徒たちの人間関係をより自律
的・自閉的にしてしまう可能性があるとも言えるが，このことは総体的には押
し留めることの難しい事態なのかもしれない。だが本書の第9章第2節でも述
べられているように，スクールカーストに起因する「クラス全体を和ませる目
的」のからかいや嫌がらせが積み重ねられていくような状況を教師・学校は放
置すべきだろうか。スクールカーストに関する教育的・実践的議論の争点の一
つはそこにある。

3　教育社会学から考える「アクティブラーニング」

1　「アクティブラーニング」とは何か

　本章でもう一つ考えてみたいのは，2010年代中盤以降の学校に押し寄せた大きな改革潮流の一つ，「アクティブラーニング」である。この言葉は1980年代のアメリカにおいて，学生に何かをさせ，考えさせることを促す教授・学習法を示すために用いられ始めたもので，日本国内では2000年代半ばから教育心理学者の溝上慎一らによって，大学教育における活用を中心にその含意が検討されてきた。国内において状況が大きく動き出したのは12年頃からで，同年の中央教育審議会（中教審）答申では大学教育に関して，14年の同答申，同年の文部科学省による次期学習指導要領改訂に向けての諮問，15年の中教審教育課程企画特別部会による審議の「論点整理」ではそれぞれ初等中等教育におけるアクティブラーニングの導入が打ち出されたことが起点となっている。とくに新学習指導要領に向けて，教育内容ではなく，教育方法にまで踏み込んだ諮問とそれを受けた「論点整理」が示されたことは異例とも言えることで，これらを受けてアクティブラーニングは教育現場に一気に普及していったと言われる（松下・石井編，2016）。

　アクティブラーニングは初等教育から大学教育まで，またそれぞれの各科目にまたがる包括的な用語であり，その完璧な定義はほぼ不可能である。だがその困難を踏まえつつ上述の溝上は，アクティブラーニングを「一方向的な知識伝達型講義を聴くという（受動的）学習を乗り越える意味での，あらゆる能動的な学習のこと。能動的な学習には，書く・話す・発表するなどの活動への関与と，そこで生じる認知プロセスの外化を伴う」（溝上，2014）と定義している。溝上らの見解と中教審・文部科学省によるアクティブラーニングの定義はまったく同一と言えるものではないが，ここではそうした差異の検討には踏み込まず，能動的な学習を要請する潮流が学校に押し寄せる背景や，それを受けた学校現場の変容について考えていくことにしよう。

　能動的な学習がこれまでになく強く要請される社会的背景とはどのようなものだろうか。各種の答申・諮問ではグローバル化，人口問題，資源問題，地域間格差の拡大といった諸問題に向き合うために，従来型の知識の伝達・注入中心の学びではなく主体的・協働的な学びが必要なのだと説かれている。アクティブラーニングに関する解説書やマニュアル本では，知識基盤社会の到来，OECD（経済協力開発機構）の「キーコンピテンシー」（1997年）以降の能力観の変容，職業移行環境の変容といった見解も示されている。

▷8　「新たな未来を築くための大学教育の質的転換に向けて」。

▷9　「新しい時代にふさわしい高大接続の実現に向けた高等学校教育，大学教育，大学入学者選抜の一体的改革について」。

▷10　「初等中等教育における教育課程の基準等の在り方について」。

▷11　中教審・文部科学省の定義においては「学生が主体性を持って多様な人々と協力して問題を発見し解を見いだしていく能動的学修」や「課題の発見・解決に向けた主体的・協働的な学び」といった，より簡素な説明が付されている。こうしたずれを解釈・吟味していくことは重要だが，その作業は溝上らによってすでになされているため（溝上編，2016），そちらを参照してほしい。

だが，こうした総花的な背景説明をどこまで真に受けるべきだろうか。グローバル化，資源問題，地域間格差，知識基盤社会の到来といった事態は2010年代に始まったものではなく，長いものでは半世紀近く問題化され続けてきたものである。他の背景論にしても，その多くは1990年代から2000年代にかけて問題化されてきたものであり，とくにこれがいまアクティブラーニングを要請しなければならない決定的な要因であるとは言い難い。このように，アクティブラーニングはその定義，背景ともに茫漠とした部分をもちながら，しかし学校現場に押し寄せてくる潮流（インプット）としてある。このようなアクティブラーニングに対して行えることがあるとすれば，それは定義や背景を確定させることではなく（考えなくてよいというわけではないが），このような潮流が学校現場に実際に押し寄せた時，どのような変容が現場（スループット）に起こるのかを一つひとつの局面において考えていくことでしかないだろう。そこでスクールカーストと同様に，こうした潮流に関連すると思われる教育社会学の先行研究から，アクティブラーニングが学校にもたらす影響について最後に考えてみよう。

［2］ 評価の多様化がもたらすものと教育社会学的感度

初等中等教育における知識伝達型の講義から能動的な学びへという潮流は，「新しい学力観」（1989年）や「生きる力」（1996年）といった学力観の捉え直し，教育方法面における言語活動の充実（2008年）といった前史があり，学校現場ではこうした改革への対応を長らく行ってきた。金子（2003）は2002年の学習指導要領改訂後の中学校に調査を行い，「知識・理解」だけでなく「関心・意欲・態度」などの評価をより重視することが1991年改訂時よりもさらに促され，「観点別学習状況」だけではなく「評定」もまた従来の相対評価から「目標に準拠した評価」（絶対評価）へと移行した状況における教員の評価行為の分析を行っている。金子によれば，こうした改革は教師に対して，なぜそのような評価を行ったのか，保護者へ「説明責任」を果たさねばならないという意識を生じさせるという。そのことが結果として，「関心・意欲・態度」などを細かく点数化して評価することにつながり，教師の多忙化，課題に挑戦する意欲・態度よりも教師にとって好ましく映る態度を生徒がとるようになってしまう危険，絶対評価になったことで当の評価が高等学校に信頼されないことへの教師のジレンマを，それぞれもたらすとしている。

アクティブラーニングにおいては，新しい教育方法の導入に見合ったさまざまな評価の選択肢が示されている。例えば形成的評価，パフォーマンス評価，ルーブリックの導入などである。これらが十全に機能した時にもたらされる教育効果はもちろんあるにしても，さらなる評価の多様化と，依然持続すると考

えられる説明責任要求を合わせ考えると，金子が明らかにした諸点が持ち越される，あるいはより深刻になる可能性は小さくないだろう。アクティブラーニングは学校がコンサマトリー化した状況において，教師と生徒双方に「何かをやった」という充実感をもたらすかもしれないが，そのような充実感の一方で学校生活全体にわたる評価の細密化はおそらく加速する。生徒たちは教師の評価に対してさまざまな適応戦略をとるものだが（金子，1999），微細な評価ポイントに気づいた生徒のみが教師にとって好ましい態度をとって，より有利な立場を得ようとする展開もまた加速する可能性が高いだろう。

　また，協働的な学習におけるパフォーマンスが評価されることになる時，スクールカーストにおいて優位な，つまり発言権や決定権の高い生徒がよりよい「成果」を得ることにはならないだろうか。鈴木（2012）は，生徒にとってスクールカーストは「権力」の違い，社会的地位によるコミュニケーションの規制の問題として考えられているが，教師にとってスクールカーストはコミュニケーション「能力」そのものの問題と捉えられる傾向があると述べている。こうした意識差への感度がないままに協働的な学習の評価が行われるとすれば，知識のみを測ることは一面的であるとするかつての批判を裏返しただけの事態に至ってしまうのではないだろうか。アクティブラーニングの実施に際しては，ただ何か作業をやらせればよいわけではないという教育実践上の戒めがしばしばなされるが，それにとどまらず，誰がより有利な状況にあるのか，生徒の「権力」上の不均等はないか，といった教育社会学的な感度も，公正な評価のためには必要なのではないだろうか。

▷12　本章では，さしあたって今日の学校に関する「目につく現象」としてスクールカーストとアクティブラーニングをそれぞれ別個に考察してきたが，こう見てくると両者はコンサマトリー化を蝶番としてつながっていると考えることもできる。

Exercise

① 　今日においてはどのような外部からのインプットが，学校（スループット）に変化をもたらしているか，できるだけ具体的に考えてみよう。

② 　スクールカーストをめぐる議論は「自分のところではあった／なかった」という水準で終わりがちだが，そこから考えを広げて，スクールカーストがより感じられやすい学校・教室の特性一般について話し合ってみよう。

③ 　アクティブラーニングを行わせる教師としては，どのような目標を立てて活動を行わせ，どのようなアドバイス・まとめ・評価をするのがよいだろうか。具体的な単元・テーマを考えて，よりよい授業と評価のあり方を考えてみよう。

📖 次への一冊

志水宏吉『学校文化の比較社会学——日本とイギリスの中等教育』東京大学出版会，
　2002年。
　　学校での教育実践を貫く論理（学校文化）を日英のフィールドワークから明らかに
　　するとともに，学校文化の変容が学校内外双方の観点から考察されている。学校へ
　　のイン／スルー／アウトプットをめぐる総合的研究。
鈴木翔『教室内カースト』光文社，2012年。
　　スクールカーストについての数少ないまとまった調査。教育は個人的経験や印象論
　　で語ることができてしまうものだが，そこから踏み出すために，本田由紀『学校の
　　「空気」』（岩波書店，2011年）も合わせ参照したい。
溝上慎一『アクティブラーニングと教授学習パラダイムの転換』東信堂，2014年。
　　数多なされているアクティブラーニングに関する議論は，溝上氏の議論と中教審・
　　文科省の諮問・答申の紹介から始められることが非常に多い。このテーマについて
　　考えたいのなら，まず溝上氏の研究成果を追うことから。

引用・参考文献

蓮尾直美「学級社会にみられる『社会的』交換——教師と生徒の関係を中心として」『教
　育社会学研究』35，1980年，146～157ページ。
伊佐夏実「公立中学校における『現場の教授学』——学校区の階層的背景に着目して」
　『教育社会学研究』86，2010年，179～199ページ。
石井久雄「スクールカーストの多様性に関する一考察——中学生と高校生の友だちグ
　ループを巡って」『人間の発達と教育』10，2014年，97～117ページ。
伊藤茂樹「青年文化と学校の90年代」『教育社会学研究』70，2002年，89～103ページ。
金子真理子「教室における評価をめぐるダイナミクス——子どもたちの行動戦略と学校
　適応」『教育社会学研究』65，1999年，69～89ページ。
金子真理子「教師の対生徒パースペクティブの変容と『教育』の再定義」樋田大二郎・
　岩木秀夫・耳塚寛明・苅谷剛彦編著『高校生文化と進路形成の変容』学事出版，2000
　年，123～148ページ。
金子真理子「中学校における評価行為の変容と帰結——教育改革の実施過程に関する社
　会学的研究」『教育社会学研究』72，2003年，107～128ページ。
苅谷剛彦「学校組織の存立メカニズムに関する研究——高等学校の階層構造と学校組
　織」『教育社会学研究』36，1981年，63～73ページ。
松下佳代・石井英真編『アクティブラーニングの評価』東信堂，2016年。
宮台真司『制服少女たちの選択』講談社，1994年。
宮崎あゆみ「ジェンダー・サブカルチャーのダイナミクス——女子高におけるエスノグ
　ラフィーをもとに」『教育社会学研究』52，1993年，157～177ページ。
溝上慎一『アクティブラーニングと教授学習パラダイムの転換』東信堂，2014年。
溝上慎一編『高等学校におけるアクティブラーニング　理論編』東信堂，2016年。
大多和直樹「生徒文化——学校適応」樋田大二郎・岩木秀夫・耳塚寛明・苅谷剛彦編著
　『高校生文化と進路形成の変容』学事出版，2000年，185～213ページ。

柴野昌山「知識配分と組織的社会化──『カリキュラムの社会学』を中心に」『教育社
　　会学研究』37，1982年，5〜19ページ。

志水宏吉編『「力のある学校」の探究』大阪大学出版会，2009年。

鈴木翔『学校内カースト』光文社，2012年。

田中統治「カリキュラムの社会学的研究」安彦忠彦編『カリキュラム研究入門』勁草書
　　房，1985年，123〜152ページ。

辻泉「友人関係の変容──流動化社会の『理想と現実』」藤村正之・浅野智彦・羽渕一
　　代編『現代若者の幸福──不安感社会を生きる』恒星社厚生閣，2016年，71〜96ペー
　　ジ。

上間陽子「現代女子高校生のアイデンティティ形成」『教育學研究』69(3)，2002年，367
　　〜378ページ。

ウィリス，P.，熊沢誠・山田潤訳『ハマータウンの野郎ども──学校への反抗・労働へ
　　の順応』筑摩書房，1985年（原著1977年）。

山村賢明「教育社会学の研究方法──解釈的アプローチについての覚え書き」柴野昌山
　　編『教育社会学を学ぶ人のために』世界思想社，1985年，43〜59ページ。

吉田美穂「『お世話モード』と『ぶつからない』統制システム──アカウンタビリティ
　　を背景とした『教育困難校』の生徒指導」『教育社会学研究』81，2007年，89〜109
　　ページ。

第11章
家族のあり方と学校制度のかかわり

<この章のポイント>

　子どもの社会化の場と担い手の役割は，近代化の過程において，家族（親）による「家庭教育」と，学校のなかの教師による「学校教育」とに分離された。だがこの分離のあり方も，社会変化のなかでゆらぎが見え始めている。本章では，子どもの社会化の場のあり方を考える手がかりとして，家族の変化という視点から学校・家族間の関係を通時的に追うとともに，2000年代以降，家庭教育をめぐって生じている事象を読み解き，「学校」を問い直す視点について解説する。

1　子どもの社会化の場——個人・家族と国家・社会

　私たちは「子どもは血のつながった家族のもとで育てられるものだ」「子どもを育てるのは親の仕事だ」ということをごく当たり前のこととして認識している。しかし，こういった考え方は，近代以降に広まったものである。例えば，18世紀のパリでは，母親に育てられる子どもは階級を問わず5〜10％程度で，それ以外の子どもは乳母などによって育てられていた（Badinter, 1980 = 1998）。日本においても，経済状況などの理由から子どもを他人に預けて育ててもらう「里子／里親」の習慣が平安時代の公家や武家，明治期の庶民など，あらゆる時代や階層で見られたことが歴史研究によって明らかにされている。子どもの社会化の担い手や場のあり方はそれぞれの時代・社会の文化に強く影響を受けており，現代日本において私たちが自明のものとする子育ての姿も多様なあり方の一つでしかない。

　加えて，この子育てという行為を考えるうえで重要となるのが，子育てが個人的・私的な営みであると同時に，国家・社会の構成員を生み出す社会的な営みであることである。舩橋は，子どもを産み育てる次世代の再生産を総称して「産育」と呼び，「産育」の二つの側面について，次のように述べている（舩橋, 1992, 76ページ）。

> 　産育は，社会と個人という二つの視点を含む。社会の視点から見れば，産育は公共的な人類再生産であり，個人の視点から見れば，私的な一つの出来事，生活の組織化の問題である。産育なくして，人間社会は存続できないのだから，あらゆる国家は，なんらかの産育への政策を持っている。また，現実の産育は，常に個人的に具体的に

▷1　再生産
以前の生産の成果である生産物を消費して再び新たに生産を行うこと。人間社会は，再生産を不断に継続することで維持・存続している。子どもを産み育てる子育ては人間の再生産過程と言える。

営まれるものであり，人は，国や社会のために抽象的に子どもを産み育てるわけではない。したがって，産育に関する諸問題の解決は，社会による保障と統制という側面と，個人の選択の自由という側面を，二つながら常に持っているのである。

　子どもを産み育てるという行為は，それなくしては存続できない社会の事情と，個人の選択という二つの側面を常にもつものであり，二つの視点からの検討が不可欠である。教育社会学の対象である子どもの社会化においても，近代以降，私的集団としての家族と公的組織である学校は，時には互いの役割を補完し，時には私的な選択の自由と公的な保障・統制との間の対立を経ながら，今日まで存在してきた。

　こうした点を踏まえ，本章では，社会化機関としての学校の役割を相対化し，近代における子どもの社会化の場のあり方を探る材料として，子育てにおいて一定の役割を担ってきた「家族」を取り上げ，日本社会における「家族」制度の変化を基準とした三つの時代区分を設け，「家族」と「学校」との関係性の変容について検討を行う。なお，時代区分とは，「家制度」を前提とした社会設計が行われていた近世から明治期（第2節），「近代家族」が誕生し，一般化した大正期から高度経済成長期（第3節），「近代家族」の相対化が生じた1980年代以降（第4節）の三つである。

　さらに本章の最後では，2000年代以降に顕著に見られるようになった国家による家庭教育への介入を取り上げ，子どもの社会化における家族の役割について再考する。

2　家族・学校の成立と「家庭教育」の誕生——近世～明治期

［1］　「家」を背景とした子どもの社会化

　はじめに，子どもの社会化の場として「家」が大きな意味をもった近世から明治期の家族制度について，小山（2002）の示す枠組みを用いて見ていく。

　学校が誕生する以前の近世において子どもの将来を決めたのは，生まれた「家」の身分や家格，階層，子ども自身の性別，続柄などの属性であった。人々は「家」を維持・存続するための存在としてみなされていた。

　したがって子どもたちには，「家の子ども」というまなざしが注がれ，家業を継ぐために必要とされる知識・技術を身につけることが教育の中心に据えられていた。例えば，江戸時代の教育機関として知られる「寺子屋」は，主に村役人クラスの農民の子どもや町人の子どもといった特定の階層の子どもを対象とし，家業を行ううえで必要とされる読み・書き・そろばんの習得を目指す施設であった。家の身分や階層によって，子どもの教育のあり方が大きく異なっ

ていたのである。

またそれぞれの家は，連帯責任と相互扶助義務を果たす五人組制度や村請制度によって共同体のなかに位置づけられていたことから，子どもたちは親族共同体や村落共同体などに所属する「村の子ども」としてもみなされていた。それゆえに子どもは共同体の一員になるべく，さまざまなしきたりを身につけることが要請された。

その後，明治時代に入ると，幕藩体制の崩壊によって，子どもの社会化の場は大きく変化することになる。廃藩置県の結果，武士の身分が消滅し，土地制度改革によって，それまで家産と考えられていた土地は，個人の所有物となった。このなかで，近世までの身分制度は崩壊し，民法に定められた新たな「家制度」のもとで私的な存在としての「家族」が誕生していった。また，「村の子ども」というまなざしは維持されていたが，村請制や五人組制度の廃止によって，人々が共同体のなかで相互に監視しあいながら生活しなければならない社会の仕組みは制度上なくなった。近代化の過程で，「家の子ども」が「家族の子ども」へと変化し，「村の子ども」の制度的存立基盤が失われることになったのである。

しかしその一方で，戸籍制度の導入によって，家族が国家の基礎単位として位置づけられ，家族と国家の結びつきは強化された。さらに，1872年の学制にはじまる学校制度の導入によって，国家の発展に寄与する国民形成の場として学校が設立され，「国家の子ども」という捉え方がなされるようになる。

このように，近世において子どもの社会化の場であった「家」や「村」は，近代化の過程で，「家族」「国家」制度へと解体・編入された。それにともない，子どもに向けられるまなざしや子育ての場としての家族のあり方も，大きく変化していった。

２　「家庭教育」の誕生と学校教育の優位性

明治期，社会化の場として「家族」と「学校」という二つの制度が用意されると，両者の役割の差異が意識化されるようになり，そのなかで「家庭教育」という概念も形成されることになる。

「家庭」「家庭教育」という言葉が登場したのは，1880年代後半である。「家庭」は旧来の「家」制度とは異なる新しい家族の姿を示す語として用いられ，女性誌等を通じて，広く社会的に流布されていった。ここで描かれる「家庭」には二つの特徴がある。一つが，子どもは家内労働力としてではなく，細やかな愛情が注がれ，教育される存在であるとみなす「児童中心主義」と呼ばれる見方がなされていたこと，もう一つが，「男は仕事，女は家事・育児」という近代的な性別役割分業の家族形態が想定されていたことである（小山，2002）。

さらに，この新たな家族像のもとで行われる「家庭教育」は，「学校教育」の対概念として想定されていた。知育を担う学校と徳育を担う家庭，集団教育を担う学校と個性を発揮する場としての家庭，というように，異なる特性をもつ両者が補いあうことにより，教育がより充実するものと考えられていた（小山，1991）

　ただ，その一方で，両者の関係は対等ではなかった。当時，家庭教育について研究者が理論的・体系的に考察した『家庭及教育』には，学校と家庭との意見が対立した場合の対応について，次のような記述がある（日本済美会編，1906，165ページ）。

> 　家庭と学校との取る所の意見にして，一致せざるが如きあらば，今日の場合にては，家庭は学校の意見に準拠するを可とすべし。何となれば，学校は教育の原理，方法等を研究して施設せるものなればなり。

　つまり，学校は教育に関する専門性を有することを根拠として，親や家庭に対して主導権を握るべきと考えられていたのである。この時期の学校と家族との関係性には，「『遅れた村』『無知な親』と『進んだ学校・教員』という構図に依拠して，地域や親を教化・指導していこうとする学校優位なスタンス」（広田，1999b，37ページ）が存在していた（本書の第2章も参照）。近代化が進むなかで，子どもの社会化を中心的に担う学校とそれを補う家庭という位置づけが共有されていたと言える。

3　「近代家族」[▷3]の成立と汎化——大正期～高度経済成長期

［1］　「近代家族」の成立

　1910～20年代に入ると，産業化の進展にともない，都市部の人口が増加していく。その過程で，新中間層[▷4]を中心に，明治期に言説として語られてきた家庭像を実体化した「近代家族」が登場した。

　この新中間層の人々が形成した家族には，次の三つの特徴がある（小山，2002）。一つ目は，新中間層の家族の多くが，中等教育や高等教育を受けるために農村から都市へ流入し，そのまま都市部で就職・結婚した農家の次男・三男によって形成されていたことである。二つ目は，新中間層の人々が就いていた職業が，近代以降に生まれた官公吏，教師，会社員，職業軍人であったことである。これらの職業は学校教育を媒介として獲得されるものであり，家制度のなかで親から子へと伝えられた家業とは性質を異にするものであった。三つ目は，夫が家庭から離れた職場へと通勤し，妻が専業主婦として家事・育児に

専念する性別役割分業がとられていたことである。このように、「近代家族」は、旧来の伝統的な共同体から空間的にも精神的にも独立した新中間層の人々によって具現化されたものであった。

　さらに、この新中間層は教育に高い関心をもっており、子どもの教育を「親」の役割へと固定化していった。そして、こうした親の教育への関心は、学歴を身につけ、自らの社会的地位を獲得するという学校教育と非常に親和性の高いものであった（広田，1999a）。

② 「近代家族」の汎化と子どもの社会化

　明治期に言説として登場し、大正期に新中間層によって具現化された「近代家族」は、高度経済成長期において階層・地域を超えて広く一般化される。

　1960年代からの高度経済成長期は、経済構造の急激な変動によって、旧来の地域共同体や家族のあり方を根底から変えていった。とくに農民や職人といった旧中間層の家族は、雇用労働によって現金収入を得るようになり、経済成長による所得水準の上昇は、子どもの教育に対する支出を可能にする経済的余裕を生み出した。

　この時期、「近代家族」イデオロギー[5]は日本社会に定着し、サラリーマンと専業主婦、二人の子どもからなる「家族の戦後体制」（落合，1997）と呼ばれる家族形態が多く見られるようになった。そして、急速な社会変化のなかで、「新しい社会の中でうまくやっていく機会と知識や技術とを子供たちに提供することで、学校は親からも子供からも信頼と支持を得ることができた。いうなれば〈学校の黄金期〉」（広田，1999a，110ページ）とも言える状況が成立していった。

　なお、この時期より、子どもの達成（学業成績，有名校への進学など）のために「過剰に」教育熱心になる「教育ママ」という言葉がマスコミを通じて登場・流布された。本田（2000）は、1960年前後から70年代にかけての雑誌記事において描かれた「教育ママ」の特徴として、(1)新中間階層に限らず、さまざまな階層に広範に見出されるようになったこと、(2)彼女たちの関心が、主に学校教育に関係する面での子どもの達成に特化していたこと、(3)子どもへの教育的働きかけは、家庭内よりも、学校や塾、家庭教師など家庭外の教育機関に強い関心ないし依存があったこと、(4)最終目的が、子どもを成功裡に企業社会に参入させることであったこと、をあげている。学校と家庭との関連から見ると、「教育ママ」の登場と階層を超えた拡がりは、学校教育が提供する価値を認め、学校という場に対して一定の評価を与える家族が増加したことが指摘できる。

▷5　イデオロギー
一定の歴史的・社会的立場のもと、思想・行動や生活の仕方を根底的に制約している観念・信条の体系。政治や社会のあるべき姿についての理念の体系をさすこともある。

4 多様化する家族と学校とのかかわり――1980年代以降

1 「近代家族」の相対化

高度経済成長期に拡がりを見せた「近代家族」は，1980年代以降，一定の家族モデルとしての影響力を失うこととなる。背景には，1970年代から続く第二波フェミニズム[6]（女性解放運動）の高まりや1987年の「男女雇用機会均等法」[7]の施行，アリエス（P. Ariès, 1960 = 1980）やバダンテール（R. Badinter, 1980 = 1998）らの歴史研究によって「近代家族」や「母性」が近代の歴史的産物であることが発見されるなど，従来の近代家族イデオロギーを支える社会的・研究的基盤が失われたことが関連していた。

近代家族の解体と見られる変化の一つが，女性の社会進出が進み，サラリーマンと専業主婦からなる家族が減少し，共働き世帯が増加したことである。図11-1に示したように，共働き世帯の数は1990年代には片稼ぎ世帯と逆転を始め，1997年以降は完全に逆転している。また，「近代家族」規範が弱まり，家族の形成／解体を個人の選択とする考え方が一般化した結果，離婚率が上昇し，家族の多様化が進んだ。1970年には0.93，1980年に1.22，1990年においても1.28であった離婚率（人口1000人あたり1年間の離婚件数）は，1995年には1.60，2000年には2.10，2002年をピークに下がるが，2010年には1.99，それ以降も1.8前後を推移しており，離婚が人生の選択肢の一つとなる時代を迎えて

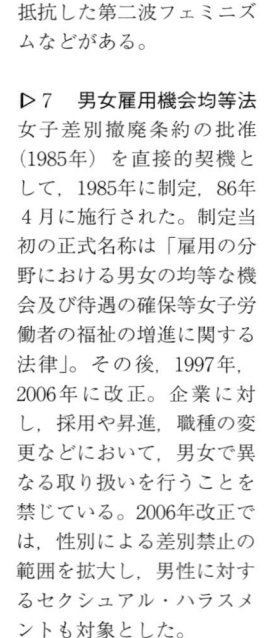

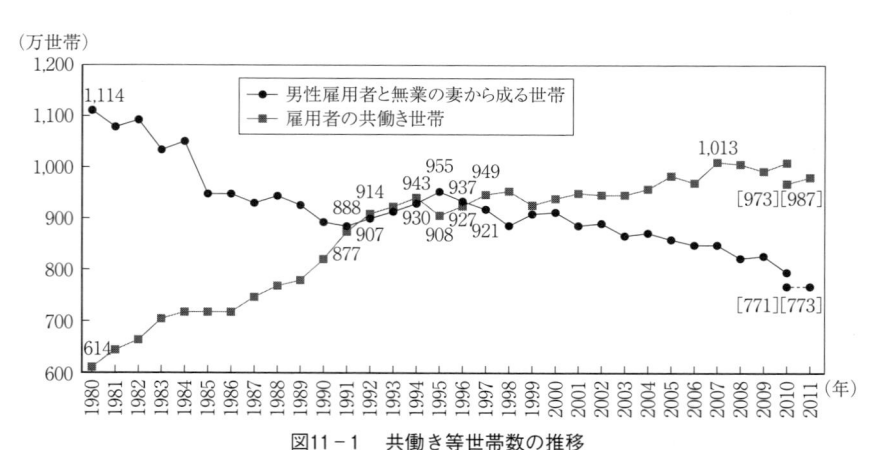

図11-1　共働き等世帯数の推移

注1：1980～2001年は総務省「労働力調査特別調査」（各年2月。ただし，1980～82年は各年3月）。2002年以降は総務省「労働力調査（詳細集計）」（年平均）より作成。

注2：「男性雇用者と無業の妻から成る世帯」とは，夫が非農林業雇用者で，妻が非就業者（非労働力人口及び完全失業者）の世帯。

注3：「雇用者の共働き世帯」とは，夫婦ともに非農林業雇用者の世帯。

注4：2010年および2011年の［　］内の実数は，岩手県，宮城県及び福島県を除く全国の結果。

出所：内閣府（2012, 79ページ）。

いる。

2　家族と学校の役割のゆらぎ

　社会変化のなかで，近代家族像は一定のモデルとしての役割を失い，家族の姿は多様化した。そのなかで，「教育」を担う学校，子どもの世話をし，生存を支える「ケア[8]」を行う家族というそれぞれの役割にも，ゆらぎが見られるようになっている。1990年代以降，「当然家族が担うもの」とされてきた子どものケアが外部化・社会化され，それを受けて，教育機関としての学校制度が変容を迫られているのである。

　ここでは，学校制度の変容の例として，「スクールソーシャルワーカー」の制度化，学齢期や乳幼児期のケアを担う「学童保育」ならびに「認定こども園」の制度変更・創設等を取り上げる。

①　スクールソーシャルワーカー

　スクールソーシャルワーカーとは，虐待や暴力，不登校等といった子どもの抱える問題を，家庭でのケアのあり方を含めて支援する社会福祉の専門家である。2008年度より，学校や教育委員会等へスクールソーシャルワーカーの配置を補助する「スクールソーシャルワーカー活用事業」が開始されているが，この制度創設の背後には，いじめや不登校といった問題は，家庭での虐待や貧困などと関連があることから，教育だけでなく社会福祉的な観点からの支援が必要との認識がある。学校は教育のみならず，ケアも含めた子どもの生活全体を包括的に支援する役割が求められるようになっている。

②　学童期の子どもの居場所

　学童期の子どもに対する家庭外のケアについては，厚生労働省が所管する学童保育[9]が担ってきた。教育課程時間に教育を行う学校と，放課後および長期休業中に家庭の代替としてケアを担う学童保育とは，その機能の違いから明確な違いが存在していたが，この両者のあり方も変化の時期を迎えている。

　1990年代以降，女性の社会進出や家族の多様化を背景とした学童保育に対する社会的ニーズの上昇，学校完全週五日制導入が契機となり，「子どもの放課後」をめぐる政策的関心が高まった。福祉政策においては学童保育のみならず小学校の余裕教室を活用し，希望する全児童を対象とした遊び場を用意する動きが見られ，教育政策においても学校完全週五日制導入を契機とした子どもの「居場所づくり」の一環として，「地域子ども教室推進事業」が取り組まれるようになったのである（佐藤，2009）。さらに，これらの事業はともに小学生児童を対象とし，学校や児童館を活用する類似した事業であることから，2007年度からは放課後にすべての子どもたちが利用できる場として「放課後子ども教室」が開催されるようになっている。従来，家庭で過ごすことが当然視されて

▷8　ケア
生きるうえで他者の助けを必要とする子どもや高齢者，障害者などの要求を満たす行為や関係（育児，介護，介助，看護を含む）。近代日本においては，家庭内の女性（母・妻・嫁・娘）がケアの担い手として想定されてきた。とくに子どものケアは，母親によって担われるべきとの考え（母性神話）が強く，なかでも3歳児以下の乳幼児のケアは，血のつながった母親を絶対視する見方（3歳児神話）がとられてきた。

▷9　学童保育
児童福祉法に基づき，保護者が労働等により昼間家庭にいない小学校に就学している児童に対し，授業の終了後などに小学校の余裕教室や児童館等を利用して適切な遊びおよび生活の場を与えて，その健全な育成を図る事業。正式名称は「放課後児童健全育成事業」であり，設置数は全国で2万4573か所，登録児童数は117万1162人（平成29年5月1日現在）である。

きた放課後の子どもの居場所のあり方は，「教育＝学校」と「ケア＝家庭（代替としての学童保育）」という線引きを越えた制度的課題となっている。

③　幼児教育・就学前教育・保育

　家族の変化にともなう教育制度への影響については，就学前の乳幼児を対象とした教育・保育の領域にも見られる。

　日本の乳幼児施設は，教育行政の所管する幼児教育機関としての幼稚園と福祉行政の管轄となる児童福祉施設である保育所という二元体制がとられてきた。この両施設の機能が，1990年代以降，女性の社会進出や家族形態の多様化，少子化対策の実施を背景として，類似化する傾向が見られるようになっている。具体的には，保育所の「ケア（保護・養護）」機能は預かり保育という形で幼稚園にも求められるようになり，従来，在園児の保育を中心としていた幼稚園・保育所はともに，保護者を対象とした子育て支援活動に取り組むようになった（丹治，2006）。さらに，2006年度に導入され，2015年度の「子ども・子育て支援新制度」で本格実施された「認定こども園[10]」は，「就学前の子どもに幼児教育・保育を提供する機能」と「地域における子育て支援を行う機能」をもつ施設とされ，「教育」と「ケア」の機能の融合が制度的に実現された（丹治，2015）。家族に生じた変化の影響が，幼稚園・保育所の二元体制の基盤を揺るがし，幼児教育・保育制度の変化へと結びついていたのである。

　これまで見てきたように，子どもの社会化の場である家族はその時代に応じて変化し，学校との関係性においても，双方の役割を補完しつつ展開してきた。ただ，本章の冒頭で述べたように，子どもの社会化が個人的・私的な営みであると同時に，国家・社会の構成員を生み出す社会的な営みであることを踏まえれば，私的空間としての家族の選択が常に尊重されるわけではない。とくに2000年代以降，家族のあり方に対し，国家・社会からの統制を加えようとする動きが顕著に見られるようになっている。また同時に，これらの統制に抵抗しようとする新たな動きも見られるようになっている。

　そこで次節では，家族が公的な統制の対象となる「家庭教育」への国家の介入，ならびに国家の統制装置としてのPTA組織に生じた変容を取り上げ，本章の結びとして，子どもの社会化の場である家族の自律性について検討する。

▷10　認定こども園
小学校就学前の子どもに対する保育および教育ならびに保護者に対する子育て支援の総合的な提供を行う施設であり，都道府県知事が条例に基づき認定する。教育機関である幼稚園，児童福祉施設である保育所に加えて，双方の機能をもつ施設として，2006年に新たに創設された。

5　子どもの社会化における「家族」の役割
──国家の家族への介入

⬚1⬚　「家庭教育」への介入

　1980年代以降，「家庭の教育力低下」が叫ばれるようになり，これらの言説

は，家族に対する国家の介入を正当化していった。2006年の新教育基本法^{◁11}には，「家庭教育」に関する事項が新たに設けられた。

▷11　新教育基本法
戦後の民主主義教育の基盤となった旧法（1947年制定）を全面改正し，2006年に第1次安倍内閣の下で成立。従来の「個人の尊厳」を継承しつつ，教育の目標に「我が国と郷土を愛する……態度を養う」という愛国心や，「公共の精神」という規範意識を盛り込んだ。新規条項として「生涯学習の理念」「大学」「私立学校」「家庭教育」「幼児期の教育」などが加えられた。

> 第十条　父母その他の保護者は，子の教育について第一義的責任を有するものであって，生活のために必要な習慣を身に付けさせるとともに，自立心を育成し，心身の調和のとれた発達を図るよう努めるものとする。
> 2　国及び地方公共団体は，家庭教育の自主性を尊重しつつ，保護者に対する学習の機会及び情報の提供その他の家庭教育を支援するために必要な施策を講ずるよう努めなければならない。

　ここでは，父母その他の保護者が，子どもの教育の「第一義的責任を有する」ことが明示された。

　その一方で，私的領域への公的権力の介入を危惧する面も法律や行政側によって示されている。それが，先に示した新教育基本法第10条第2項に示される「家庭教育の自主性を尊重しつつ」という文言である。加えて，この文言については，家庭教育支援の推進に関する検討委員会の報告書（2012，7ページ）においても，「施策を講じるにあたっては，行政が各家庭における具体的な教育の内容を押しつけることのないよう，留意する必要があります」と謳われている。ここからは，2000年代に生じた家庭教育への介入に対する慎重な姿勢がうかがえる。

　しかし，2010年代に入ると，少子化・貧困・子どものいじめ，学力格差などの問題について，家庭教育を支援することによってそれらを乗り越えようとする政策議論が盛んとなった。例えば文部科学省では，2011年より家庭教育支援の推進に関する検討委員会で検討が重ねられ，2017年には自民党から「家庭教育支援法」^{◁12}案が国会に提出される動きが見られた。この法案の未定稿段階では，基本理念の第2条第2項に「子に国家及び社会の形成者として必要な資質が備わるようにする」といった文言が含まれるなど，国民としての子どもという側面を強調し，家庭を国民形成の場として位置づけようとする意図が示されている（二宮，2017）。加えて，「家庭教育支援法」案では，新教育基本法で示された「家庭教育の自主性の尊重」という文言が削られており，介入を容認するものとなっている。

▷12　「家庭教育支援法」案
子どもに関連する問題を「家庭教育力の低下」とみなし，これらの問題解決のため家庭教育を「支援」しようとする法案。2016年，自民党は議員立法として「家庭教育支援法」案を公表し，2017年に修正案を国会へ上程する動きが見られた。一方，この法案が最もプライベートな私的領域（家族）への公的権力の介入につながるとして，批判する声も多数あがった。

［2］　国家装置としてのPTA組織とその問い直し

　2000年代以降，国家による家族への介入が生じているが，他方で，2010年頃から，国家の統制に疑問をもち，家族の選択を尊重・重視しようとする動きも一部見られるようになっている。その一つが，PTA組織に対する問い直しである。
　PTA（Parent-Teacher Association）とは，学校教育法第1章第1条で規定さ

れる学校のうち，大学と高等専門学校を除いた機関に組織されている保護者と教師からなる任意団体である。アメリカで創設され，1947年に連合国軍最高司令官総司令部（GHQ）の民間情報教育局（CIE）の指導の下，教育の民主化のために導入された。

なお，このPTA組織は国家と強い結びつきをもっていた。例えば日本への導入当初，文部省によってPTAの積極的普及が奨励された結果，1年後には約9割の学校にPTAが設置された。PTA運動が起こったアメリカにおいて，小学校PTAの普及率が約2割であったことと比較しても，日本のPTAの普及に国家の強い影響力があったことがうかがえる（岩竹，2017）。

また，PTAの特徴の一つと言えるのが，各学校で組織されるPTAを末端とし，市町村PTA連合，都道府県PTA連合，日本PTA全国協議会へと連なるピラミッド型の構造をなしている点である。さらに，日本PTA全国協議会は，2013年度の公益社団法人化以前まで文部科学省の管理下にあったことから，PTA全体が国家と強い関係性で結ばれた組織であったと言える。

このように国家とかかわりの深いPTAのあり方をめぐって，2010年代以降，とくに入退会の自由に関する議論が生じた。本来，PTAには自由加入の原則があるが，学校現場では加入を義務とする認識が共有されてきた。2009年に全国6指定市の600校におけるPTA役員経験者630人を対象に実施したアンケートによると，入退会の自由を「知らない」との回答は50％を占め，「入会時に説明があった」は17％にとどまっている。役員経験者であっても，自由加入の原則が周知されていない状況が見てとれる。

こうした状況に対し，文部科学省も新たな見解を示している。2010年2月に文部科学省委託事業として開催されたシンポジウム「これからのPTAのあり方」では，市民を交えた議論を受けて，文部科学省の社会教育課長（当時）が，教育委員会の職員と校長に対して，PTAは任意加入ということを広めたいとの意向を示した（教育支援協会，2010）。

ほかにも強制加入をめぐる裁判が起きたり，新聞紙上においてPTA組織の負担や入会義務に関する特集が組まれたりするなど，従来は「全員加入」が当然視されてきたPTAのあり方が，議論の俎上に載せられるようになっている。2010年代以降，「家庭教育支援法」案といった国家による介入を正当化するような動きとともに，市民の側も家族の自律性を担保しようとする取り組みが見られるようになっている。

③ 子育ての場としての家族のあり方

本章では，近世から近代化を経て現代に至るまでの，子育ての場としての家族の変化について概観してきた。そこでは，社会変化の影響を受けながら，家

族・学校の役割が変化している様子が見られた。冒頭にも述べたように，子育てという営み自体が私的な側面と同時に公的な側面をもつものであることから，子どもの社会化の場である家族は，国家・社会からの公的な統制を避けつつ，自律性を担保することが不可欠となる。そして，そのことを観察・記述することが教育社会学の役割でもある。

Exercise

① 「家族」と「学校」はそれぞれ子どもの社会化においてどのような役割を果たしているだろうか。それぞれの役割について整理してみよう。
② 子どもの社会化において，家族でしかできないこと，学校でしかできないことはあるだろうか。またそれはどのようなことだろうか，考えてみよう。
③ 国家が家族を管理するのはどのような場面で見られるだろうか。具体的な事例を探してみよう。

📖次への一冊

小山静子編著『論集 現代日本の教育史第 4 巻　子ども・家族と教育』日本図書センター，2013年。
　　子どもという存在や家族のあり方をテーマに，近世から第二次世界大戦後までを射程に入れた歴史研究を編纂したリーディングス。子ども観や家族像の歴史性が示される。
落合恵美子『21世紀家族へ——家族の戦後体制の見かた・超えかた［第 3 版］』有斐閣，2004年。
　　「家族の戦後体制」というキーワードを切り口に，種々の統計データや資料を用いて，家族に関する認識の相対化を図る。
広田照幸編『リーディングズ 日本の教育と社会第 3 巻　子育て・しつけ』日本図書センター，2006年。
　　規範的な議論に陥りがちな「子育て・しつけ」というテーマについて，社会科学的手法を用いた諸論考を収録した論文集。子育ての「担い手」のあり方を考えることができる。

引用・参考文献

Ariès, P., *L'enfant et la vie familiale sous l'ancien regime*, Plon Paris, 1960（＝杉山光信・杉山恵美子訳『〈子供〉の誕生——アンシァン・レジーム期の子供と家族生活』みすず書房，1980年）.
Badinter E., *L'amour en plus*, Librairie Flammarion, 1980（＝鈴木晶訳『母性という神話』筑摩書房，1991年）.

舟橋惠子「産育保障の時代」舟橋惠子・堤マサエ『母性の社会学』サイエンス社，1992年，63〜132ページ。

広井多鶴子「家庭の機能としつけの依存」広井多鶴子・小玉亮子編著『現代の親子問題——なぜ親と子が「問題」なのか』日本図書センター，2010年a，95〜127ページ。

広井多鶴子「少子化と『家庭の教育力』——少子化は子どもの成長にとって問題か」広井多鶴子・小玉亮子編著『現代の親子問題——なぜ親と子が「問題」なのか』日本図書センター，2010年b，129〜194ページ。

広田照幸「家族—学校関係の社会史——しつけ・人間形成の担い手をめぐって」井上俊・上野千鶴子・大澤真幸・見田宗介・吉見俊哉編『こどもと教育の社会学』岩波書店，1996年，21〜38ページ。

広田照幸『日本人のしつけは衰退したか』講談社，1999年a。

広田照幸「家族と学校の関係史——葛藤論的視点から」渡辺秀樹編『変容する家族と子ども』教育出版，1999年b，24〜44ページ。

広田照幸編「序論」『リーディングス 日本の教育と社会』第3巻「子育て・しつけ」日本図書センター，2006年，3〜17ページ。

本田由紀「教育ママの存立事情」藤崎宏子編『親と子——交錯するライフコース』ミネルヴァ書房，2000年，159〜182ページ。

本田由紀『「家庭教育」の隘路——子育てに強迫される母親たち』勁草書房，2008年。

岩竹美加子『PTAという国家装置』青弓社，2017年。

家庭教育支援の推進に関する検討委員会「つながりが創る豊かな家庭教育——親子が元気になる家庭教育支援を目指して」2012年。

木村涼子『家庭教育は誰のもの？——家庭教育支援法はなぜ問題か』岩波ブックレット，2017年。

小山静子『良妻賢母という規範』勁草書房，1991年。

小山静子『家庭の生成と女性の国民化』勁草書房，1999年。

小山静子『子どもたちの近代——学校教育と家庭教育』吉川弘文館，2002年。

教育支援協会「平成21年度文部科学省『保護者を中心とした学校・家庭・地域連携強化及び活性化推進事業』PTAを活性化するための調査報告書」2010年。

内閣府「平成24年版男女共同参画白書」2012年。

日本済美会編『家庭及教育』東海堂，1906年。

日本スクールソーシャルワーク協会編，山下英三郎・半羽利美佳・内田宏明『スクールソーシャルワーク論——歴史・理論・実践』学苑社，2008年。

二宮周平「家庭教育支援法について」本田由紀・伊藤公雄編著『国家がなぜ家族に干渉するのか——法案・政策の背後にあるもの』青弓社，2017年，25〜56ページ。

落合恵美子『21世紀家族へ[新版]』有斐閣，1997年。

佐藤晃子「近年の『子どもの放課後』をめぐる政策的変容に関する一考察——『生活の場』としての学童保育の位置づけをめぐって」『生涯学習・社会教育学研究』33，2009年，45〜54ページ。

丹治恭子「幼稚園・保育所の機能拡大と幼保一元化——機関を対象とした質問紙調査をもとに」『保育学研究』44(2)，2006年，114〜125ページ。

丹治恭子「『教育』『ケア』をめぐる相克——『幼保一元化』の検討から」金井淑子・竹内聖一編著『ケアの始まる場所——哲学・倫理学・社会学・教育学からの11章』ナカニシヤ出版，2015年，106〜122ページ。

第12章
子どものメディア利用とその行方

<この章のポイント>

　私たちの身近にあるメディア。メディアは情報を伝えるだけでなく，人間の感覚や思考様式にも影響を及ぼすことになる。また，子どもたちは，メディアをとおして多様な他者とつながっている。その時，子どもたちはどのような関係を取り結び，どのような自己を成立させることになるのであろうか。本章では，子どもとメディアとのかかわりについて学ぶ。

1　子どもとメディアの関係

1　子ども特有のメディアとのかかわり

　情報化の波は，社会全体を覆っている。それは，子どもとて，例外ではない。13〜19歳のスマートフォン（以下，スマホと表記）所有者の割合は81.4%である。また，スマホでインターネット（以下，ネットと表記）を利用している者は，79.5%となっており，他のメディアからネット利用している者よりも多くなっている（パソコン61.7%，タブレット型端末31.3%，携帯電話・PHS6.1%）。子どもたちが，スマホをとおしてネットを利用している様子がうかがえる（総務省，2017a）。

　しかし，情報化の波は，人々に同じように押し寄せているわけではない。どのような社会的背景をもつかによって，情報化の影響は異なる。そこで，年齢層ごとのメディア利用の状況について見てみることにしよう。

　第一に，メディアとのかかわり方についてである。「平日の主なメディアの平均利用時間（年代別）」（図12-1）を見てみると，10代と20代では，「ネット」の利用時間が最も長くなっている。それに対して，30〜60代では，「テレビ」を視聴する時間が最も長くなっている。ネットにより親しんでいるのは，若年層であると言える。

　第二に，ネットとのかかわり方についてである。「平日の主なネット利用の平均利用時間（年代別）」（図12-2）を見てみると，10代と20代では，「ソーシャルメディアを見る・書く」時間が最も長くなっている。それに対して，30〜60代では，「メールを読む・書く」時間が最も長くなっている。若年層と，それ

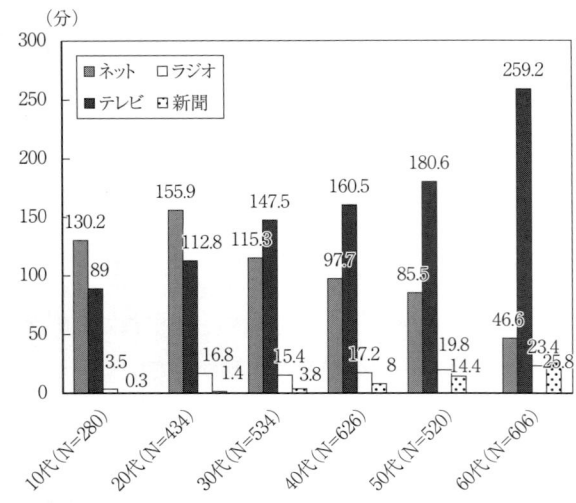

図12-1 平日の主なメディアの平均利用時間（年代別）
出所：総務省（2017年 b）。

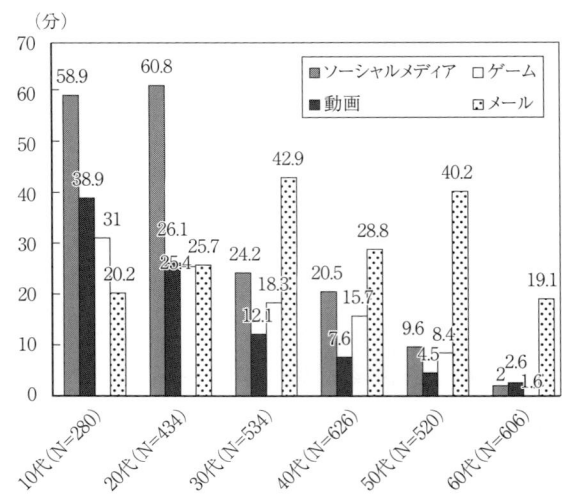

図12-2 平日の主なネット利用の平均利用時間（年代別）
出所：総務省（2017年 b）。

以外の年齢層では，ネットとのかかわり方が異なっていると言える。ちなみに，10代の利用しているソーシャルメディアは，多い順に「YouTube」（84.3％），「LINE」（79.3％），「Twitter」（61.4％），「Instagram」（30.7％），「Google＋」（28.6％）となっている。

　このように，同じ情報社会のなかに生きていても，子どもと大人では，メディアとのかかわり方は違っており，情報化の影響も異なっていると言える。そして，ネットやソーシャルメディアをよく利用している子どもと，テレビやメールをよく利用している大人とでは，それぞれ独特の世界を作り上げていると考えられる。

2　メディアを利用する子どもへの見方

　こうした子どもとメディアとのかかわりに関して，さまざまな問題が指摘されている。例えば，ネットゲームをやりすぎて手が離せなくなる「ネット依存」の子どもが報告されている（『朝日新聞』2017年1月7日付）。また，「パソコンや携帯電話等で，ひぼう・中傷や嫌なことをされる」という「ネットいじめ」も，毎年指摘されている。[1] さらに，交流サイトを利用して児童ポルノや児童買春といった事件に巻き込まれた子どもが過去最高になったことも報告されている（『朝日新聞』2017年4月20日付）。

　子どもとメディアの関係に対して，否定的な捉え方がある一方で，子どもとメディアのかかわりをもっと深めさせようとする動きもある。例えば，中・高校生の部活動の連絡は，LINE を通じて行われるようになってきた。また，ソーシャルメディアを使って就活を行うことが常態化しているし，企業の人事

▷1　文部科学省の調査によれば2016年度の「ネットいじめ」は，中学校では5723件（認知件数に対する割合8.0％），高等学校では2239件（認知件数に対する割合17.4％）となっている（文部科学省，2017）。

部は，ネット検索をして採用候補者の発言をチェックしているとも言われている（『日経産業新聞』2014年7月23日付）。さらに，文部科学省は「情報活用能力の育成」を提唱し，子どもたちが「情報活用の実践力」「情報の科学的理解」「情報社会に参画する態度」の三つの要素を習得することが重要であるとしている（文部科学省「情報活用能力育成のために」2015年3月発表および新学習指導要領）。

３　子どもにとってメディアとは

　子どもとメディアの関係を危惧する意見もあれば，子どもにメディアを積極的に利用させていこうという思惑もある。好むと好まざるとにかかわらず，日常生活を営んでいくうえで，子どもはメディアと付き合っていかなければならない状況にある。そうした状況にあるなか，子どもにとってメディアとはどのような存在なのであろうか。そこで，本章では，三つの視点から，子どもとメディアの関係を考えていくことにする。第一に，メディアからの影響について検討する。第二に，子どもがメディアをとおして，どのような人間関係を構築しているのかを検討する。最後に，子どもとメディアの行方を考察する。

2　情報等を伝えるメディア

１　情報様式を伝えるメディア

　メディアは「媒体」と訳され，一般的には，情報を伝達する乗り物のことであると考えられている（渡辺ほか，1999）。例えば，文字や音や映像，さらには新聞やラジオやテレビのことである。しかし，マクルーハン（M. McLuhan）は，「メディアはメッセージ」というテーゼを打ち出し，そうした一般的な見方を覆した。すなわち，メディアにはそれぞれ特性（形式）があり，それがメッセージを規定するということである。例えば，「ゴメンナサイ」というメッセージを，会って伝えるのか，電話で伝えるのか，LINE で伝えるのかによって，メッセージの伝わり方が異なるということである。このように，「メディアはメッセージ」は，メディアそのものに，人間の感覚に影響を及ぼす力があることに気づかせる警句であると言える（マクルーハン，1991）。

２　思考様式に影響をおよぼすメディア

　オング（W. J. Ong）は，メディアの発展を，(1)口承的，(2)書記的，(3)活字的，(4)電子的という四つのモードが積み重なってきたものとして捉えている。こうしたメディアの変容は，表現手段が変化するだけでなく，人間の思考や記

憶の様式をも変化させていくことになる。例えば，口承的なメディアである話し言葉から，書記的なメディアである書き言葉への移行を考えてみよう。「声の文化」では，発話した後には何も残らないという状況の下，きまり文句，繰り返し，紋切り型，誇張された表現等々を用いて，記憶や思考をすることになる。しかし，「文字の文化」では，言葉が視覚的な記号となることで，言葉はそれが語られる状況から離れて，抽象的カテゴリによる分類，形式論理学的な推論，自己分析等ができるようになる。このように，メディアの変容が，人々の認識の仕方に影響を与えるということが明らかにされた（オング，1999）。

③ 感覚に影響をおよぼすメディア

メロウィッツ（J. Meyrowitz）によれば，伝統的な社会では，「表局域」と「裏局域」が厳密に区分され，公的な場面と私的な場面，大人の世界と子どもの世界等々が分離されることによって秩序づけられていたという。しかし，テレビ，ラジオ，電話が誕生し，そうした電子メディアの情報は，社会的状況を区切っていた壁を抜けていき，どんな距離でも飛び越えていくことになる。その結果，私的な場所が公的な場所に変化したり，逆に公的な空間が私的な空間に変化したりするようになった。また，子どもが大人へと成長するプロセスの早熟化や多様化をもたらすことにもなった。このように，電子メディアが社会的状況や場所の拘束力を低下させ，「場所感の喪失」をもたらすということが示された（メロウィッツ，2003）。

メディアは，情報を伝え，感覚や思考様式に影響をおよぼすだけではない。人と人とをつなげる働きもする。次節ではそれを五つの側面から検討する。

3　人をつなぐメディア

① メディアがつなげる友達関係

宮台は，団塊ジュニア（1970～75年生まれ）の若者たちのコミュニケーション状況を分析するなかで，コミュニケーションの「島宇宙」現象を指摘した。コミュニケーションの「島宇宙」により生み出された広義の〈オタク〉の特徴として，4点があげられている。「①同族の〈オタク〉のメンバー間には共通のジャーゴン（仲間うちで通じる言葉）・行動空間・知識・接触メディアといった符牒があるが，②たがいに『オタク』と呼び合う程度にしか親密ではなく（もちろん実際にそう呼ぶかどうかは問題ではない），③異族の〈オタク〉からみると，まったくの無関心であるか，せいぜい『変な奴ら』『異人種』にしかみえず，④異族の〈オタク〉の『島宇宙』相互には，階層関係や優劣関係がなく，完全

に等価である」（宮台，1994）。コミュニケーションの「島宇宙」というのは，具体的には次のような様子のことをさしている。昔の学校の教室は，教室全体で一体感があったり，教室が二大勢力に分かれ対立したりしていた。つまり，教室内には大きな集団があった。しかし，子どもたちのコミュニケーションが「島宇宙」化することで，教室のなかには2〜4人くらいの小グループが乱立し，教室が細かく分断されているという状況である。この「島宇宙」を作り出すものの一つが，友達と見ているテレビ番組が同じ，好きなマンガが同じ，ハマっているゲームが同じ，お気に入りのアーティストが同じといった契機である。このように，メディアには，友達とつながるネタを提供する機能があると言える。

2　メディアで確認する関係性

　1999年に発表された仲島らの論文によれば，子どもたちは，普段からよく会っている友達とのコミュニケーションをいっそう緊密化させるために，（当時若者に普及していた）携帯電話（以下，ケータイと表記）を使っているという。そして，ケータイで連絡を取り合うことで，仲間との絆をいっそう強め，心理的には24時間一緒にいるような気持ちになれる「フルタイム・インティメイト・コミュニティ」を創りあげていると述べている（仲島ほか，1999）。子どもたちは，ケータイで「いま何してる？」といった他愛のない内容をメールでやり取りをしながら，いつでもどこでも，友達とつながっている。しかし，この「つながり」は，伝えたい内容があるから友だちと「つながる」というよりも，伝えたい内容はなくても友達と「つながる」ことに重きが置かれている。中味はなくとも絶えず連絡を取り合うことで，友達関係を確認しているのである（石井，2003）。メールからLINEへと，子どもたちの連絡手段が変化していっても，こうした状況は受け継がれている。

　こうした「つながり」の背景には，人間関係の制度的基盤が弱まっていることがあげられる。学校の級友を例にすれば，今では，同じクラスの仲間だからといって，相手と無理をして付き合う必要はなくなってきた。しかしそれは，同じクラスだからといって，その関係が維持できるわけではなくなったことでもある。クラスという制度に縛られず，自由で軽やかな関係であると言えるが，不安定で揺らぎやすい関係であるとも言える。こうした二つの側面をもつ友達関係を成立させるためには，友達であることを常に確認する必要がある。その確認するツールとして，メディアが位置づいているのである（土井，2016）。

3 返信速度が親密さの証

なお，「フルタイム・インティメイト・コミュニティ」には，返信ルールがある。すなわち，友達からのメールに対して，1分以内とか15分以内に返信をしないといけないというルールである。しかも，友達からのメールに，早く返事をすることこそ，親密さの証となる。いち早く返事をくれた相手こそが親友であり，30分経っても返事をしないと，無視をしたからもう絶交ということも起こりうるのである（加納，2009）。だからこそ，いつでもすぐに返信ができるように，食事中も，入浴中も，勉強中も，かたときもケータイを手放さず，メールの着信を気にしなければならないのである。

なお，この点も，スマホが普及するにつれて，新たな問題が報告されている。その一つは，LINE の「既読無視」である。それは，中・高生の感想にまつわる次の新聞記事からうかがうことができる。「メッセージを読んだら（相手の画面に）『既読』の印がつく。返信しなくては，という強迫観念に襲われてしまいます」（『朝日新聞』2014年3月6日付）。また，「既読無視」を気にするあまり具合を悪くする生徒もいる。「養護教諭は『夜遅くまで LINE をして具合が悪くなり保健室に来る生徒がいる』と話す。メッセージを読んだのに返事をしない『既読無視』をして相手に悪印象を与えるのが怖くて，スマホを手に持ったまま寝る生徒もいたという」（『朝日新聞』2014年1月23日付）。スマホ時代においても，友達からのメッセージに素速く反応することが，何よりも重要となっていると言える。

4 メディアが提供する見知らぬ他者との出会い

ソーシャルメディアのなかには，実名を明かさず相手とコミュニケーションできるものがある。子どもたちの一部は，ハンドルネームを使用したり，複数のアカウントをやりくりしたりして，匿名の他者と話をしている。匿名性を獲得することで，コミュニケーションの質は変化する。それは，匿名の他者であるからこそ，親密性が増すということである。ネット上での匿名的な関係は，お互いの身元を明かしていないがゆえに，関係性を継続していく義務はあまりない。いつ関係を切断しても問題はない。そうした状況にもかかわらず，それでも関係が継続する時，そこで生まれる親密さは急速に深まる。匿名性を前提としたメディア上の親密な他者を，富田は「インティメイト・ストレンジャー」（富田，2006）と名づけた（図12-3）。

このように，匿名的な関係であるからこそ，今までにない親密さを感じるということもありうる。そして，「イン

▷2 富田は，二つの視点から他者を位置づけた。まず，親密性があり匿名的でない（具体的な）他者が「友人や恋人」である。親密性がなく匿名的でない（具体的な）他者が，隣近所の人のような「顔見知り」である。親密性がなく匿名的である他者が，道で偶然すれ違った人のような「まったくの他人」である。そして，親密性があり匿名性がある他者が「インティメイト・ストレンジャー」である。

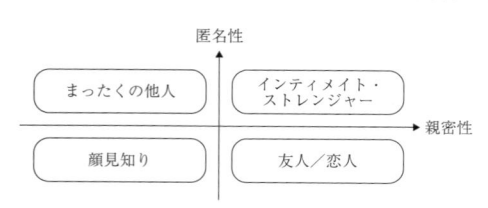

図12-3　インティメイト・ストレンジャー
出所：富田（2006）。

ティメイト・ストレンジャー」とのやり取りに居心地のよさを感じる者も出てくる。居場所に関する調査によれば（内閣府，2017），子どもは，「自分の部屋」（89.0％）と「家庭」（79.9％）に次いで，「インターネット空間」（62.1％）を居場所と感じているという。それは，「学校」（49.2％）や「職場」（39.2％）や「地域」（58.5％）よりも，居場所としての位置づけが高くなっている³。また，「インターネット上の人」と，「楽しく話せる時がある」（37.5％），「他の人には言えない本音を話せることがある」（25.4％），「強いつながりを感じている」（21.8％），「何でも悩みを相談できる人がいる」（21.3％）と回答する者が，2～3割程度いる。ネットを介した人間関係に居場所を感じ，親しみを覚えている子どもたちが，一定の割合でいることがわかる。

▷3　数値（％）は，それぞれの場所を「居場所」とした子どもの割合。

5　映像がつなげる関係

①　写真コミュニケーション

写真には，集団における統合を表す理想化されたイメージを定着させる機能と，そのイメージを用いて，集団を再び統合させるための手段としての機能がある。例えば，家族という集団を取り上げると，七五三，入学式，成人式といったハレの日に撮影した家族の記念写真は，幸せな家族のイメージを記憶させるとともに，その写真を見るたびに，家族のまとまりを再確認する役割を果たすということである。

1980年代になると，全自動コンパクトカメラや使い捨てカメラ（例：「写ルンです」）の登場を一因として，写真コミュニケーションは，個人化していく。家族等の集団の拘束から解放され，友人や恋人といった既知の関係を確認し，強化する機能に進化していった。例えば，友達とスキー旅行に行き，ゲレンデで撮った写真を焼き増しし，みんなに配ることで，友達関係を確認・強化するということである。

1990年代以降は，「プリクラ」（写真シール）の登場により，写真コミュニケーションは，既知の関係以外にも展開していった。関係がある程度深まったから記念写真を撮るのではなく，出会った人とはすぐに「プリクラ」を撮る。それをプリクラ手帳に貼り付け，不特定多数の人間関係をもち歩き，自己紹介代わりにプリクラ手帳を見せるというスタイルが流行した（角田，2016）。その背景には，不特定多数の人々とのつながりを志向しつつ，その時に望む相手と選択的につながるという，若い世代特有の人間関係の取り結び方がある⁴（松田，2000）。

▷4　「選択的関係」とは，ケータイの着信表示を見て電話に出るかどうかを決めるという通話選択行動等から生まれた概念である。何らかの興味や関心で結ばれた関係であり，個人の意志でいつでも切ることのできる関係性である。若者の人間関係希薄化論を批判する立場の概念である（松下，2012，78ページ）。

カメラつきケータイの登場と写真つきメール（例：「写メール」）の普及によって，こうした傾向は進化し，さらにソーシャルメディアの写真コミュニケーションにつながっていく。近年では，Instagram に写真を載せることが注目さ

れている。「インスタ映え」する写真をアップすることで，「リア充」である自己を示し，「いいね」をもらうことで自己の承認欲求を満たすという，新しい写真コミュニケーションが誕生している。

② 動画のつながり

動画は，プロが作成し，完成品を広く発表するという状態が長く続いてきた。例えば，映画監督が映画作品を撮り，それを映画館で公開するというものである。しかし，YouTube の登場により，素人でも，また未完成のものでも，不特定多数に公開することができるようになった（水野，2014）。そうしたなかで，YouTube に動画を投稿する子どもたちが出現してきた。素人の拙い作品でも，玄人では思いつかない発想や表現があり，人気を博しているものが数多くある。また，将来の職業として，ユーチューバーをあげる子どもも報告されている（『毎日新聞』2017年4月6日付）。

これほどまで，子どもたちを引きつける YouTube には，何があるのであろうか。一つは，再生回数である。自分が投稿した動画が，どれくらいの人が見たのかが明確になり，量的な評価がわかる。もう一つは，コメント機能である。他者からの批評によって，投稿動画の質的な評価がわかる。YouTube の登場により，誰でも自分の実力を試すことができ，一躍有名人になることも夢ではなくなった。学校が生活の中心にある多くの中学生，高校生は，日本のみならず世界的な人気者になれるチャンスを秘めた YouTube の世界を魅力的に感じているであろう。

しかし，不特定多数の評価というのは，幅広い人たちの評価であるかどうかは，不透明である。「デイリーミー（Daily Me）」という概念があるように，ネットでは，人々は自分に興味のある情報しか収集しないと言われている。したがって，YouTube の評価も，ある趣向性をもつ偏った者の意見にすぎないのかもしれない。また，たくさんの人から高く評価される可能性があるということは，裏を返せば，激しく批判される可能性もあるということである。「サイバーカスケード（Cyber Cascade）」という概念があるように，ネットは同じ思想や意見をもつ人をつなげやすく，その結果，集団極性化を引き起こしやすいと言われている（田中ほか，2016）。投稿された動画が，気にくわないと判断されれば，「炎上」する可能性がある。

4 子どもとメディアの行方

子どもや若者は，ネット社会のなかで，どのような人間関係を取り結んでいるのであろうか。筆者の授業を受講している4年生の女子学生に，LINE グループについて尋ねてみた（2017年12月上旬）。彼女は，134の LINE グループに

所属しており，そのなかに友達が714人登録されている。主な LINE グループは11個あり，それは「学科ゼミ」「教職ゼミ」「大学仲良し」「サークル」「今のバイト」「昔のバイト」「趣味」「予備校時代のクラス」「高校時代のクラス」「高校時代の部活」「中学校時代のクラス」である（図12-4）。それぞれのなかの数字は，そのなかにいくつの LINE グループがあるのかを示している。例えば，「趣味」グループには，連絡用と雑談用の LINE グループの二つがある。連絡用は，い

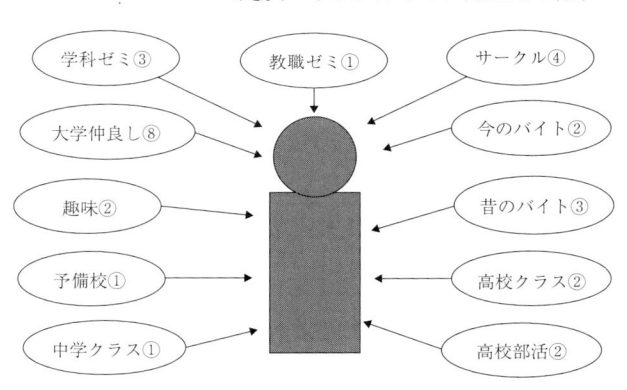

図12-4　女子学生の主要な LINE グループ
注：数字はグループの数を示す。
出所：筆者作成。

つどこに集合するなどの業務連絡に特化した内容を共有するためのもので，大事な連絡が，他のメッセージに埋もれてしまわないようにしている。また，雑談用では，趣味に関する感想や意見をはじめ，他愛のない話もしているという。一番多い「大学仲良し」グループには8個あり，その内訳は「6人全体」と「女子のみ（4人）」の LINE グループが1個ずつと，6人の誕生会開催用の LINE グループが6個ある。それは例えば，「A さん誕生日会用」には，A さんを除く5人が参加しているグループであり，同様に「B さん誕生日会用」には，B さんを除く5人が参加しているグループという具合になっていて，合計六つある。さらに，ゼミ合宿があると，「学科ゼミ」内に，それ専用の LINE グループを立ち上げたり，サークルの飲み会があると，「サークル」内に，それ専用の LINE グループを立ち上げたりして，さまざまなイベントごとに新たなグループを立ち上げていくという。

　なお，イベントが終了した後に，そのグループから退会すれば，LINE グループは，もっと少なくてすむらしい。しかし，彼女はできるだけ退会したくないという思いがあり，134もの LINE グループがあるという状況になっているという。たくさんの人間関係に取り囲まれていて，「LINE でやりとりするのは大変じゃないの」と尋ねると，「三つ四つの会話を同時にしている感じだけど，慣れているし，大変じゃないです」と答えた。

　この「三つ四つの会話を同時にしている」という言葉が気になり，それをヒントにして，彼女の LINE でのやり取りを勝手にイメージしたものが，図12-5である。図を説明すると，基本的には，「学科ゼミ」のグループで，ゼミ合宿をどこにするのかを話し合っている。その話の間に，「今のバイト」先から来週のシフトの話が入ってきたり，「高校時代のクラス」の仲間からみんなで会う約束の話が入ってきたり，「大学仲良し」グループの仲間から誕生プレゼントについての話が入ってくるという状況である。「学科ゼミ」「今のバイト」

▷5　鈴木は，現実空間に情報の出入りする穴がいくつも開いている状態のことを「現実の多孔化」と名づけた（鈴木，2013，12ページ）。

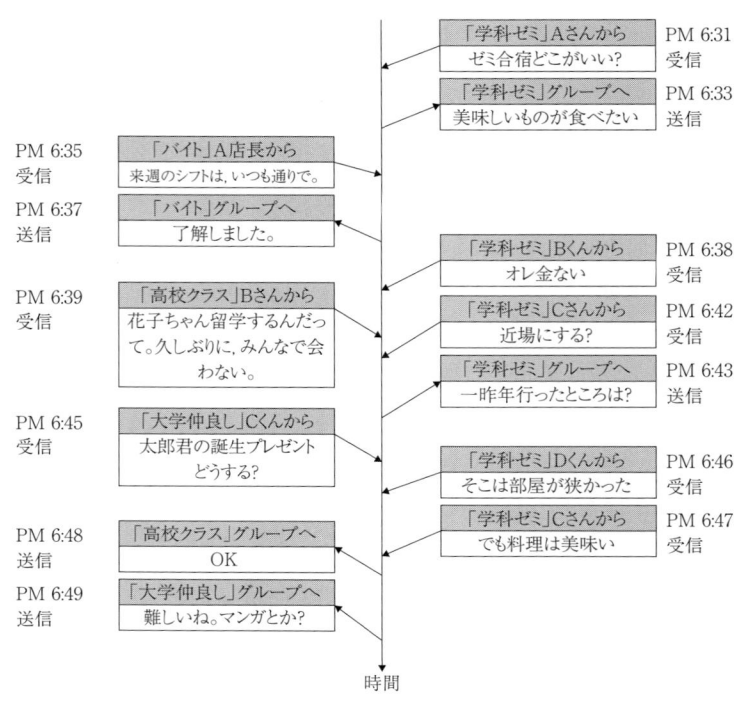

図12－5　女子学生のある日の LINE でのやり取りのイメージ
出所：筆者作成。

「高校時代のクラス」「大学仲良し」グループとの話が，同時並行的に進みつつも，それぞれの話を上手くやりくりしているというイメージである。似たような経験をしている子どもは，多いのではないであろうか。

　ケータイもスマホもない時代，子どもたちは，昔の友達との関係は，時間が経つにつれて薄れていったし，遠くにいる友達との関係も，距離がネックとなり薄れていった。またその時代の「イエ電」（自宅の固定電話）での通話は，基本的には相手と話すことに集中できた。しかし，ケータイが登場することで，昔の友達や遠くの友達との関係は自然消滅せずに，継続していった。そして，ついさっきまで会っていたいろいろな人とも，ケータイで三つ四つの会話をすることができるようになった。スマホの時代になると，そうした流れはさらに強化されていった。つまり，今の子どもたちの人間関係は，昔と比べて，かなり重層化していると言える。この重層化した人間関係を維持するために，子どもたちは，常に誰かと「つながっている」という日常を過ごすことになる。

　こうした状況にあるなか，子どもたちは，人間関係の中心をどこに置くことになるのであろうか。例えば，「大学仲良し」グループが，人間関係の中心であり，そのすぐ周りに「学科ゼミ」「サークル」グループが位置づき，さらにその周りに「今のバイト」「趣味」グループが位置づいていくというように，中心から周辺へ，親しい集団から親しくない集団へと，同心円状に広がるよう

な構図になっているのであろうか。それとも，それぞれのグループが，同じように重要な集団と感じていて，中心がたくさんあるという構図になっているのであろうか。子どもたちにとって「意味ある他者」とは，誰なのか。これからも，子どもたちの居場所の行方に注目していく必要がある。

　なお，ここでは，LINE でのやり取りしか取り上げなかった。それ以外にも，Twitter などのソーシャルメディアも，同時に利用している若者も多いであろう。そうしたなかでは，多様な他者とやり取りしていると考えられる。例えば，「学科ゼミ」の友達のように，現実世界でもネット世界でもよく会う他者。「中学校時代のクラス」の友達のように，ネットでしかやり取りをしなくなった他者。Twitter のみでやり取りする，ネット上の匿名の他者。現実とネットが融合しつつあるなか，子どもたちは，多様な他者とかかわることで，どのような自己を成立させることになるのであろうか。ソーシャルメディアでつながった他者に対して瞬時に立ち上げる「その都度の私」。三つの会話を同時にこなす「多様な顔を持つ私」。「イツメン（いつものメンバー）」と他愛のない話をする「素の私」。匿名の他者とやり取りする「顔のない私」等々。これからも，子どもたちの自己の行方に注目していく必要がある。

　このように，子どもたちは，メディアからさまざまな影響を受けている。しかし，メディアは，消費者の意識や行動を取り入れながら進化している。メディア業界にとって，子どもは主要な「お客様」の一人である。子どもの意識や行動も，メディアの進化に組み込まれている。子ども自身もメディアに影響をおよぼしているということも忘れてはならない（石井，2016）[7]。

▷6　**意味ある他者**（significant others）
自我の成立に大きな影響をおよぼす具体的な他者のことである。例えば，両親，教師，遊び仲間等があげられる。「意味ある他者」との相互行為をとおして，個人は，他者の役割を取得し，それに反応することで，自我を成立させる。その後，「一般化された他者（generalized other）」を内面化するとされている（ミード，1990）。

▷7　一般的には，科学技術（情報・メディア技術）が社会を変えると考えられている（技術決定論）。しかし，科学技術（情報・メディア技術）は社会文化によって作られるということにも注目する必要がある（社会決定論）。

Exercise

① 一日をとおして，どのようなメディアをどれくらいの時間利用したのか記録してみよう。それを見て，自分とメディアとのかかわり方について，良い点と悪い点を考えてみよう。

② 自分にとって「意味ある他者」は誰であり，その人たちとどのようにつながっていて，その人といるとどのような気持ちになるのかを書き出してみよう。それを見て，自分はどのような人間関係の網の目のなかにいるのかを振り返ってみよう。

③ あなたが教師になった時，子どもたちにメディアとのかかわりを，どのように指導すればよいのか考えてみよう。

📖次への一冊

吉見俊哉・若林幹夫・水越伸『メディアとしての電話』弘文堂，1992年。

　　　テレビ等のマス・メディアと比べ，パーソナル・メディアである電話は，ほとんど注目されてこなかった。本書は，電話を研究対象として本格的に取り上げた先駆的な位置づけにある。

フィッシャー，C. S.，吉見俊哉・松田美佐・片岡みい子訳『電話するアメリカ──テレフォンネットワークの社会史』NTT出版，2000年。

　　　アメリカに電話が普及していくプロセスを丹念に調べることで，電話会社の予想を裏切る形で，電話の利用法が社会文化的につくられていったことを明らかにした。

岡田朋之・松田美佐編『ケータイ学入門──メディア・コミュニケーションから読み解く現代社会』有斐閣選書，2002年。

　　　日常生活のさまざまな場面でケータイがどのように利用されているのかを社会学的視点から分析するとともに，それをとおして現代社会を捉え直す内容。ケータイ研究を代表する一冊。

長谷正人編『映像文化の社会学』有斐閣，2016年。

　　　スマホでは，言葉だけでなく，映像もやり取りされている。社会生活における「映像とは何か」を幅広く考えさせる内容となっている。

富田英典編『ポスト・モバイル社会──セカンドオフラインの時代へ』世界思想社，2016年。

　　　スマホの普及により，リアル空間においてオンライン情報を常時参照するという行動が定着しつつある（セカンドオフライン）。こうしたスタイルが広がるなかで，モバイルメディアと社会との関係を多様な視点から考察した。

引用・参考文献

土井隆義「ネット・メディアと仲間関係」佐藤学他編『変容する子どもの関係』岩波書店，2016年，101〜128ページ。

石井久雄「携帯電話で結ばれた青少年の人間関係の特質──『フルタイム・インティメート・コミュニティ』概念をめぐって」『子ども社会研究』9，2003年，42〜59ページ。

石井久雄「子どもとスマホの関係を捉える視点に関する一考察」『明治学院大学教職課程論叢　人間の発達と教育』12，2016年，75〜93ページ。

角田隆一「コミュニケーションをつくる映像文化」長谷正人編『映像文化の社会学』有斐閣，2016年，99〜117ページ。

加納寛子『即レス症候群の子どもたち──ケータイ・ネット指導の進め方』日本標準，2009年。

ミード，G. H.，稲葉三千男・滝沢正樹・中野収訳『精神・自我・社会』青木書店，1990年。

マクルーハン，M.，栗原裕・河本仲聖訳『メディア論──人間の拡張の諸相』みすず書房，1991年。

松田美佐「若者の友人関係と携帯電話利用──関係希薄化論から選択的関係論へ」『社

会情報学研究』4，2000年，111〜122ページ。

松下慶太「若者とケータイ・メール文化」岡田朋之他編『ケータイ社会論』有斐閣選書，2012年，61〜79ページ。

水野博介『ポストモダンのメディア論』学文社，2014年。

宮台真司『制服少女たちの選択』講談社，1994年。

メロウィッツ，J.，安川一・高山啓子・上谷香陽訳『場所感の喪失　上――電子メディアが社会的行動に及ぼす影響』新曜社，2003年。

文部科学省「平成28年度児童生徒の問題行動不登校等生徒指導上の諸課題に関する調査」2017年。

仲島一朗・姫野桂一・吉井博明「移動電話の普及とその社会的意味」『情報通信学会』16(3)，1999年，79〜92ページ。

内閣府「平成29年版子供・若者白書」2017年。

オング，W. J.，桜井直文・林正寛・糟谷啓介訳『声の文化と文字の文化』藤原書店，1999年。

総務省「平成28年通信利用動向調査の結果」2017年a。

総務省「平成28年情報通信メディアの利用時間と情報行動に関する調査報告書」2017年b。

鈴木謙介『ウェブ社会のゆくえ――〈多孔化〉した現実のなかで』NHKブックス，2013年。

田中辰雄・山口真一『ネット炎上の研究』勁草書房，2016年。

富田英典「ケータイとインティメイト・ストレンジャー」松田美佐・岡部大介・伊藤瑞子編『ケータイのある風景』北大路書房，2006年，140〜163ページ。

渡辺武達・山口功二編著『メディア用語を学ぶ人のために』世界思想社，1999年。

第13章
教育社会学の課題と展望

〈この章のポイント〉

　本書の各章が描いてきたように，現代の日本はより多様な側面を見せる社会へと変貌している。一つの考え方だけでは対応できない社会的現実を前にして，学校教育はさまざまな価値や規範を扱わなければならない。それを受けて教育社会学には，学校が社会のなかで果たす役割の実際をさらに仔細に捉える必要が生じている。本章では，学校教育による「選抜・配分」のみならず「社会化」という現象の重要性に着目し，教育が支える社会統合のありようを，時に社会政策の文脈に照らして，時に批判的な観点から考えることが，これからの教育社会学の課題であることを学ぶ。

1　共生を志向する社会としての現代日本

1　障害者差別解消法と国民の責務

　一例として，現代社会での障害理解の変化から話を始めたい。

　日本では2016年4月に「障害を理由とする差別の解消の推進に関する法律（障害者差別解消法）」が全面施行された。第1条にはこの法律の目的として，「障害を理由とする差別の解消を推進し，もって全ての国民が，障害の有無によって分け隔てられることなく，相互に人格と個性を尊重し合いながら共生する社会の実現に資すること」が掲げられている。人々の社会生活が障害の有無によって隔てられてきたことを社会の問題と捉え，共生を志向すべきであることが法に明記されたのである。

　それに先んじて学校教育に関しては，2012年7月に中央教育審議会（中教審）初等中等教育分科会において，「共生社会の形成に向けたインクルーシブ教育システム構築のための特別支援教育の推進」が提言されている。この提言の要点は，インクルーシブ教育を，個別の教育的ニーズに対する「多様な学びの場」を提供するものとして性格づけしたことにある（文部科学省初等中等教育局特別支援教育課，2012）。

　その実践のために必要となるのが，合理的配慮の考え方と基礎的環境整備である。障害者が受ける社会的制約は，身体機能それ自体に起因するものに限られない。むしろ，ある身体の状態では利用や参入ができないとする制度や慣習

▷1　合理的配慮
障害者の権利に関する条約（障害者権利条約）第2条において，合理的配慮とは「障害者が他の者との平等を基礎として全ての人権及び基本的自由を享有し，又は行使することを確保するための必要かつ適当な変更及び調整」と定義されている。必要性・適切性を積極的に見出していく思考が求められている。これの否定は障害を理由とする差別に含まれる。この考え方が，初等中等教育分科会の報告や障害者差別解消法にも貫かれている。

障害者権利条約を踏まえて2011年に改正された障害者基本法第2条において，社会的障壁とは「障害がある者にとつて日常生活又は社会生活を営む上で障壁となるような社会における事物，制度，慣行，観念その他一切のもの」と定義されている。社会のなかにある習慣や考え方もまた，障害のある人間が何かを「できない」ことの原因となりうる。

▷3　障害理解の社会モデル
例えば社会のなかにメガネやエレベーターがあることで，視力の弱い人や足腰の弱い人が日常生活における支援を得ている。このように，ある身体の特徴が「障害」となるか否かは，社会のあり方に拠るとする考え方が「社会モデル」である。対して，ある個人の身体そのものに原因を求める考え方を「医学モデル」と呼ぶ。

▷4　障害者の権利に関する条約（障害者権利条約）
2006年12月に国連総会で採択された。日本政府は2007年9月に署名し，2014年1月に批准書を寄託，翌月に日本国内での発効をみた。

▷5　定常型社会
経済成長を前提とした拡張型の社会に対して，定常経済を前提として資源の活用や富の再分配を有効に行っていく社会のこと（デイリー・枝廣，2014）。経済成長そのものが，社会の近代化にともなう人口増加によるボーナスであるとする経済学説もある（ピケティ，2014，99ページ）。人口増加を期待しない段階に至った社会においては，低成長かつ持続可能性の高い社会のモデルを構想することの必要性が唱えられている。

こそが，制約の原因となる場合が多い。そのような社会的障壁[2]をいかに取り除くかが，学校の具体的な場面に沿って問われるようになった。

"ある身体の状態は，それを取り巻く不寛容な社会の状態があって初めて「障害」となる"――このような見方から障害なるものを理解することを，障害理解の社会モデル[3]と呼ぶ。障害のある子どもとない子どもとがともに学ぶ場を整備する際には，この社会モデルの障害観が前提とされることになる。すなわち「全ての国民が相互に人格と個性を尊重し合いながら共生する社会」の実現とは，単に障害者の生活支援にとどまるものではなく，人々を取り巻く社会制度を整備し直していくことなのだと，障害者差別解消法やインクルーシブ教育システム構築の提言において含意されたのである。

これらは，「障害者の権利に関する条約（障害者権利条約）[4]」に対応した法整備の成果である。したがって障害者差別解消法の第4条には，「国民は，第1条に規定する社会を実現する上で障害を理由とする差別の解消が重要であることに鑑み，障害を理由とする差別の解消の推進に寄与するよう努めなければならない」と記されている。すなわち障害者差別の解消は，今日では国際社会に向けて法的に規定された「日本国民の責務」となっている。

［2］　後期近代と個人化する社会

このように，従来の障害理解のあり方は現在，大きく改められている。

ここでより広く視野をとってみると，物事の見方・考え方についての同じような変更は，その他の社会現象にも生じていることに気づくだろう。ナショナリティとエスニシティ，ジェンダーやセクシュアリティ，身体，世代，階級・階層といった社会の側面である。人々の社会生活を基礎づける認識や社会制度のあり方は，これらの領域で従来の状態から大きく変化している。

そもそも近代の社会は，産業化によって推進力を得，産業社会としての充実の程度をもって近代化の指標としてきた。社会の主たる担い手は健康な成年男性国民とし，そのことから障害者，女性，高齢者や未成年者，あるいは外国人を，相対的に副次的な社会的地位に置く社会制度が構築された。その際，学校教育は男性と女性，健常者と障害者，国民と外国人といった二項図式を採用し，次の世代に伝達する役割を担ってきた。むしろそのような社会制度や教育制度が確立されることが，社会の近代化として捉えられてきたと言える。

しかし現代，産業社会としての一定の達成を果たした状況において，高度な経済成長を前提とした社会のあり方からの転換が生じている。そこで要請されるのは，例えば定常型社会[5]としての持続可能性である。近代化の産物としてあったナショナリティ，性別，障害，世代，階層などについての認識の枠組みが，社会のあらゆる局面で問い直され，組み直されているのはそのためである。

このように，かつて近代の名のもとに創られた制度が再び近代化の対象となっていくことを，社会学では「再帰的近代化（近代の近代化）」と呼んでいる（ベックほか，1997）。伝統社会から産業社会への移行期においては，克服されるべきものは伝統社会の遺制であった。近代的な社会制度はその克服の過程で形づくられた。しかし現代に生きる人間が直面するのは，むしろ近代に創られた制度が原因となっている問題でもある。近代の産物としての社会制度を，今一度合理化すべく捉え直すようになった状況を，それ以前の状況と区別して「後期近代」と呼ぶ。

再帰的近代化はまた，人々の社会生活のあり方を決定する単位が次第に個人へと向かう，個人化という現象とも不即不離に進行するものである。ある人間を取り巻く社会関係について「伝統的にそうなっている」という説明以上のものを求めたのが近代であり，自由や平等や人権といった理念が，個人の運命についてのより合理的な説明を与えることになった。その意味で，個人化は近代化を推し進める根源的な力だと言える。20世紀をとおして家族の基本的形態が次第に核家族へと向かい，さらには家族の構成員が個人としてそれぞれ別個の人生を営む状況となったことなどは，個人化現象の最たる例である。

その変化にともなって，男性・女性の家族内外での役割が変化し，さらには性別による役割といった考え方そのものが無効になってきたことを思い浮かべることもできるだろう。そのなかで生じたのが，性別を男性と女性との二項図式で捉える従来の認識枠組みを見直す作用である。「全ての国民が共生する社会」の形成が掲げられ社会制度が組み直されるのは，別なるありようを示し始めた人間存在を，再び新たにつなぎ直そうとするためである。

③　キャッチアップ型社会と知識基盤社会

文部科学省の掲げる知識基盤社会という概念も，社会学的にはこうした系譜に位置づけられる。2005年1月の中教審答申「我が国の高等教育の将来像」において，21世紀は「知識基盤社会（knowledge-based society）」の時代であると述べられ，そこでは「新しい知識・情報・技術が政治・経済・文化をはじめ社会のあらゆる領域での活動の基盤として飛躍的に重要性を増す」とされた。さらに，知識基盤社会のより具体的な特質として，(1)知識には国境がなく，グローバル化がいっそう進む，(2)知識は日進月歩であり，競争と技術革新が絶え間なく生まれる，(3)知識の進展は旧来のパラダイムの転換をともなうことが多く，幅広い知識と柔軟な思考力に基づく判断がいっそう重要となる，(4)性別や年齢を問わず参画することが促進される，といったイメージが掲げられた。ここでは人間の個人化された社会生活が前提にされていると言えよう。

この概念規定を生み出す考え方は，2004年9月時点での中教審の「審議の概

▷6　後期近代
20世紀終盤からの人間社会がそれ以前とはどこか異なる変動を経験していることは，多くの人が了解できるだろう。変動以前の時代は，「古典的近代」「固定的近代」などと呼ばれる。そのうえで，変動以降をそれまでの近代性とは異なる原理が作用し始めた時代と捉えれば，それは「脱近代（ポストモダン）」論となる。しかし変動以前の時代を「前期近代」と捉え，その延長線上に「後期近代」としての現代を位置づければ，そこに作用している原理は変わらぬ近代性ということになる。これが「後期近代」論である。

▷7　個人化
社会生活のあり方を決定する単位が次第に「個人」になっていくこと。かつて人間の人生には親族集団の意向が大きくかかわったが，その集団は次第に核家族へと推移し，やがて人生にかかわる決断や責任の主体は個人を単位とするようになった。

▷8　知識基盤社会
新しい知識，情報，技術が政治・経済・文化をはじめ，社会のあらゆる領域での活動の基盤として飛躍的に重要性を増した社会。

▷9　キャッチアップ
追いつくこと。巻き返すこと。遅れて近代化を開始した社会（後発社会）が，先進社会で達成された政治・経済・社会の諸制度と同等の水準に至ること。

要」に見ることができる。そこでは日本社会が，「20世紀末には『キャッチアップ』の時代を脱して『フロントランナー』の時代へと足を踏み入れた」と表現されている。2005年1月答申の最終的な文言においても，「もはや欧米の先進的な経済・文化を吸収し改良・模倣するばかりでなく，政治・経済，産業，教育，科学技術・学術，芸術・文化，スポーツ，環境等様々な領域で世界のリーダーの一員として新たなモデルを積極的に発信していくことが求められている」と，日本の近代化の局面が変化したことが捉えられている。

　さらに，2008年1月の中教審答申「幼稚園，小学校，中学校，高等学校及び特別支援学校の学習指導要領等の改善について」では，知識基盤社会化やグローバル化が「アイディアなどの知識そのものや人材をめぐる国際競争を加速させるとともに，異なる文化・文明との共存や国際協力の必要性を増大させている」とされた。知識基盤社会が「競争」と「共存」を同時に必要とする場であることを，同答申は次のように表現している。

　「競争」の観点からは，……自己責任を果たし，他者と切磋琢磨しつつ一定の役割を果たすためには，基礎的・基本的な知識・技能の習得やそれらを活用して課題を見いだし，解決するための思考力・判断力・表現力等が必要である。しかも，知識・技能は，陳腐化しないよう常に更新する必要がある。生涯にわたって学ぶことが求められており，学校教育はそのための重要な基盤である。

　他方，同時に，「共存・協力」も必要である。国や社会の間を情報や人材が行き交い，相互に密接・複雑に関連する中で，世界や我が国社会が持続可能な発展を遂げるためには，環境問題や少子・高齢化といった課題に協力しながら積極的に対応することが求められる。このような社会では，自己との対話を重ねつつ，他者や社会，自然や環境と共に生きる，積極的な「開かれた個」であることが求められる。

▷10　確かな学力
基礎的・基本的な「知識や技能」に加えて，「学ぶ意欲」や「思考力・判断力・表現力等」を含めた幅広い学力の概念。自分で課題を見つけ，自ら学び，主体的に判断し，行動し，よりよく問題解決する資質や能力などをも含めたもの。

　競争の観点から「確かな学力[10]」，また共存の観点から「共に生きる」ことが必要だとしたこの説明は，後期近代において目指される社会の持続可能性を視野に入れたものだと言える。知識基盤社会を想定した人間観は，社会の価値や規範の変化への対応を，学校教育に要請するために掲げられたのである。

2　社会の変化に対応する学校教育

1　学校教育と「共に生きる力」

▷11　生きる力
変化の激しいこれからの社会を生きるために必要な，「確かな学力」「豊かな心」「健やかな体」の知・徳・体の要素がバランスよく調和した力。1996年の中教審答申において示され，学習指導要領［平成10年改訂］の基本理念となった。学習指導要領［平成20年改訂］では，「生きる力」を育むという理念を中軸とし，その具体的な方策が提示された。

　2008年1月の中教審答申では，「生きる力[11]」の理念を広く共有することが掲げられていた。その具体的方策の第一として，生きる力とは社会において自立的に生きる力であるとし，「自立」の面が明示された。第二に学力については，「知識・技能の習得」と「知の活用能力」の双方のうえに「思考力・判断力・表現力等」の育みを位置づける，構造的把握に立つことが強調された。そ

して第三に，生きる力は「関わり」に支えられているとし，社会や自然のなかで「他者と共に生きる力」が強調された（児島，2008）。

　これを受けた学習指導要領［平成20年改訂］には，実際に「共生」や「共に生きる」という言葉が頻出している。例えば小学校学習指導要領では，社会科において，「外国の人々と共に生きていくためには異なる文化や習慣を理解し合うことが大切であること，世界平和の大切さと我が国が世界において重要な役割を果たしていることを考えるようにする」（社会・第6学年・内容(3)）といった指導が促された。中学校学習指導要領には特別活動で，「共に助け合って生きることの喜びを体得し，ボランティア活動などの社会奉仕の精神を養う体験が得られるような活動を行うこと」（特別活動・学校行事・内容(5)）と示され，これは高等学校の特別活動にも同じ内容が示された。

　高等学校学習指導要領においては，とくに公民科と家庭科において「持続可能な社会」や「民主社会」としての「共に生きる社会」が概念化されており，「高齢者や障害のある人々など様々な人々が共に支え合って生きることの重要性を認識し，家庭や地域及び社会の一員として主体的に行動することの意義について考えさせる」（家庭・家庭基礎・内容(1)）といったことが求められるようになった。共生社会を形成していく主体を育てるための資源は，学校教育の内容に段階的かつ教科横断的に埋め込まれたと言える。

　このように，知識基盤社会における新たな社会的価値・規範への対応は，「生きる力」の伝達と結びつけて語られている。「生きる力」の概念は，1996年7月の中教審答申「21世紀を展望した我が国の教育の在り方について」で示され，学習指導要領［平成10年改訂］の基本理念となった。その知の側面である「確かな学力」は，学習指導要領［平成元年改訂］で採用された「新学力観」を前提にしている。

2　「ゆとり教育」とそれへの批判

　学習指導要領［平成元年改訂］は，さらにさかのぼって1984年に発足した臨時教育審議会（臨教審）が行った4次の答申に基づいている。臨教審は，1970年代から80年代にかけて取り上げられるようになった詰め込み主義，非行，校内暴力といった学校の諸問題への対処を議論し，原因を教育の画一化，管理的な行政体質などに求めたうえで，「個性重視の原則」という方針を打ち出した。「新学力観」はその文脈で，知識や技能を中心とする従来の学力観に対して，提起された。児童生徒の思考力や問題解決能力を重視する方針は，1990年代以降の教育改革の基調の一つとなった。

　しかし1980年代は日本の自由民主党政権のみならず，アメリカの共和党政権，イギリスの保守党政権などが力を得て，新自由主義に基づく政治運営を推

▷12　臨時教育審議会
中曽根内閣のもとで長期的かつ広い観点から教育問題を検討するために，1984年に設置された諮問機関。4つの部会を設け，それぞれ「21世紀を展望した教育の在り方」（第一部会），「社会の教育諸機能の活性化」（第二部会），「初等中等教育の改革」（第三部会），「高等教育の改革」（第四部会）を議論した。1985年から87年にかけて4次の答申を行った。

▷13　新自由主義
ネオリベラリズム。政治や経済の分野で，個人の自由と競争を重視し，市場原理を大前提とした思考を行うこと。端的には，福祉国家という社会のあり方を批判する。

進した時代であった。臨教審の議論自体が，自由化を是とする構造改革の考え方を教育の分野に直接的にもち込むものであったことには留意する必要がある（山崎，1986）。教育の画一化の問題を打破するための「自由化」は，もっぱら教育を行う側の自由を増大させる規制緩和策として構想された。結果として，その後の教育改革において教育の市場化[14]が顕著に促進されることとなった。

　近代という時代の発端が市民革命と産業革命に求められることからもわかるように，われわれの社会関係や社会制度は市民主義と産業主義のバランスのうえに成立している。「自由化」は，市民主義に基づけば権利の確立などによる市民的自由の追求を意味するが，産業主義に基づけば規制緩和などによる合理性の追求の意味をもつ。そして再帰的近代化はそれらの意味の従来のバランスを変えることになる。そこに生じる葛藤は，教育の分野では1990年代末からの「学力低下」論と「ゆとり教育」批判に現れ出ることとなった。

　1990年代，学校教育に関して新学力観の推進がなされる一方で，産業界では新自由主義の原理がより積極的に採用された。例えば1995年に日本経済団体連合会が発表した「新時代の『日本的経営』——挑戦すべき方向とその具体策」のなかでは，労働者の雇用のあり方を多元化することが提言されている。「長期蓄積能力活用型」「高度専門能力活用型」「雇用柔軟型」の3グループである。ここで言う「雇用柔軟型」はいわゆる非正規雇用を意味しており，以後，従来の日本的経営[15]から脱却する，雇用の流動化が拡大した。

　そこから教育に向けて要請されたのは，知識と技能を重視する従来型の学力観への回帰であった。そのため学習指導要領［平成10年改訂］の時期から，従来の学力像に照らしたうえでの「学力低下」が危惧され，新学力観に対する不信や揶揄を含んだ「ゆとり教育」批判も生じたのである。新聞メディアなどでは2002年春頃から，「『基礎学力の低下を招く』との懸念は強い。産業界にとっては『国の競争力に関わる問題』と映る」（『朝日新聞』2002年4月7日付朝刊1面）といった報じ方がなされるようになった。

3　新学習指導要領と「社会に開かれた教育課程」

　新学力観に対する直接間接の批判は，カリキュラム政策における教育観を経験主義[16]から系統主義[17]へと揺り戻そうとする主張と言える。しかしすでに見たように，「脱ゆとり」と言われた学習指導要領［平成20年改訂］においても学力に関しては，「知識・技能の習得」と「知の活用能力」の構造的な把握が重要だとされた。そして2016年12月の中教審答申「幼稚園，小学校，中学校，高等学校及び特別支援学校の学習指導要領等の改善及び必要な方策等について」では，それまでの経緯を総括して，「ゆとり教育」か「詰め込み教育」かの二項対立を乗り越え，知識と思考力の双方を確実に育むことが基本だと記された。

そのうえで新学習指導要領では，「知識及び技能」「思考力，判断力，表現力等」「学びに向かう力，人間性等」という，育成すべき資質・能力の「三つの柱」が重視されることとなった。

　2017年の学習指導要領改訂に際して新たに掲げられたのは，「社会に開かれた教育課程」というコンセプトである。社会の変化に目を向け柔軟に対応することを通じて，個々の学校での特色づくりが期待されることとなった。今後の社会を生き抜く力の想定を学校と社会が共有し，それをともに育むという考え方である。そうした環境整備によって，子どもたちには「自らの人生や社会をよりよく変えていくことができるという実感をもつ」ことが可能になるとされる。学校教育が児童生徒への「知識・技能」の伝達の場にとどまらず，その「活用能力」を重視することによって社会的主体を育成し，さらには新たな社会を創出しようという方針をみることができる。「よりよい学校教育を通じてよりよい社会を創る」というスローガンには，後期近代における社会関係・社会制度の再構築を読み込むこともできるだろう。

　加えて重視されるのが，ここでもやはり「生きる力」である。1996年の中教審答申以来の理念が維持されており，学習指導要領［平成20年改訂］で掲げられた「変化の激しい社会を生きるために必要な力」「将来の職業や生活を見通して，社会において自立的に生きるために必要な力」という概念規定が踏襲されている。「キーコンピテンシー」[18]や「21世紀型スキル」[19]といった用語に表象されるコンピテンシー重視の教育思潮は世界の多くで見られるようになったが，日本がそれに先んじて「資質・能力」の育成を目指してきたことが，改めて強調されたことにもなる（市川，2017）。

　2017年の学習指導要領改訂においても要の位置を占めた「資質・能力」とは，国立教育政策研究所の整理によると，「知識・技能は学んで身に付けるもの，資質・能力は自分の中にあるものを引き出して使うもの」である（国立教育政策研究所編，2016，33〜70ページ）。加えて，知識自体もまた社会的に創造されるものだと想定される。習得した知識を使って新たな知識が生み出される側面があるからである。学習者はその過程に従事しており，知識の習得と創造をとおして，建設的に考える力を高めていく。また同時に，知識・技能それ自体の質も高められるという相乗効果が生じる。

　さらに，知識の創造は学習者が属する共同体にとっても新たな価値を提供することとなり，コンピテンシー重視の学びが社会関係のあり方自体を変化させる可能性も生じる。このような「資質・能力」の概念が，従来いだかれていた，「知識・技能がなければ活用もできない」とする想定や，あるいは，「活用は習得の後」とする学習活動の順序を，覆す論理をもっている。

▷18　キーコンピテンシー
経済協力開発機構（OECD）が組織し1997年から2003年にかけて活動した DeSeCo プロジェクト（能力の定義・選択のプロジェクト）は，国際化と情報化のもとで複雑化した社会において必要となる能力概念を「キーコンピテンシー」として定義した。「相互作用的に道具を用いる」「異質な集団で交流する」「自立的に活動する」という三つのカテゴリからなり，それぞれの下位に具体的な能力概念が配置されている。三つのカテゴリの重なりの部分には「思慮深さ（reflectiveness）」が位置づけられ，キーコンピテンシーの枠組みの核心かつ基本的部分とされている。

▷19　21世紀型スキル
2009年から2010年にかけての国際団体「21世紀型スキルの学びと評価プロジェクト（ATC21S）」による検討によって定められた，IT 化とグローバル化がさらに進展する時代に必要となるスキル。「思考の方法」「仕事の方法」「仕事のツール」「社会生活」の4領域で求められる10のスキルが定義された。デジタル化されたネットワークのなかで協調的に問題を解決することが重視され，スキルの概念規定に反映されている。

〔4〕　政治と行政による合理的な統制の高まり

　一方で，臨教審以来の教育改革が政治主導・行政主導の性格を強めていることには留意する必要がある。臨教審の存在はそれ以前の，教育政策を文部省（教育行政）と教職員組合の対立で議論してきた構図を大きく変化させることとなった。総理大臣が教育改革についての諮問機関を設置し，そこでの審議内容が行政を通じて実現されていくという改革の形態は，以降も教育改革国民会議，教育再生会議，教育再生懇談会，教育再生実行会議などに引き継がれている。文部（科学）省をはじめとする行政機構も臨教審の時点とは立場を変えて，政治主導で示される方向性のもとに，むしろそれを利用して政策の展開を図るようになったと指摘されるところである。そこにはきわめて合理的な教育の統制が生じていると言える。

　この点に関しても新自由主義の影響が見られる。古典的自由主義が国家による介入の否定を主張するのに対して，むしろ国家の役割を積極的に認めて改革にあたるのが新自由主義の特徴である。そのもとでの行政機構の担い手は一般的に，自ら保守的傾向を強めていくと指摘される（アップル，2006）。行政機構の管理・運営を担うのは，専門的・管理的技術を武器として階層の上昇移動を図る新中間層である。彼らの職務は管理・測定・効率性という専門職イデオロギーが社会に浸透することに根拠づけられているために，彼らの上位で立案された諸政策を自らの職責にとっての「中立な道具」として支持する場合が多くなる。

　ここにおいて，新たな知識を創造しそれによってよりよい社会を創ることを理念とする現在の学校教育が，政治と行政によって強く主導されていることの論理的な矛盾には，気づいておく必要がある。そこに，社会の変化への学校教育の対応の限界があるかもしれない。教育の変化を要請する社会の動きと，教育改革を推進する具体的な権力との関係性は，常に観察の対象とすべきである。

3　教育社会学が捉えるべきもの

〔1〕　社会と教育の相互反映的関係

　生き方・あり方を決定する単位が，身分や家柄といったものから，次第に個人としての人間になっていくのが，近代を貫く一つの傾向である。学校教育はそのもとで，諸個人の能力を育成し人間形成を担いつつ，その時代その時代に必要な社会の凝集性をつくり出す役割を果たしてきた。学校が近代化の担い手と言われるのはそのためである。

さらに，後期近代と呼ばれる時代に至っては，かつて近代的とみなされた制度や人間の関係性もが，個人化した人々の動きに沿うように再び近代化されることとなった。日本にも1980年代以降にその変化が生じ，社会の多様な側面が現れ出るようになっている。一つの考え方だけでは対応できない社会的現実を前にして，学校教育はさまざまな価値や規範を扱わなければならない。1980年代以来の教育改革の一面には，その要請に応える動きを見出すことができる。

このような社会と学校教育の変化は，当然のことながら教育社会学の力点を変化させていくことになる。教育社会学は，教育にかかわる社会事象を対象とし，社会学の視点と方法で研究する学問である。教育現象の実際についての記述を重ね，そこにある人間の諸行為の意味を理解していく営みである[27]。なかでも学校は教育現象が集約される場として焦点化されており，教育社会学では学校での諸活動が社会のなかで果たしている役割（学校の社会的機能）を，大別して「社会化」[28]「選抜・配分」[29]「社会統制」[30]「正当化」[31]の4点から検討してきた（本書の第1章を参照）。社会の動きに対応した学校教育の変化は，これらの機能のあり方に影響を与えることになるだろう。教育社会学には，そこにまなざしを向ける必要が生じてくる。

２ 評価の変化と新たな社会関係の創発

2017年の学習指導要領改訂に際しては「社会に開かれた教育課程」という新たな考え方の導入や「資質・能力」論の深化などがあった。「主体的・対話的で深い学び」[32]の重視も特徴的な要素の一つとなっている。これらは学校での学びのあり方を変化させることを意図しており，したがって学校制度が全体として果たす社会的機能を様変わりさせる可能性も帯びている。

ここではとくに学びの評価のあり方について議論されていることに着目しておきたい。自らの主体性，他者との相互作用，社会とのかかわりを意識した学びには，「評価基準」「評価者」「評価対象」のそれぞれの面において，従来の学びとは異なる特徴が生じると語られている。

まず「評価基準」については，それを学ぶ側に公開し，可視化を図ることが説かれている。評価の項目自体は従来のものから積極的に変更する必要はなく，むしろ教師生徒間および学習者間でそれを共有できるようにする点に，学びの質を高める契機が見出される（西川，2017，23〜58ページ）。ある事柄を学ぶことで何を理解しようとするのか，教師が子どもや保護者に伝え，それによって学習者自身の能動性と自覚に働きかける。そのような意味での「学びの地図」[33]の作成が学校の側に期待されることになる（無藤ほか，2017，41〜52ページ）。

次に「評価者」については，教師のみならず，学習者自身ならびに共同の学習者による評価が想定されている。自己評価は，学習者自身が自らの達成度を

▷26　社会の凝集性
集団をまとめるために，また集団の成員を引き留めるために，集団の内部に作用する全体的な力。

▷27　諸行為の意味の理解
ドイツの社会学者マックス・ヴェーバー（M. Weber, 1864〜1920）は社会学を，「社会的行為を解釈によって理解するという方法で，社会的行為の過程と結果を事象に即して説明しようとする科学」とした。対象となる「行為」とは，「行為者が主観的な意味を含ませている人間行動」である（ヴェーバー，1972）。

▷28　社会化
社会の成員として必要になる知識や行動様式を学習者に身につけさせる作用。

▷29　選抜・配分
社会の成員を選り分け社会のなかの適切な位置に割り当てていく作用。

▷30　社会統制
社会が秩序を維持するために，成員の思想や感情，認識や行動などを拘束する作用。

▷31　正当化
選抜・配分の結果として生じる社会秩序を正当なものとして承認させる作用。学校は社会化を組織的・意図的に行う専門機関であり，社会化の責任主体であるからこそ，学校制度による選抜・配分の結果は社会的な承認を得られる。

▷32　主体的・対話的で深い学び
2016年8月の教育課程部会「次期学習指導要領等に向けたこれまでの審議のまとめ」では，学ぶことに興味

や関心をもち，自己のキャリア形成の方向性と関連づけながら，見通しをもって粘り強く取り組み，自らの学習活動を振り返って次につなげる「主体的な学び」，子ども同士の協働，教師や地域の人との対話，先哲の考え方を手がかりに考えることなどを通じ，自らの考えを広げ深める「対話的な学び」，習得・活用・探究の見通しのなかで，教科などの特質に応じた見方や考え方を働かせて思考・判断・表現し，学習内容の深い理解につなげる「深い学び」が提案された。

▷33　学びの地図

2016年8月の教育課程部会「審議のまとめ」に登場。子どもたちが身につけるべき資質・能力や学ぶべき内容などの全体像を，わかりやすく見渡せるようにすることが提案された。学習指導要領自体が共有・活用の対象になるともされた。教科や学校段階を超えて，学習者・学校関係者が学びの意義を自覚する手がかりとなることが期待される。

▷34　協　働

2017年の学習指導要領改訂においては「知識」観にも特徴がある。従来の，知識をあたかも物のように確固とした，受け渡し可能なものとする捉え方とは異なり，「資質・能力」論においては，知識はコミュニティのなかで生成し価値を付与され，常に創り出され続けるものとされる。それゆえ，一人ひとりが自分の頭で考え，仲間とともに考えを比較吟味しながら，目下の課題に対する答えと次なる問いを求めていく「協調学習」の意義も重視される。育成すべき資質・能力

判断できるようにする意味があり，そのためには評価基準が共有され内面化されている必要がある。相互評価はその際に意味をもち，自分と仲間のパフォーマンスを注意深く見ることが促される。協働の意味や評価の意味自体を学習者の間に共通認識として浸透させることにねらいが置かれる（西岡編，2016，132〜135ページ）。教師による評価は，学習者集団がうまく活動し得ているかを把握し，集団としてのよりよい状態に至るために集団全体に向けてフィードバックされるという性格を与えられる（西川，2017，59〜74ページ）。

したがって「評価対象」は，協働の目的の明確化がいかになされたか，協働の成果物として何が生み出されたか，その協働の過程はどのようであったかといった，集団の状態となる。集団の構成員が目標を達成できているかはもとより，集団の生み出したアイディアや知識の質，目的の達成に至る過程での諸個人の働きの様態が把握されることになる（西岡編，2016，128〜132ページ）。ここで，評価が行われるのは学習者の現在の力の把握や査定のためではなく，「評価することによって，足りない部分をどう補うかとか，指導をどうよりよくできるか，そのための情報を得る」ためだとする考え方が採られているのは重要である（無藤ほか，2017，123ページ）。

これらの議論に基づけば，他者性を含んだ協働の過程は学習者に自己と他者についての鋭い自覚を促すことになる。自立や競争といった概念に関しても，こうした評価の考え方を差し挟むと，その意味するところが更新されるかもしれない。自立は協働する他者との関係を含んだ意味をもち，競争も諸個人間のせめぎあいというよりは，集団による働きの質の向上をめぐってなされるものとなりうる。

③　「選抜・配分」および「社会化」の変質への着目

学習指導要領［平成20年改訂］では，自立し競争する一方で他者と共存・協力する人間像をもって，「開かれた個」と表現されていた。そのために「確かな学力」と「共に生きる力」が掲げられていた。前者は，教育社会学が想定する学校の「選抜・配分」にかかわるものであり，後者は「社会化」にかかわるものである。個人化現象という近代の特性が前提にされた時，能力によって個々人を社会構造のなかに割り当てていくことと，社会の成員として必要な価値と規範の習得を個々人に促すこととの両立が，学校教育の課題として前面に押し出されたのである。

そのように考えれば，学校教育にかかわる「学力」問題や「貧困」問題についての議論は，自立と競争がことさらに強調される社会状況を選抜・配分の妥当性という観点から検討する営みだと位置づけることができる。また「共生社会の形成」をめぐる議論は，後期近代の社会状況における社会化の重要性を主

題化したものと理解できる。身体や性別の違いや，世代さえも超えて人々に凝集性を与える教育の本来的な性質が，諸個人がさらに分かれ競い合う状況のなかでどのように発現するのかが問われている。

　新学習指導要領では，このように捉えられる学校教育の状況に向けて，自らの主体性，他者との相互作用，社会とのかかわりを意識した学びのあり方が掲げられていることになる。まず，知識自体が社会的に創発するものであると前提し，人間集団のなかでの協働によって知識の習得と活用を進めていく学びのあり方。次に，評価の基準が学習者に共有されることを前提にして，学習者集団の集団としての働きや成果を捉えようとする評価のあり方である。これらの作用は，諸個人にとって外在的な知識や規範を記憶する学習や，何らかの刺激への反応として記憶を表出するような従来型の学習とは，異なる意味や意義をもたらす資源となりうる。また，人間形成への影響のみならず，社会化の帰結としての社会関係および社会制度のあり方にも，変化の可能性を与えるものである。

　したがって教育社会学には，新たな学びの提案が今後の社会のなかで実際のところ，いかに，またどの程度，受容されるのかを観察しつつ，その浸透によっていかなる社会関係や社会制度が生み出されるのかを把握することが求められる。学校教育が果たす社会的機能を仔細に捉え，多様な価値を承認する社会の統合をさらに緻密に分析することが，これからの教育社会学の課題である。

の「三つの柱」の一角を占める「学びに向かう力」は，他者とともに学ぶことの重要性を前提にしている。

▷35　社会構造
社会を構成する諸々の要素が比較的安定化した状態の総体。社会の構成要素としては，諸個人の地位や，それにともなう役割などがあげられる。

▷36　貧困
教育は，人間を社会の構成員として十分に活動可能な存在とするために為されるものである。しかし人間を社会のなかに割り当てる学校教育の働きが，単に人間を序列化する作用でしかないのであれば，学校教育をとおした選抜・配分はそれ自体が貧困や社会的格差の問題の原因ないし温床だということになる。それゆえ，教育の機会および結果は常に，平等性・公平性・正当性の観点から問い直されなければならない。

Exercise

① 近年の日本ではさまざまな場面で「共生」の必要性が語られている。具体的にはどのような社会の動きがあるだろうか。また，学校教育において「共生」のために取り組まれるようになったことを，あげてみよう。

② 学習指導要領［平成元年改訂］以降，「新学力観」の考え方が推進されてきた。その経緯を学習指導要領の改訂を辿って調べてみよう。また，その文脈において「生きる力」の理念はどのように具体化されてきたのだろうか，考えてみよう。

③ 2017年の新学習指導要領で掲げられた「社会に開かれた教育課程」の考え方によって，学校にはどのようなことが可能になるだろうか。また，それによって児童生徒の学びがどう変化するか，具体的に考えてみよう。

📖次への一冊

岡本智周・田中統治編『共生と希望の教育学』筑波大学出版会，2011年。

　　　「人が共に生きるために教育にできることは何か」を探究した一冊。対面的な人間
　　　関係からグローバルな教育開発まで，「共生」のための教育について網羅している。

岡本智周『共生社会とナショナルヒストリー——歴史教科書の視点から』勁草書房，
2013年。

　　　2008〜09年の学習指導要領改訂を受けて，中学校・高等学校の歴史教科書はどう変
　　　わったのか。「共に生きる力」のための教育資源を指摘する。

山崎政人『自民党と教育政策——教育委員任命制から臨教審まで』岩波書店，1986年。

　　　長く政権の座を占める自由民主党の1950年代から1980年代までの教育政策を辿る。
　　　臨教審に導かれた教育改革の政治的位置づけを理解できる。

佐藤博志・岡本智周『「ゆとり」批判はどうつくられたのか——世代論を解きほぐす』
太郎次郎社エディタス，2014年。

　　　「ゆとり教育」に向けられた批判は，はたして妥当なのか。「ゆとり」言説を読み解
　　　き，誤解の原因を明らかにする。

国立教育政策研究所編『資質・能力　理論編』東洋館出版社，2016年。

　　　2017年の学習指導要領改訂の鍵概念である「資質・能力」を解説。新たな学びのあ
　　　り方によって，いかなる社会関係が生み出されるのかを考えることができる。

引用・参考文献

アップル，M. W.，山本雄二訳「市場と測定——教育における監査文化・商品化・階級
戦略」『教育社会学研究』78，2006年，25〜44ページ。

ベック，U.・ギデンズ，A.・ラッシュ，S.，松尾精文・小幡正敏・叶堂隆三訳『再帰的近
代化——近現代における政治，伝統，美的原理』而立書房，1997年。

デイリー，H.・枝廣淳子『「定常経済」は可能だ！』岩波書店，2014年。

市川伸一「『生きる力』の育成」新教育課程実践研究会編『よくわかる中教審「学習指
導要領」答申のポイント』教育開発研究所，2017年，16〜17ページ。

児島邦弘「『生きる力』の理念の共有をどう考えるか」髙階玲治編『ポイント解説　中
教審「学習指導要領の改善」答申』教育開発研究所，2008年，23〜25ページ。

国立教育政策研究所編『資質・能力　理論編』東洋館出版社，2016年。

文部科学省『学習指導要領（平成29年告示）解説総則編』東洋館出版社，2018年。

文部科学省初等中等教育局特別支援教育課「中央教育審議会初等中等教育分科会報告の
『ポイント解説』／用語解説」『教職研修』2012年11月号，28〜33ページ。

無藤隆・馬居政幸・角替弘規『学習指導要領改訂のキーワード』明治図書出版，2017年。

西川純『アクティブ・ラーニングの評価がわかる！』学陽書房，2017年。

西岡加名恵編『資質・能力を育てるパフォーマンス評価——アクティブ・ラーニングを
どう充実させるか』明治図書出版，2016年。

ピケティ，T.，山形浩生・守岡桜・森本正史訳『21世紀の資本』みすず書房，2014年。

ヴェーバー，M.，清水幾太郎訳『社会学の根本概念』岩波書店，1972年。

山崎政人『自民党と教育政策——教育委員任命制から臨教審まで』岩波書店，1986年。

付　録

教育基本法（新・旧）

教育基本法 平成18年12月22日法律第120号	教育基本法（旧法） 昭和22年3月31日法律第25号
教育基本法（昭和22年法律第25号）の全部を改正する。 　我々日本国民は，たゆまぬ努力によって築いてきた民主的で文化的な国家を更に発展させるとともに，世界の平和と人類の福祉の向上に貢献することを願うものである。 　我々は，この理想を実現するため，個人の尊厳を重んじ，真理と正義を希求し，公共の精神を尊び，豊かな人間性と創造性を備えた人間の育成を期するとともに，伝統を継承し，新しい文化の創造を目指す教育を推進する。 　ここに，我々は，日本国憲法の精神にのっとり，我が国の未来を切り拓く教育の基本を確立し，その振興を図るため，この法律を制定する。 第1章　教育の目的及び理念 （教育の目的） 第1条　教育は，人格の完成を目指し，平和で民主的な国家及び社会の形成者として必要な資質を備えた心身ともに健康な国民の育成を期して行われなければならない。 （教育の目標） 第2条　教育は，その目的を実現するため，学問の自由を尊重しつつ，次に掲げる目標を達成するよう行われるものとする。 　一　幅広い知識と教養を身に付け，真理を求める態度を養い，豊かな情操と道徳心を培うとともに，健やかな身体を養うこと。 　二　個人の価値を尊重して，その能力を伸ばし，創造性を培い，自主及び自律の精神を養うとともに，職業及び生活との関連を重視し，勤労を重んずる態度を養うこと。 　三　正義と責任，男女の平等，自他の敬愛と協力を重んずるとともに，公共の精神に基づき，主体的に社会の形成に参画し，その発展に寄与する態度を養うこと。	われらは，さきに，日本国憲法を確定し，民主的で文化的な国家を建設して，世界の平和と人類の福祉に貢献しようとする決意を示した。この理想の実現は，根本において教育の力にまつべきものである。われらは，個人の尊厳を重んじ，真理と平和を希求する人間の育成を期するとともに，普遍的にしてしかも個性ゆたかな文化の創造をめざす教育を普及徹底しなければならない。 ここに，日本国憲法の精神に則り，教育の目的を明示して，新しい日本の教育の基本を確立するため，この法律を制定する。 第1条（教育の目的）　教育は，人格の完成をめざし，平和的な国家及び社会の形成者として，真理と正義を愛し，個人の価値をたつとび，勤労と責任を重んじ，自主的精神に充ちた心身ともに健康な国民の育成を期して行われなければならない。 第2条（教育の方針）　教育の目的は，あらゆる機会に，あらゆる場所において実現されなければならない。この目的を達成するためには，学問の自由を尊重し，実際生活に即し，自発的精神を養い，自他の敬愛と協力によつて，文化の創造と発展に貢献するように努めなければならない。

四　生命を尊び，自然を大切にし，環境の保全に
　　寄与する態度を養うこと。

五　伝統と文化を尊重し，それらをはぐくんでき
　　た我が国と郷土を愛するとともに，他国を尊重
　　し，国際社会の平和と発展に寄与する態度を養
　　うこと。

（生涯学習の理念）

第3条　国民一人一人が，自己の人格を磨き，豊か
　な人生を送ることができるよう，その生涯にわ
　たって，あらゆる機会に，あらゆる場所において
　学習することができ，その成果を適切に生かすこ
　とのできる社会の実現が図られなければならな
　い。

（教育の機会均等）

第4条　すべて国民は，ひとしく，その能力に応じ
　た教育を受ける機会を与えられなければならず，
　人種，信条，性別，社会的身分，経済的地位又は
　門地によって，教育上差別されない。

2　国及び地方公共団体は，障害のある者が，その
　障害の状態に応じ，十分な教育を受けられるよ
　う，教育上必要な支援を講じなければならない。

3　国及び地方公共団体は，能力があるにもかかわ
　らず，経済的理由によって修学が困難な者に対し
　て，奨学の措置を講じなければならない。

第2章　教育の実施に関する基本

（義務教育）

第5条　国民は，その保護する子に，別に法律で定
　めるところにより，普通教育を受けさせる義務を
　負う。

2　義務教育として行われる普通教育は，各個人の
　有する能力を伸ばしつつ社会において自立的に生
　きる基礎を培い，また，国家及び社会の形成者と
　して必要とされる基本的な資質を養うことを目的
　として行われるものとする。

3　国及び地方公共団体は，義務教育の機会を保障
　し，その水準を確保するため，適切な役割分担及
　び相互の協力の下，その実施に責任を負う。

4　国又は地方公共団体の設置する学校における義
　務教育については，授業料を徴収しない。

（学校教育）

第6条　法律に定める学校は，公の性質を有するも
　のであって，国，地方公共団体及び法律に定める
　法人のみが，これを設置することができる。

第3条（教育の機会均等）　すべて国民は，ひとし
　く，その能力に応ずる教育を受ける機会を与えら
　れなければならないものであつて，人種，信条，
　性別，社会的身分，経済的地位又は門地によつ
　て，教育上差別されない。

2　国及び地方公共団体は，能力があるにもかかわ
　らず，経済的理由によつて修学困難な者に対し
　て，奨学の方法を講じなければならない。

第4条（義務教育）　国民は，その保護する子女
　に，九年の普通教育を受けさせる義務を負う。

2　国又は地方公共団体の設置する学校における義
　務教育については，授業料は，これを徴収しな
　い。

第5条（男女共学）　男女は，互に敬重し，協力し
　合わなければならないものであつて，教育上男女
　の共学は，認められなければならない。

第6条（学校教育）　法律に定める学校は，公の性
　質をもつものであつて，国又は地方公共団体の
　外，法律に定める法人のみが，これを設置するこ

2 前項の学校においては，教育の目標が達成されるよう，教育を受ける者の心身の発達に応じて，体系的な教育が組織的に行われなければならない。この場合において，教育を受ける者が，学校生活を営む上で必要な規律を重んずるとともに，自ら進んで学習に取り組む意欲を高めることを重視して行われなければならない。

（大学）

第7条　大学は，学術の中心として，高い教養と専門的能力を培うとともに，深く真理を探究して新たな知見を創造し，これらの成果を広く社会に提供することにより，社会の発展に寄与するものとする。

2 大学については，自主性，自律性その他の大学における教育及び研究の特性が尊重されなければならない。

（私立学校）

第8条　私立学校の有する公の性質及び学校教育において果たす重要な役割にかんがみ，国及び地方公共団体は，その自主性を尊重しつつ，助成その他の適当な方法によって私立学校教育の振興に努めなければならない。

（教員）

第9条　法律に定める学校の教員は，自己の崇高な使命を深く自覚し，絶えず研究と修養に励み，その職責の遂行に努めなければならない。

2 前項の教員については，その使命と職責の重要性にかんがみ，その身分は尊重され，待遇の適正が期せられるとともに，養成と研修の充実が図られなければならない。

（家庭教育）

第10条　父母その他の保護者は，子の教育について第一義的責任を有するものであって，生活のために必要な習慣を身に付けさせるとともに，自立心を育成し，心身の調和のとれた発達を図るよう努めるものとする。

2 国及び地方公共団体は，家庭教育の自主性を尊重しつつ，保護者に対する学習の機会及び情報の提供その他の家庭教育を支援するために必要な施策を講ずるよう努めなければならない。

（幼児期の教育）

第11条　幼児期の教育は，生涯にわたる人格形成の基礎を培う重要なものであることにかんがみ，国及び地方公共団体は，幼児の健やかな成長に資す

とができる。

2 法律に定める学校の教員は，全体の奉仕者であつて，自己の使命を自覚し，その職責の遂行に努めなければならない。このためには，教員の身分は，尊重され，その待遇の適正が，期せられなければならない。

る良好な環境の整備その他適当な方法によって，その振興に努めなければならない。

（社会教育）

第12条　個人の要望や社会の要請にこたえ，社会において行われる教育は，国及び地方公共団体によって奨励されなければならない。

2　国及び地方公共団体は，図書館，博物館，公民館その他の社会教育施設の設置，学校の施設の利用，学習の機会及び情報の提供その他の適当な方法によって社会教育の振興に努めなければならない。

（学校，家庭及び地域住民等の相互の連携協力）

第13条　学校，家庭及び地域住民その他の関係者は，教育におけるそれぞれの役割と責任を自覚するとともに，相互の連携及び協力に努めるものとする。

（政治教育）

第14条　良識ある公民として必要な政治的教養は，教育上尊重されなければならない。

2　法律に定める学校は，特定の政党を支持し，又はこれに反対するための政治教育その他政治的活動をしてはならない。

（宗教教育）

第15条　宗教に関する寛容の態度，宗教に関する一般的な教養及び宗教の社会生活における地位は，教育上尊重されなければならない。

2　国及び地方公共団体が設置する学校は，特定の宗教のための宗教教育その他宗教的活動をしてはならない。

第3章　教育行政

（教育行政）

第16条　教育は，不当な支配に服することなく，この法律及び他の法律の定めるところにより行われるべきものであり，教育行政は，国と地方公共団体との適切な役割分担及び相互の協力の下，公正かつ適正に行われなければならない。

2　国は，全国的な教育の機会均等と教育水準の維持向上を図るため，教育に関する施策を総合的に策定し，実施しなければならない。

3　地方公共団体は，その地域における教育の振興を図るため，その実情に応じた教育に関する施策を策定し，実施しなければならない。

4　国及び地方公共団体は，教育が円滑かつ継続的

第7条（社会教育）　家庭教育及び勤労の場所その他社会において行われる教育は，国及び地方公共団体によつて奨励されなければならない。

2　国及び地方公共団体は，図書館，博物館，公民館等の施設の設置，学校の施設の利用その他適当な方法によつて教育の目的の実現に努めなければならない。

第8条（政治教育）　良識ある公民たるに必要な政治的教養は，教育上これを尊重しなければならない。

2　法律に定める学校は，特定の政党を支持し，又はこれに反対するための政治教育その他政治的活動をしてはならない。

第9条（宗教教育）　宗教に関する寛容の態度及び宗教の社会生活における地位は，教育上これを尊重しなければならない。

2　国及び地方公共団体が設置する学校は，特定の宗教のための宗教教育その他宗教的活動をしてはならない。

第10条（教育行政）　教育は，不当な支配に服することなく，国民全体に対し直接に責任を負つて行われるべきものである。

2　教育行政は，この自覚のもとに，教育の目的を遂行するに必要な諸条件の整備確立を目標として行われなければならない。

に実施されるよう，必要な財政上の措置を講じな
ければならない。
（教育振興基本計画）
第17条　政府は，教育の振興に関する施策の総合的
かつ計画的な推進を図るため，教育の振興に関す
る施策についての基本的な方針及び講ずべき施策
その他必要な事項について，基本的な計画を定
め，これを国会に報告するとともに，公表しなけ
ればならない。
2　地方公共団体は，前項の計画を参酌し，その地
域の実情に応じ，当該地方公共団体における教育
の振興のための施策に関する基本的な計画を定め
るよう努めなければならない。

第4章　法令の制定
第18条　この法律に規定する諸条項を実施するた
め，必要な法令が制定されなければならない。

第11条（補則）　この法律に掲げる諸条項を実施す
るために必要がある場合には，適当な法令が制定
されなければならない。

附　則
（施行期日）
1　この法律は，公布の日から施行する。
（社会教育法等の一部改正）
2　次に掲げる法律の規定中「教育基本法（昭和22
年法律第25号）」を「教育基本法（平成18年法律
第120号）」に改める。
一　社会教育法（昭和24年法律第207号）第1条
二　産業教育振興法（昭和26年法律第228号）第
　1条
三　理科教育振興法（昭和28年法律第186号）第
　1条
四　高等学校の定時制教育及び通信教育振興法
　（昭和28年法律第238号）第1条
五　義務教育諸学校における教育の政治的中立の
　確保に関する臨時措置法（昭和29年法律第157
　号）第1条
六　国立大学法人法（平成15年法律第112号）第
　37条第1項
七　独立行政法人国立高等専門学校機構法（平成
　15年法律第113号）第16条
（放送大学学園法及び構造改革特別区域法の一部改
正）
3　次に掲げる法律の規定中「教育基本法（昭和22
年法律第25号）第9条第2項」を「教育基本法

附　則
　この法律は，公布の日から，これを施行する。

（平成18年法律第120号）第15条第2項」に改める。
一　放送大学学園法（平成14年法律第156号）第18条
二　構造改革特別区域法（平成14年法律第189号）第20条第17項

学校教育法（抄）

昭和22年3月31日法律第26号（平成29年5月31日改正）

第2章　義務教育

第16条　保護者（子に対して親権を行う者（親権を行う者のないときは，未成年後見人）をいう。以下同じ。）は，次条に定めるところにより，子に九年の普通教育を受けさせる義務を負う。

第17条　保護者は，子の満六歳に達した日の翌日以後における最初の学年の初めから，満十二歳に達した日の属する学年の終わりまで，これを小学校，義務教育学校の前期課程又は特別支援学校の小学部に就学させる義務を負う。ただし，子が，満十二歳に達した日の属する学年の終わりまでに小学校の課程，義務教育学校の前期課程又は特別支援学校の小学部の課程を修了しないときは，満十五歳に達した日の属する学年の終わり（それまでの間においてこれらの課程を修了したときは，その修了した日の属する学年の終わり）までとする。

2　保護者は，子が小学校の課程，義務教育学校の前期課程又は特別支援学校の小学部の課程を修了した日の翌日以後における最初の学年の初めから，満十五歳に達した日の属する学年の終わりまで，これを中学校，義務教育学校の後期課程，中等教育学校の前期課程又は特別支援学校の中学部に就学させる義務を負う。

3　前二項の義務の履行の督促その他これらの義務の履行に関し必要な事項は，政令で定める。

第18条　前条第1項又は第2項の規定によつて，保護者が就学させなければならない子（以下それぞれ「学齢児童」又は「学齢生徒」という。）で，病弱，発育不完全その他やむを得ない事由のため，就学困難と認められる者の保護者に対しては，市町村の教育委員会は，文部科学大臣の定めるところにより，

同条第1項又は第2項の義務を猶予又は免除することができる。

第19条　経済的理由によつて，就学困難と認められる学齢児童又は学齢生徒の保護者に対しては，市町村は，必要な援助を与えなければならない。

第20条　学齢児童又は学齢生徒を使用する者は，その使用によつて，当該学齢児童又は学齢生徒が，義務教育を受けることを妨げてはならない。

第21条　義務教育として行われる普通教育は，教育基本法（平成18年法律第120号）第5条第2項に規定する目的を実現するため，次に掲げる目標を達成するよう行われるものとする。

一　学校内外における社会的活動を促進し，自主，自律及び協同の精神，規範意識，公正な判断力並びに公共の精神に基づき主体的に社会の形成に参画し，その発展に寄与する態度を養うこと。

二　学校内外における自然体験活動を促進し，生命及び自然を尊重する精神並びに環境の保全に寄与する態度を養うこと。

三　我が国と郷土の現状と歴史について，正しい理解に導き，伝統と文化を尊重し，それらをはぐくんできた我が国と郷土を愛する態度を養うとともに，進んで外国の文化の理解を通じて，他国を尊重し，国際社会の平和と発展に寄与する態度を養うこと。

四　家族と家庭の役割，生活に必要な衣，食，住，情報，産業その他の事項について基礎的な理解と技能を養うこと。

五　読書に親しませ，生活に必要な国語を正しく理解し，使用する基礎的な能力を養うこと。

六　生活に必要な数量的な関係を正しく理解し，処

理する基礎的な能力を養うこと。

七　生活にかかわる自然現象について，観察及び実験を通じて，科学的に理解し，処理する基礎的な能力を養うこと。

八　健康，安全で幸福な生活のために必要な習慣を養うとともに，運動を通じて体力を養い，心身の調和的発達を図ること。

九　生活を明るく豊かにする音楽，美術，文芸その他の芸術について基礎的な理解と技能を養うこと。

十　職業についての基礎的な知識と技能，勤労を重んずる態度及び個性に応じて将来の進路を選択する能力を養うこと。

第4章　小学校

第29条　小学校は，心身の発達に応じて，義務教育として行われる普通教育のうち基礎的なものを施すことを目的とする。

第30条　小学校における教育は，前条に規定する目的を実現するために必要な程度において第21条各号に掲げる目標を達成するよう行われるものとする。

2　前項の場合においては，生涯にわたり学習する基盤が培われるよう，基礎的な知識及び技能を習得させるとともに，これらを活用して課題を解決するために必要な思考力，判断力，表現力その他の能力をはぐくみ，主体的に学習に取り組む態度を養うことに，特に意を用いなければならない。

第31条　小学校においては，前条第1項の規定による目標の達成に資するよう，教育指導を行うに当たり，児童の体験的な学習活動，特にボランティア活動など社会奉仕体験活動，自然体験活動その他の体験活動の充実に努めるものとする。この場合において，社会教育関係団体その他の関係団体及び関係機関との連携に十分配慮しなければならない。

第32条　小学校の修業年限は，六年とする。

第33条　小学校の教育課程に関する事項は，第29条及び第30条の規定に従い，文部科学大臣が定める。

第34条　小学校においては，文部科学大臣の検定を経た教科用図書又は文部科学省が著作の名義を有する教科用図書を使用しなければならない。

2　前項の教科用図書以外の図書その他の教材で，有益適切なものは，これを使用することができる。

3　第1項の検定の申請に係る教科用図書に関し調査審議させるための審議会等（国家行政組織法（昭和

23年法律第120号）第8条に規定する機関をいう。以下同じ。）については，政令で定める。

第35条　市町村の教育委員会は，次に掲げる行為の一又は二以上を繰り返し行う等性行不良であつて他の児童の教育に妨げがあると認める児童があるときは，その保護者に対して，児童の出席停止を命ずることができる。

一　他の児童に傷害，心身の苦痛又は財産上の損失を与える行為

二　職員に傷害又は心身の苦痛を与える行為

三　施設又は設備を損壊する行為

四　授業その他の教育活動の実施を妨げる行為

2　市町村の教育委員会は，前項の規定により出席停止を命ずる場合には，あらかじめ保護者の意見を聴取するとともに，理由及び期間を記載した文書を交付しなければならない。

3　前項に規定するもののほか，出席停止の命令の手続に関し必要な事項は，教育委員会規則で定めるものとする。

4　市町村の教育委員会は，出席停止の命令に係る児童の出席停止の期間における学習に対する支援その他の教育上必要な措置を講ずるものとする。

第36条　学齢に達しない子は，小学校に入学させることができない。

第37条　小学校には，校長，教頭，教諭，養護教諭及び事務職員を置かなければならない。

2　小学校には，前項に規定するもののほか，副校長，主幹教諭，指導教諭，栄養教諭その他必要な職員を置くことができる。

3　第一項の規定にかかわらず，副校長を置くときその他特別の事情のあるときは教頭を，養護をつかさどる主幹教諭を置くときは養護教諭を，特別の事情のあるときは事務職員を，それぞれ置かないことができる。

4　校長は，校務をつかさどり，所属職員を監督する。

5　副校長は，校長を助け，命を受けて校務をつかさどる。

6　副校長は，校長に事故があるときはその職務を代理し，校長が欠けたときはその職務を行う。この場合において，副校長が二人以上あるときは，あらかじめ校長が定めた順序で，その職務を代理し，又は行う。

7　教頭は，校長（副校長を置く小学校にあつては，

校長及び副校長）を助け，校務を整理し，及び必要に応じ児童の教育をつかさどる。

8　教頭は，校長（副校長を置く小学校にあつては，校長及び副校長）に事故があるときは校長の職務を代理し，校長（副校長を置く小学校にあつては，校長及び副校長）が欠けたときは校長の職務を行う。この場合において，教頭が二人以上あるときは，あらかじめ校長が定めた順序で，校長の職務を代理し，又は行う。

9　主幹教諭は，校長（副校長を置く小学校にあつては，校長及び副校長）及び教頭を助け，命を受けて校務の一部を整理し，並びに児童の教育をつかさどる。

10　指導教諭は，児童の教育をつかさどり，並びに教諭その他の職員に対して，教育指導の改善及び充実のために必要な指導及び助言を行う。

11　教諭は，児童の教育をつかさどる。

12　養護教諭は，児童の養護をつかさどる。

13　栄養教諭は，児童の栄養の指導及び管理をつかさどる。

14　事務職員は，事務をつかさどる。

15　助教諭は，教諭の職務を助ける。

16　講師は，教諭又は助教諭に準ずる職務に従事する。

17　養護助教諭は，養護教諭の職務を助ける。

18　特別の事情のあるときは，第1項の規定にかかわらず，教諭に代えて助教諭又は講師を，養護教諭に代えて養護助教諭を置くことができる。

19　学校の実情に照らし必要があると認めるときは，第9項の規定にかかわらず，校長（副校長を置く小学校にあつては，校長及び副校長）及び教頭を助け，命を受けて校務の一部を整理し，並びに児童の養護又は栄養の指導及び管理をつかさどる主幹教諭を置くことができる。

第38条　市町村は，その区域内にある学齢児童を就学させるに必要な小学校を設置しなければならない。ただし，教育上有益かつ適切であると認めるときは，義務教育学校の設置をもつてこれに代えることができる。

第39条　市町村は，適当と認めるときは，前条の規定による事務の全部又は一部を処理するため，市町村の組合を設けることができる。

第40条　市町村は，前二条の規定によることを不可能又は不適当と認めるときは，小学校又は義務教育学校の設置に代え，学齢児童の全部又は一部の教育事務を，他の市町村又は前条の市町村の組合に委託することができる。

2　前項の場合においては，地方自治法第252条の14第3項において準用する同法第252条の2の2第2項中「都道府県知事」とあるのは，「都道府県知事及び都道府県の教育委員会」と読み替えるものとする。

第41条　町村が，前二条の規定による負担に堪えないと都道府県の教育委員会が認めるときは，都道府県は，その町村に対して，必要な補助を与えなければならない。

第42条　小学校は，文部科学大臣の定めるところにより当該小学校の教育活動その他の学校運営の状況について評価を行い，その結果に基づき学校運営の改善を図るため必要な措置を講ずることにより，その教育水準の向上に努めなければならない。

第43条　小学校は，当該小学校に関する保護者及び地域住民その他の関係者の理解を深めるとともに，これらの者との連携及び協力の推進に資するため，当該小学校の教育活動その他の学校運営の状況に関する情報を積極的に提供するものとする。

第44条　私立の小学校は，都道府県知事の所管に属する。

第5章　中学校

第45条　中学校は，小学校における教育の基礎の上に，心身の発達に応じて，義務教育として行われる普通教育を施すことを目的とする。

第46条　中学校における教育は，前条に規定する目的を実現するため，第21条各号に掲げる目標を達成するよう行われるものとする。

第47条　中学校の修業年限は，三年とする。

第48条　中学校の教育課程に関する事項は，第45条及び第46条の規定並びに次条において読み替えて準用する第30条第2項の規定に従い，文部科学大臣が定める。

第49条　第30条第2項，第31条，第34条，第35条及び第37条から第44条までの規定は，中学校に準用する。この場合において，第30条第2項中「前項」とあるのは「第46条」と，第31条中「前条第1項」とあるのは「第46条」と読み替えるものとする。

第6章　高等学校

第50条　高等学校は，中学校における教育の基礎の上に，心身の発達及び進路に応じて，高度な普通教育及び専門教育を施すことを目的とする。

第51条　高等学校における教育は，前条に規定する目的を実現するため，次に掲げる目標を達成するよう行われるものとする。

一　義務教育として行われる普通教育の成果を更に発展拡充させて，豊かな人間性，創造性及び健やかな身体を養い，国家及び社会の形成者として必要な資質を養うこと。

二　社会において果たさなければならない使命の自覚に基づき，個性に応じて将来の進路を決定させ，一般的な教養を高め，専門的な知識，技術及び技能を習得させること。

三　個性の確立に努めるとともに，社会について，広く深い理解と健全な批判力を養い，社会の発展に寄与する態度を養うこと。

第52条　高等学校の学科及び教育課程に関する事項は，前二条の規定及び第62条において読み替えて準用する第30条第2項の規定に従い，文部科学大臣が定める。

第53条　高等学校には，全日制の課程のほか，定時制の課程を置くことができる。

2　高等学校には，定時制の課程のみを置くことができる。

第54条　高等学校には，全日制の課程又は定時制の課程のほか，通信制の課程を置くことができる。

2　高等学校には，通信制の課程のみを置くことができる。

3　市（指定都市を除く。以下この項において同じ。）町村（市町村が単独で又は他の市町村と共同して設立する公立大学法人を含む。）の設置する高等学校については都道府県の教育委員会，私立の高等学校については都道府県知事は，高等学校の通信制の課程のうち，当該高等学校の所在する都道府県の区域内に住所を有する者のほか，全国的に他の都道府県の区域内に住所を有する者を併せて生徒とするものその他政令で定めるもの（以下この項において「広域の通信制の課程」という。）に係る第4条第1項に規定する認可（政令で定める事項に係るものに限る。）を行うときは，あらかじめ，文部科学大臣に届け出なければならない。都道府県（都道府県が単独で又は他の地方公共団体と共同して設立する公立大学法人を含む。）又は指定都市（指定都市が単独

で又は他の指定都市若しくは市町村と共同して設立する公立大学法人を含む。）の設置する高等学校の広域の通信制の課程について，当該都道府県又は指定都市の教育委員会（公立大学法人の設置する高等学校にあつては，当該公立大学法人）がこの項前段の政令で定める事項を行うときも，同様とする。

4　通信制の課程に関し必要な事項は，文部科学大臣が，これを定める。

第55条　高等学校の定時制の課程又は通信制の課程に在学する生徒が，技能教育のための施設で当該施設の所在地の都道府県の教育委員会の指定するものにおいて教育を受けているときは，校長は，文部科学大臣の定めるところにより，当該施設における学習を当該高等学校における教科の一部の履修とみなすことができる。

2　前項の施設の指定に関し必要な事項は，政令で，これを定める。

第56条　高等学校の修業年限は，全日制の課程については，三年とし，定時制の課程及び通信制の課程については，三年以上とする。

第57条　高等学校に入学することのできる者は，中学校若しくはこれに準ずる学校若しくは義務教育学校を卒業した者若しくは中等教育学校の前期課程を修了した者又は文部科学大臣の定めるところにより，これと同等以上の学力があると認められた者とする。

第58条　高等学校には，専攻科及び別科を置くことができる。

2　高等学校の専攻科は，高等学校若しくはこれに準ずる学校若しくは中等教育学校を卒業した者又は文部科学大臣の定めるところにより，これと同等以上の学力があると認められた者に対して，精深な程度において，特別の事項を教授し，その研究を指導することを目的とし，その修業年限は，一年以上とする。

3　高等学校の別科は，前条に規定する入学資格を有する者に対して，簡易な程度において，特別の技能教育を施すことを目的とし，その修業年限は，一年以上とする。

第58条の2　高等学校の専攻科の課程（修業年限が二年以上であることその他の文部科学大臣の定める基準を満たすものに限る。）を修了した者（第90条第1項に規定する者に限る。）は，文部科学大臣の定めるところにより，大学に編入学することができ

第59条　高等学校に関する入学，退学，転学その他必要な事項は，文部科学大臣が，これを定める。

第60条　高等学校には，校長，教頭，教諭及び事務職員を置かなければならない。

2　高等学校には，前項に規定するもののほか，副校長，主幹教諭，指導教諭，養護教諭，栄養教諭，養護助教諭，実習助手，技術職員その他必要な職員を置くことができる。

3　第1項の規定にかかわらず，副校長を置くときは，教頭を置かないことができる。

4　実習助手は，実験又は実習について，教諭の職務を助ける。

5　特別の事情のあるときは，第1項の規定にかかわらず，教諭に代えて助教諭又は講師を置くことができる。

6　技術職員は，技術に従事する。

第61条　高等学校に，全日制の課程，定時制の課程又は通信制の課程のうち二以上の課程を置くときは，それぞれの課程に関する校務を分担して整理する教頭を置かなければならない。ただし，命を受けて当該課程に関する校務をつかさどる副校長が置かれる一の課程については，この限りでない。

第62条　第30条第2項，第31条，第34条，第37条第4項から第17項まで及び第19項並びに第42条から第44条までの規定は，高等学校に準用する。この場合において，第30条第2項中「前項」とあるのは「第51条」と，第31条中「前条第1項」とあるのは「第51条」と読み替えるものとする。

第8章　特別支援教育

第72条　特別支援学校は，視覚障害者，聴覚障害者，知的障害者，肢体不自由者又は病弱者（身体虚弱者を含む。以下同じ。）に対して，幼稚園，小学校，中学校又は高等学校に準ずる教育を施すとともに，障害による学習上又は生活上の困難を克服し自立を図るために必要な知識技能を授けることを目的とする。

第73条　特別支援学校においては，文部科学大臣の定めるところにより，前条に規定する者に対する教育のうち当該学校が行うものを明らかにするものとする。

第74条　特別支援学校においては，第72条に規定する目的を実現するための教育を行うほか，幼稚園，小学校，中学校，義務教育学校，高等学校又は中等教育学校の要請に応じて，第81条第1項に規定する幼児，児童又は生徒の教育に関し必要な助言又は援助を行うよう努めるものとする。

第75条　第72条に規定する視覚障害者，聴覚障害者，知的障害者，肢体不自由者又は病弱者の障害の程度は，政令で定める。

第76条　特別支援学校には，小学部及び中学部を置かなければならない。ただし，特別の必要のある場合においては，そのいずれかのみを置くことができる。

2　特別支援学校には，小学部及び中学部のほか，幼稚部又は高等部を置くことができ，また，特別の必要のある場合においては，前項の規定にかかわらず，小学部及び中学部を置かないで幼稚部又は高等部のみを置くことができる。

第77条　特別支援学校の幼稚部の教育課程その他の保育内容，小学部及び中学部の教育課程又は高等部の学科及び教育課程に関する事項は，幼稚園，小学校，中学校又は高等学校に準じて，文部科学大臣が定める。

第78条　特別支援学校には，寄宿舎を設けなければならない。ただし，特別の事情のあるときは，これを設けないことができる。

第79条　寄宿舎を設ける特別支援学校には，寄宿舎指導員を置かなければならない。

2　寄宿舎指導員は，寄宿舎における幼児，児童又は生徒の日常生活上の世話及び生活指導に従事する。

第80条　都道府県は，その区域内にある学齢児童及び学齢生徒のうち，視覚障害者，聴覚障害者，知的障害者，肢体不自由者又は病弱者で，その障害が第75条の政令で定める程度のものを就学させるに必要な特別支援学校を設置しなければならない。

第81条　幼稚園，小学校，中学校，義務教育学校，高等学校及び中等教育学校においては，次項各号のいずれかに該当する幼児，児童及び生徒その他教育上特別の支援を必要とする幼児，児童及び生徒に対し，文部科学大臣の定めるところにより，障害による学習上又は生活上の困難を克服するための教育を行うものとする。

2　小学校，中学校，義務教育学校，高等学校及び中等教育学校には，次の各号のいずれかに該当する児童及び生徒のために，特別支援学級を置くことができる。

一　知的障害者

二　肢体不自由者

三　身体虚弱者

四　弱視者

五　難聴者

六　その他障害のある者で，特別支援学級において教育を行うことが適当なもの

3　前項に規定する学校においては，疾病により療養中の児童及び生徒に対して，特別支援学級を設け，又は教員を派遣して，教育を行うことができる。

第82条　第26条，第27条，第31条（第49条及び第62条

において読み替えて準用する場合を含む。），第32条，第34条（第49条及び第62条において準用する場合を含む。），第36条，第37条（第28条，第49条及び第62条において準用する場合を含む。），第42条から第44条まで，第47条及び第56条から第60条までの規定は特別支援学校に，第84条の規定は特別支援学校の高等部に，それぞれ準用する。

学校教育法施行規則（抄）

昭和22年5月23日文部省令第11号（平成30年4月1日施行後の改正条文を記載）

第4章　小学校

第50条　小学校の教育課程は，国語，社会，算数，理科，生活，音楽，図画工作，家庭及び体育の各教科（以下この節において「各教科」という。），特別の教科である道徳，外国語活動，総合的な学習の時間並びに特別活動によつて編成するものとする。

2　私立の小学校の教育課程を編成する場合は，前項の規定にかかわらず，宗教を加えることができる。この場合においては，宗教をもつて前項の特別の教科である道徳に代えることができる。

第51条　小学校（第52条の2第2項に規定する中学校連携型小学校及び第79条の9第2項に規定する中学校併設型小学校を除く。）の各学年における各教科，特別の教科である道徳，外国語活動，総合的な学習の時間及び特別活動のそれぞれの授業時数並びに各学年におけるこれらの総授業時数は，別表第一に定める授業時数を標準とする。

第52条　小学校の教育課程については，この節に定めるもののほか，教育課程の基準として文部科学大臣が別に公示する小学校学習指導要領によるものとする。

第52条の2　小学校（第79条の9第2項に規定する中学校併設型小学校を除く。）においては，中学校における教育との一貫性に配慮した教育を施すため，当該小学校の設置者が当該中学校の設置者との協議に基づき定めるところにより，教育課程を編成することができる。

2　前項の規定により教育課程を編成する小学校（以下「中学校連携型小学校」という。）は，第74条の2第1項の規定により教育課程を編成する中学校と連携し，その教育課程を実施するものとする。

第52条の3　中学校連携型小学校の各学年における各教科，道徳，外国語活動，総合的な学習の時間及び特別活動のそれぞれの授業時数並びに各学年におけるこれらの総授業時数は，別表第二の二に定める授業時数を標準とする。

第52条の4　中学校連携型小学校の教育課程については，この章に定めるもののほか，教育課程の基準の特例として文部科学大臣が別に定めるところによるものとする。

第53条　小学校においては，必要がある場合には，一部の各教科について，これらを合わせて授業を行うことができる。

第54条　児童が心身の状況によつて履修することが困難な各教科は，その児童の心身の状況に適合するように課さなければならない。

第55条　小学校の教育課程に関し，その改善に資する研究を行うため特に必要があり，かつ，児童の教育上適切な配慮がなされていると文部科学大臣が認める場合においては，文部科学大臣が別に定めるところにより，第50条第1項，第51条（中学校連携型小学校にあつては第52条の3，第79条の9第2項に規

定する中学校併設型小学校にあつては第79条の12に
おいて準用する第79条の5第1項）又は第52条の規
定によらないことができる。

第55条の2　文部科学大臣が，小学校において，当該
小学校又は当該小学校が設置されている地域の実態
に照らし，より効果的な教育を実施するため，当該
小学校又は当該地域の特色を生かした特別の教育課
程を編成して教育を実施する必要があり，かつ，当
該特別の教育課程について，教育基本法（平成18年
法律第120号）及び学校教育法第30条第1項の規定
等に照らして適切であり，児童の教育上適切な配慮
がなされているものとして文部科学大臣が定める基
準を満たしていると認める場合においては，文部科
学大臣が別に定めるところにより，第50条第1項，
第51条（中学校連携型小学校にあつては第52条の
3，第79条の9第2項に規定する中学校併設型小学
校にあつては第79条の12において準用する第79条の
5第1項）又は第52条の規定の全部又は一部によら
ないことができる。

第56条　小学校において，学校生活への適応が困難で
あるため相当の期間小学校を欠席し引き続き欠席す
ると認められる児童を対象として，その実態に配慮
した特別の教育課程を編成して教育を実施する必要
があると文部科学大臣が認める場合においては，文
部科学大臣が別に定めるところにより，第50条第1
項，第51条（中学校連携型小学校にあつては第52条
の3，第79条の9第2項に規定する中学校併設型小
学校にあつては第79条の12において準用する第79条
の5第1項）又は第52条の規定によらないことがで
きる。

第56条の2　小学校において，日本語に通じない児童
のうち，当該児童の日本語を理解し，使用する能力
に応じた特別の指導を行う必要があるものを教育す
る場合には，文部科学大臣が別に定めるところによ
り，第50条第1項，第51条（中学校連携型小学校に
あつては第52条の3，第79条の9第2項に規定する
中学校併設型小学校にあつては第79条の12において
準用する第79条の5第1項）及び第52条の規定にか
かわらず，特別の教育課程によることができる。

第56条の3　前条の規定により特別の教育課程による
場合においては，校長は，児童が設置者の定めると
ころにより他の小学校，義務教育学校の前期課程又
は特別支援学校の小学部において受けた授業を，当
該児童の在学する小学校において受けた当該特別の

教育課程に係る授業とみなすことができる。

第56条の4　小学校において，学齢を経過した者のう
ち，その者の年齢，経験又は勤労の状況その他の実
情に応じた特別の指導を行う必要があるものを夜間
その他特別の時間において教育する場合には，文部
科学大臣が別に定めるところにより，第50条第1
項，第51条（中学校連携型小学校にあつては第52条
の3，第79条の9第2項に規定する中学校併設型小
学校にあつては第79条の12において準用する第79条
の5第1項）及び第52条の規定にかかわらず，特別
の教育課程によることができる。

第57条　小学校において，各学年の課程の修了又は卒
業を認めるに当たつては，児童の平素の成績を評価
して，これを定めなければならない。

第58条　校長は，小学校の全課程を修了したと認めた
者には，卒業証書を授与しなければならない。

第61条　公立小学校における休業日は，次のとおりと
する。ただし，第三号に掲げる日を除き，当該学校
を設置する地方公共団体の教育委員会（公立大学法
人の設置する小学校にあつては，当該公立大学法人
の理事長。第三号において同じ。）が必要と認める
場合は，この限りでない。

一　国民の祝日に関する法律（昭和23年法律第178
号）に規定する日

二　日曜日及び土曜日

三　学校教育法施行令第29条の規定により教育委員
会が定める日

第62条　私立小学校における学期及び休業日は，当該
学校の学則で定める。

第5章　中学校

第72条　中学校の教育課程は，国語，社会，数学，理
科，音楽，美術，保健体育，技術・家庭及び外国語
の各教科（以下本章及び第7章中「各教科」とい
う。），道徳，総合的な学習の時間並びに特別活動に
よつて編成するものとする。

第73条　中学校（併設型中学校，第74条の2第2項に
規定する小学校連携型中学校，第75条第2項に規定
する連携型中学校及び第79条の9第2項に規定する
小学校併設型中学校を除く。）の各学年における各
教科，道徳，総合的な学習の時間及び特別活動のそ
れぞれの授業時数並びに各学年におけるこれらの総
授業時数は，別表第二に定める授業時数を標準とす
る。

第74条　中学校の教育課程については，この章に定めるもののほか，教育課程の基準として文部科学大臣が別に公示する中学校学習指導要領によるものとする。

第74条の2　中学校（併設型中学校，第75条第2項に規定する連携型中学校及び第79条の9第2項に規定する小学校併設型中学校を除く。）においては，小学校における教育との一貫性に配慮した教育を施すため，当該中学校の設置者が当該小学校の設置者との協議に基づき定めるところにより，教育課程を編成することができる。

2　前項の規定により教育課程を編成する中学校（以下「小学校連携型中学校」という。）は，中学校連携型小学校と連携し，その教育課程を実施するものとする。

第74条の3　小学校連携型中学校の各学年における各教科，道徳，総合的な学習の時間及び特別活動のそれぞれの授業時数並びに各学年におけるこれらの総授業時数は，別表第二の三に定める授業時数を標準とする。

第74条の4　小学校連携型中学校の教育課程については，この章に定めるもののほか，教育課程の基準の特例として文部科学大臣が別に定めるところによるものとする。

第75条　中学校（併設型中学校，小学校連携型中学校及び第79条の9第2項に規定する小学校併設型中学校を除く。）においては，高等学校における教育との一貫性に配慮した教育を施すため，当該中学校の設置者が当該高等学校の設置者との協議に基づき定めるところにより，教育課程を編成することができる。

2　前項の規定により教育課程を編成する中学校（以下「連携型中学校」という。）は，第87条第1項の規定により教育課程を編成する高等学校と連携し，その教育課程を実施するものとする。

第76条　連携型中学校の各学年における各教科，道徳，総合的な学習の時間及び特別活動のそれぞれの授業時数並びに各学年におけるこれらの総授業時数は，別表第四に定める授業時数を標準とする。

第77条　連携型中学校の教育課程については，この章に定めるもののほか，教育課程の基準の特例として文部科学大臣が別に定めるところによるものとする。

第78条　校長は，中学校卒業後，高等学校，高等専門学校その他の学校に進学しようとする生徒のある場合には，調査書その他必要な書類をその生徒の進学しようとする学校の校長に送付しなければならない。ただし，第90条第3項（第135条第5項において準用する場合を含む。）及び同条第4項の規定に基づき，調査書を入学者の選抜のための資料としない場合は，調査書の送付を要しない。

第78条の2　部活動指導員は，中学校におけるスポーツ，文化，科学等に関する教育活動（中学校の教育課程として行われるものを除く。）に係る技術的な指導に従事する。

第79条　第41条から第49条まで，第50条第2項，第54条から第68条までの規定は，中学校に準用する。この場合において，第42条中「五学級」とあるのは「二学級」と，第55条から第56条の2まで及び第56条の4の規定中「第50条第1項」とあるのは「第72条」と，「第51条（中学校連携型小学校にあつては第52条の3，第79条の9第2項に規定する中学校併設型小学校にあつては第79条の12において準用する第79条の5第1項）」とあるのは「第73条（併設型中学校にあつては第117条において準用する第107条，小学校連携型中学校にあつては第74条の3，連携型中学校にあつては第76条，第79条の9第2項に規定する小学校併設型中学校にあつては第79条の12において準用する第79条の5第2項）」と，「第52条」とあるのは「第74条」と，第55条の2中「第30条第1項」とあるのは「第46条」と，第56条の3中「他の小学校，義務教育学校の前期課程又は特別支援学校の小学部」とあるのは「他の中学校，義務教育学校の後期課程，中等教育学校の前期課程又は特別支援学校の中学部」と読み替えるものとする。

第6章　高等学校

第81条　二以上の学科を置く高等学校には，専門教育を主とする学科（以下「専門学科」という。）ごとに学科主任を置き，農業に関する専門学科を置く高等学校には，農場長を置くものとする。

2〜5　（略）

第83条　高等学校の教育課程は，別表第三に定める各教科に属する科目，総合的な学習の時間及び特別活動によつて編成するものとする。

第84条　高等学校の教育課程については，この章に定めるもののほか，教育課程の基準として文部科学大臣が別に公示する高等学校学習指導要領によるもの

とする。

第85条　高等学校の教育課程に関し，その改善に資する研究を行うため特に必要があり，かつ，生徒の教育上適切な配慮がなされていると文部科学大臣が認める場合においては，文部科学大臣が別に定めるところにより，前二条の規定によらないことができる。

第85条の2　文部科学大臣が，高等学校において，当該高等学校又は当該高等学校が設置されている地域の実態に照らし，より効果的な教育を実施するため，当該高等学校又は当該地域の特色を生かした特別の教育課程を編成して教育を実施する必要があり，かつ，当該特別の教育課程について，教育基本法及び学校教育法第51条の規定等に照らして適切であり，生徒の教育上適切な配慮がなされているものとして文部科学大臣が定める基準を満たしていると認める場合においては，文部科学大臣が別に定めるところにより，第83条又は第84条の規定の全部又は一部によらないことができる。

第86条　高等学校において，学校生活への適応が困難であるため，相当の期間高等学校を欠席し引き続き欠席すると認められる生徒，高等学校を退学し，その後高等学校に入学していないと認められる者若しくは学校教育法第57条に規定する高等学校の入学資格を有するが，高等学校に入学していないと認められる者又は疾病による療養のため若しくは障害のため，相当の期間高等学校を欠席すると認められる生徒，高等学校を退学し，その後高等学校に入学していないと認められる者若しくは学校教育法第57条に規定する高等学校の入学資格を有するが，高等学校に入学していないと認められる者を対象として，その実態に配慮した特別の教育課程を編成して教育を実施する必要があると文部科学大臣が認める場合においては，文部科学大臣が別に定めるところにより，第83条又は第84条の規定によらないことができる。

第89条　高等学校においては，文部科学大臣の検定を経た教科用図書又は文部科学省が著作の名義を有する教科用図書のない場合には，当該高等学校の設置者の定めるところにより，他の適切な教科用図書を使用することができる。

第96条　校長は，生徒の高等学校の全課程の修了を認めるに当たつては，高等学校学習指導要領の定めるところにより，七十四単位以上を修得した者について行わなければならない。ただし，第85条，第85条

の2又は第86条の規定により，高等学校の教育課程に関し第83条又は第84条の規定によらない場合においては，文部科学大臣が別に定めるところにより行うものとする。

2　前項前段の規定により全課程の修了の要件として修得すべき七十四単位のうち，第88条の3に規定する授業の方法により修得する単位数は三十六単位を超えないものとする。

第97条　校長は，教育上有益と認めるときは，生徒が当該校長の定めるところにより他の高等学校又は中等教育学校の後期課程において一部の科目の単位を修得したときは，当該修得した単位数を当該生徒の在学する高等学校が定めた全課程の修了を認めるに必要な単位数のうちに加えることができる。

2　前項の規定により，生徒が他の高等学校又は中等教育学校の後期課程において一部の科目の単位を修得する場合においては，当該他の高等学校又は中等教育学校の校長は，当該生徒について一部の科目の履修を許可することができる。

3　同一の高等学校に置かれている全日制の課程，定時制の課程及び通信制の課程相互の間の併修については，前二項の規定を準用する。

第98条　校長は，教育上有益と認めるときは，当該校長の定めるところにより，生徒が行う次に掲げる学修を当該生徒の在学する高等学校における科目の履修とみなし，当該科目の単位を与えることができる。

一　大学，高等専門学校又は専修学校の高等課程若しくは専門課程における学修その他の教育施設等における学修で文部科学大臣が別に定めるもの

二　知識及び技能に関する審査で文部科学大臣が別に定めるものに係る学修

三　ボランティア活動その他の継続的に行われる活動（当該生徒の在学する高等学校の教育活動として行われるものを除く。）に係る学修で文部科学大臣が別に定めるもの

第99条　第97条の規定に基づき加えることのできる単位数及び前条の規定に基づき与えることのできる単位数の合計数は三十六を超えないものとする。

第100条　校長は，教育上有益と認めるときは，当該校長の定めるところにより，生徒が行う次に掲げる学修（当該生徒が入学する前に行つたものを含む。）を当該生徒の在学する高等学校における科目の履修とみなし，当該科目の単位を与えることができる。

一　高等学校卒業程度認定試験規則（平成17年文部科学省令第１号）の定めるところにより合格点を得た試験科目（同令附則第２条の規定による廃止前の大学入学資格検定規程（昭和26年文部省令第13号。以下「旧規程」という。）の定めるところにより合格点を得た受検科目を含む。）に係る学修

　二　高等学校の別科における学修で第84条の規定に基づき文部科学大臣が公示する高等学校学習指導要領の定めるところに準じて修得した科目に係る学修

第103条　高等学校においては，第104条第１項において準用する第57条（各学年の課程の修了に係る部分に限る。）の規定にかかわらず，学年による教育課程の区分を設けないことができる。

２　前項の規定により学年による教育課程の区分を設けない場合における入学等に関する特例その他必要な事項は，単位制高等学校教育規程（昭和63年文部省令第６号）の定めるところによる。

第104条　第43条から第49条まで（第46条を除く。），第54条，第57条から第71条まで（第69条を除く。）の規定は，高等学校に準用する。

２～３　（略）

第８章　特別支援教育

第138条　小学校，中学校若しくは義務教育学校又は中等教育学校の前期課程における特別支援学級に係る教育課程については，特に必要がある場合は，第50条第１項（第79条の６第１項において準用する場合を含む。），第51条，第52条（第79条の６第１項において準用する場合を含む。），第52条の３，第72条（第79条の６第２項及び第108条第１項において準用する場合を含む。），第73条，第74条（第79条の６第２項及び第108条第１項において準用する場合を含む。），第74条の３，第76条，第79条の５（第79条の12において準用する場合を含む。）及び第107条（第117条において準用する場合を含む。）の規定にかかわらず，特別の教育課程によることができる。

第139条　前条の規定により特別の教育課程による特別支援学級においては，文部科学大臣の検定を経た

教科用図書を使用することが適当でない場合には，当該特別支援学級を置く学校の設置者の定めるところにより，他の適切な教科用図書を使用することができる。

第140条　小学校，中学校，義務教育学校，高等学校又は中等教育学校において，次の各号のいずれかに該当する児童又は生徒（特別支援学級の児童及び生徒を除く。）のうち当該障害に応じた特別の指導を行う必要があるものを教育する場合には，文部科学大臣が別に定めるところにより，第50条第１項（第79条の６第１項において準用する場合を含む。），第51条，第52条（第79条の６第１項において準用する場合を含む。），第52条の３，第72条（第79条の６第２項及び第108条第１項において準用する場合を含む。），第73条，第74条（第79条の６第２項及び第108条第１項において準用する場合を含む。），第74条の３，第76条，第79条の５（第79条の12において準用する場合を含む。），第83条及び第84条（第108条第２項において準用する場合を含む。）並びに第107条（第117条において準用する場合を含む。）の規定にかかわらず，特別の教育課程によることができる。

　一　言語障害者

　二　自閉症者

　三　情緒障害者

　四　弱視者

　五　難聴者

　六　学習障害者

　七　注意欠陥多動性障害者

　八　その他障害のある者で，この条の規定により特別の教育課程による教育を行うことが適当なもの

第141条　前条の規定により特別の教育課程による場合においては，校長は，児童又は生徒が，当該小学校，中学校，義務教育学校，高等学校又は中等教育学校の設置者の定めるところにより他の小学校，中学校，義務教育学校，高等学校，中等教育学校又は特別支援学校の小学部，中学部若しくは高等部において受けた授業を，当該小学校，中学校，義務教育学校，高等学校又は中等教育学校において受けた当該特別の教育課程に係る授業とみなすことができる。

中学校学習指導要領　前文

平成29年3月告示

　教育は，教育基本法第1条に定めるとおり，人格の完成を目指し，平和で民主的な国家及び社会の形成者として必要な資質を備えた心身ともに健康な国民の育成を期すという目的のもと，同法第2条に掲げる次の目標を達成するよう行われなければならない。

1　幅広い知識と教養を身に付け，真理を求める態度を養い，豊かな情操と道徳心を培うとともに，健やかな身体を養うこと。

2　個人の価値を尊重して，その能力を伸ばし，創造性を培い，自主及び自律の精神を養うとともに，職業及び生活との関連を重視し，勤労を重んずる態度を養うこと。

3　正義と責任，男女の平等，自他の敬愛と協力を重んずるとともに，公共の精神に基づき，主体的に社会の形成に参画し，その発展に寄与する態度を養うこと。

4　生命を尊び，自然を大切にし，環境の保全に寄与する態度を養うこと。

5　伝統と文化を尊重し，それらをはぐくんできた我が国と郷土を愛するとともに，他国を尊重し，国際社会の平和と発展に寄与する態度を養うこと。

　これからの学校には，こうした教育の目的及び目標の達成を目指しつつ，一人一人の生徒が，自分のよさや可能性を認識するとともに，あらゆる他者を価値のある存在として尊重し，多様な人々と協働しながら様々な社会的変化を乗り越え，豊かな人生を切り拓き，持続可能な社会の創り手となることができるようにすることが求められる。このために必要な教育の在り方を具体化するのが，各学校において教育の内容等を組織的かつ計画的に組み立てた教育課程である。

　教育課程を通して，これからの時代に求められる教育を実現していくためには，よりよい学校教育を通してよりよい社会を創るという理念を学校と社会とが共有し，それぞれの学校において，必要な学習内容をどのように学び，どのような資質・能力を身に付けられるようにするのかを教育課程において明確にしながら，社会との連携及び協働によりその実現を図っていくという，社会に開かれた教育課程の実現が重要となる。

　学習指導要領とは，こうした理念の実現に向けて必要となる教育課程の基準を大綱的に定めるものである。学習指導要領が果たす役割の一つは，公の性質を有する学校における教育水準を全国的に確保することである。また，各学校がその特色を生かして創意工夫を重ね，長年にわたり積み重ねられてきた教育実践や学術研究の蓄積を生かしながら，生徒や地域の現状や課題を捉え，家庭や地域社会と協力して，学習指導要領を踏まえた教育活動の更なる充実を図っていくことも重要である。

　生徒が学ぶことの意義を実感できる環境を整え，一人一人の資質・能力を伸ばせるようにしていくことは，教職員をはじめとする学校関係者はもとより，家庭や地域の人々も含め，様々な立場から生徒や学校に関わる全ての大人に期待される役割である。幼児期の教育及び小学校教育の基礎の上に，高等学校以降の教育や生涯にわたる学習とのつながりを見通しながら，生徒の学習の在り方を展望していくために広く活用されるものとなることを期待して，ここに中学校学習指導要領を定める。

索　　引

《監修者紹介》

よしだたけお
吉田武男 （筑波大学名誉教授，貞静学園短期大学学長）

《執筆者紹介》（所属，分担，執筆順，＊は編著者）

いいだひろゆき
＊飯田浩之 （編著者紹介参照：はじめに・第1章）

えんどうひろみ
遠藤宏美 （宮崎大学教育学部准教授：第2章）

つだせいすけ
津多成輔 （島根大学教育学部講師：第3章）

つのがえひろき
角替弘規 （静岡県立大学食品栄養科学部教授：第4章）

ちょう そういちろう
長　創一朗 （新潟大学教育基盤機構未来教育開発部門未来教育開発室特任助教：第5章）

おやまだけんた
小山田建太 （常磐大学人間科学部助教：第5章）

さかぐちまさやす
坂口真康 （兵庫教育大学学校教育研究科講師：第6章）

はたのまほ
羽田野真帆 （常葉大学健康プロデュース学部准教授：第7章）

ささのえつこ
笹野悦子 （武蔵大学社会学部／都留文科大学教養学部ほか非常勤講師：第8章）

さくらいじゅんぺい
桜井淳平 （流通経済大学社会学部助教：第9章）

まきのともかず
牧野智和 （大妻女子大学人間関係学部准教授：第10章）

たんじきょうこ
丹治恭子 （立正大学仏教学部教授：第11章）

いしいひさお
石井久雄 （明治学院大学文学部教授：第12章）

おかもとともちか
＊岡本智周 （編著者紹介参照：はじめに・第13章）

《編著者紹介》

飯田浩之（いいだ・ひろゆき／1953年生まれ）

元 筑波大学人間系教育学域准教授
『教職論』（共著，培風館，2010年）
『教育基礎学』（共著，培風館，2010年）
『教育社会学概論』（共著，ミネルヴァ書房，2010年）
『共生と希望の教育学』（共著，筑波大学出版会，2011年）

岡本智周（おかもと・ともちか／1971年生まれ）

早稲田大学文学学術院教授
『国民史の変貌——日米歴史教科書とグローバル時代のナショナリズム』（日本評論社，2001年）
『歴史教科書にみるアメリカ——共生社会への道程』（学文社，2008年）
『学校教育と国民の形成』（共著，学文社，2012年）
『共生社会とナショナルヒストリー——歴史教科書の視点から』（勁草書房，2013年）
『共生の社会学——ナショナリズム，ケア，世代，社会意識』（共編著，太郎次郎社エディタス，2016年）
『教育社会学のフロンティア1 学問としての展開と課題』（共著，岩波書店，2017年）
『教育と社会 未来の教育を創る教職教養指針4』（共著，学文社，2021年）

MINERVA はじめて学ぶ教職⑥

教育社会学

2018年10月10日 初版第1刷発行 〈検印省略〉
2023年2月20日 初版第3刷発行

定価はカバーに表示しています

編 著 者	飯	田	浩	之
	岡	本	智	周
発 行 者	杉	田	啓	三
印 刷 者	藤	森	英	夫

発行所 株式会社 ミネルヴァ書房

607-8494 京都市山科区日ノ岡堤谷町1
電話代表 （075）581-5191
振替口座 01020-0-8076

MINERVA はじめて学ぶ教職

監修　吉田武男

「教職課程コアカリキュラム」に準拠　　全20巻＋別巻 1

◆　B5 判／美装カバー／各巻180～230頁／各巻予価2200円（税別）　◆

① 教育学原論
滝沢和彦 編著

② 教職論
吉田武男 編著

③ 西洋教育史
尾上雅信 編著

④ 日本教育史
平田諭治 編著

⑤ 教育心理学
濱口佳和 編著

⑥ 教育社会学
飯田浩之・岡本智周 編著

⑦ 社会教育・生涯学習
手打明敏・上田孝典 編著

⑧ 教育の法と制度
藤井穂高 編著

⑨ 学校経営
浜田博文 編著

⑩ 教育課程
根津朋実 編著

⑪ 教育の方法と技術
樋口直宏 編著

⑫ 道徳教育
田中マリア 編著

⑬ 総合的な学習の時間
佐藤　真・安藤福光・緩利　誠 編著

⑭ 特別活動
吉田武男・京免徹雄 編著

⑮ 生徒指導
花屋哲郎・吉田武男 編著

⑯ 教育相談
高柳真人・前田基成・服部　環・吉田武男 編著

⑰ 教育実習
三田部勇・吉田武男 編著

⑱ 特別支援教育
小林秀之・米田宏樹・安藤隆男 編著

⑲ キャリア教育
藤田晃之 編著

⑳ 幼児教育
小玉亮子 編著

＊＊＊
別 現代の教育改革
吉田武男 企画／德永　保 編著

【姉妹編】

MINERVA はじめて学ぶ教科教育　全10巻＋別巻 1

監修 吉田武男　B5判美装カバー／各巻予価2200円（税別）～

① 初等国語科教育
塚田泰彦・甲斐雄一郎・長田友紀 編著

② 初等算数科教育　清水美憲 編著

③ 初等社会科教育　井田仁康・唐木清志 編著

④ 初等理科教育　大髙　泉 編著

⑤ 初等外国語教育　卯城祐司 編著

⑥ 初等図画工作科教育　石﨑和宏・直江俊雄 編著

⑦ 初等音楽科教育　笹野恵理子 編著

⑧ 初等家庭科教育　河村美穂 編著

⑨ 初等体育科教育　岡出美則 編著

⑩ 初等生活科教育　片平克弘・唐木清志 編著

別 現代の学力観と評価
樋口直宏・根津朋実・吉田武男 編著

ミネルヴァ書房

https://www.minervashobo.co.jp/